톱니바퀴와 괴물

Cogs and Monsters

톱니바퀴와 괴물
경제학은 무엇이고, 무엇이어야 하는가

초판 1쇄 인쇄일 2023년 4월 24일   초판 1쇄 발행일 2023년 4월 28일

지은이 다이앤 코일 | 옮긴이 김홍옥
펴낸이 박재환 | 편집 유은재 | 관리 조영란
펴낸곳 에코리브르 | 주소 서울시 마포구 동교로15길 34 3층(04003) | 전화 702-2530 | 팩스 702-2532
이메일 ecolivres@hanmail.net | 블로그 http://blog.naver.com/ecolivres
출판등록 2001년 5월 7일 제201-10-2147호
종이 세종페이퍼 | 인쇄·제본 상지사 P&B

ISBN 978-89-6263-251-4 03320

책값은 뒤표지에 있습니다.   잘못된 책은 구입한 곳에서 바꿔드립니다.

톱니바퀴와 괴물

다이앤 코일 지음 | 김홍옥 옮김

경제학은 무엇이고, 무엇이어야 하는가

에코리브르

피터 싱클레어(Peter Sinclair, 1946~2020)를 추모하며,

그에게 이 책을 바칩니다.

차례

✴

머리말

✳

오늘의 경제학과 내일의 경제학

경제학은 요즘 동네북 신세다. 2008~2009년의 금융 위기, 영국에서의 브렉시트 투표, 서구 민주주의 국가에서의 포퓰리즘 부상 같은 사건들이 경제학자의 허를 찌른 만큼, 왜 그런지 이해하기란 어렵지 않다. 하지만 경제학에 대한 숱한 비판은 이런 특정 사건들이 일어나기 한참 전부터 있어 왔다. 그리고 적어도 2000년대 초 이래로는 다음에서 보는 그 비판의 내용 거개가 크게 달라지지도 않았다. 경제학자는 인간이 이기적이고 타산적인 개인이라는 가정을 완강하게 고수하고 있다, 경제학은 온통 알아먹기 힘든 수학을 다룰 뿐 실생활은 외면한다, 경제학자는 오로지 돈과 이윤에만 관심을 기울이는지라 환경처럼 진정으로 소중한 것들에 대해서는 나 몰라라 한다……. 글머리에 언급한 사건들은 새로운 위기인 데 반해, 비난의 내용은 지극히 낯익은 것들이다. 하지만 같은 기간 경제학은 정책 결정에 강력한 입김을 불어넣는다는 점에서 그 어느 때보다 성공적이었다. 또한 전공자들 입장에서 벌어들이는 소득이 상당하다는 점에 비추어 물질적 성공과도 잇닿아 있었다(Britton et al. 2020).

경제학에 대한 시종일관한 비판은 경제학계에 종사하는 우리 상당수에게 깊은 열패감을 안겨준다. 그 까닭은 그것이 좀더 의미 있는 도전을 제기할 법한 고질적인 문제들은 도외시한 채, 허수아비 때리기 오류(strawmen fallacy)*에 빠져서 공연한 트집을 일삼기 때문이다. 경제학은 지난 몇십 년 동안 크게 변모해왔다. 아직 갈 길이 멀긴 하지만 그간 대대적으로 달라졌으니만큼 그에 대한 비판의 내용 역시 진정으로 관심을 기울여야 하는 문제를 다루는 방향으로 선회할 필요가 있다.

경제학에 대한 비판의 예를 한 가지 들어보자. 그것은 바로 경제학은 수학적 공식들로 점철된 추상적 모형을 다룬다는 것이다. 경제학이 수학적 형식주의를 남발하고 있다는 것은 어김없는 사실이다(Romer 2015). 하지만 모든 학문 분야는 인과관계를 따져보기 위해 복잡한 세계를 구성하는 온갖 요소 가운데 극히 일부만 선택한다는 의미에서 저마다 '모형'을 사용하고 있다. '제1차 세계대전의 원인' 역시 1965년 발표된 게리 베커(Gary Becker)의 시간 할당 이론(time allocation theory)과 정확히 동일하게, 하나의 모형인 것이다.

또 한 가지 일반적인 비판은 경제학이 경제사상사를 위시해 역사에 도통 관심이 없다는 것이다. 우리 다수는 분명 교육과정(curriculum)의 기본적인 일부로서 경제학의 과거를 돌아보는 경제사를 사랑한다. 이는 수

---

* 상대방 이야기를 곡해해 그와 유사하지만 전혀 엉뚱한 허수아비를 내세워 공격하는 오류. (이하 각주는 모두 옮긴이 주이다.)

많은 교육과정에서 진작부터 시작된 추세이기도 하다. 역사적 사건들 간의 관련성, 경제사상사, 정책적 선택(6장에서 다룰 내용)에 대해 가르치는 것 역시 마찬가지다. 경제사와 관련한 연구는 비록 그 기반은 취약할지 몰라도 오늘날 비약적으로 발전하고 있다. 역사적 맥락을 이해하는 것이 필수적인 분야인 제도경제학(institutional economics)도 마찬가지로 성장일로다.

이런 비판에는 일말의 진실이 담겨 있다. 하지만 이런 비판을 일삼는 자들은 지난 30년 동안 경제학이 몰라보게 변화했다는 사실을 인식하지 않으려고 버틴다는 점에서, 그들 자체도 얼마간 몰역사적이라 할 만하다. 경제학은 이론적 연구에서 경험적 연구로 대거 방향을 틀었다(Angrist et al. 2017). 대다수 경제학자는 응용 미시경제학 연구를 진행한다. 이 분야는 1980년대 이후 데이터 세트, 계량경제학 기법, 컴퓨터를 활용한 계산, 인과 추론에 대한 열띤 방법론적 토론 따위에 힘입어 이론과 실제 양면에서 혁명적 변화를 꾀했다. 무엇보다 경제학은 대규모 새로운 데이터, 즉 '빅데이터' 사용에서 선봉장 노릇을 해왔다(Athey 2017). 그런데도 스키델스키 (Skidelsky 2020)를 위시한 최근 비평가들은 누구 하나 이를 인정하지 않고 있다. 정말이지 대다수 비평가는 여전히 경제 현상 전반의 집합적 행동을 다루는 학문인 거시경제학에 대해서만 왈가왈부한다. 거시경제학은 예측하기가 말도 못 하게 어려운(기상 예보보다 훨씬 더 어렵다) 분야인지라 그저 만만한 표적이 되는 것이다.

또 다른 유형의 비판은 경제 지식에 발전이 있을 수 있는가라는 질문을 둘러싼, 서로 양립 불가능한 견해들과 관련이 있다. 비정통파 비평가들은 경제학에 대한 다원주의적 접근법을 지지한다(예컨대 Earle, Moran, and Ward-Perkins 2016). 이들은 경제학을 인문학에 필적하는 어떤 것으로 간주하는 듯하다. 근본적인 진실이 따로 존재하지 않고 결국 연구자의 가치관이 그들의 결론에 투영되는 인문학 말이다. 반면 경제학계의 주력 부대(주류 경제학, 또는 신고전주의 경제학, 심지어 신자유주의 경제학이라 불릴 만한)는 경제학 지식은 축적된다고 믿는다. (설사 일부 비평가가 내내 주장하고 있다시피 아무도 경제학이 정확히 물리학처럼 되길 바라지는 않는다 해도 말이다. 그 주장은 1950년대나 1960년대에는 사실이었을지 모르나, 2020년대에는 더 이상 아니다.) 가치관과 이데올로기가 정책 선택에 영향을 끼친다는 데 토를 다는 경제학자는 없을 것이다. 수많은 경제학자가 그럼에도 불구하고 경험적 지식(높은 세율이 설탕 든 음료수의 수요를 감소시킬 가능성은 어느 정도인가?)과 정치적 가치관(정부는 스스로 자청한 나쁜 선택으로부터 소비자를 보호해야 하는가?)을 분리하는 게 가능하다고 여긴다.

나는 가치관이 경험적 연구로부터 말끔하게 분리되긴 어렵다고 보지만, 경제학자들이 가능한 한 공정해지고자 단단히 마음먹는 것은 중요하다고 생각한다. 경제적 지식은 필시 축적된다. 만약 우리가 1930년대의 경험을 통해 교훈을 얻지 못했다면, 2008~2009년 금융 위기로 인한 파국은 훨씬 더 걷잡을 수 없었을 테고, 각국 정부는 코로나바이러스로 인한 국가 봉쇄(lockdown) 기간 동안 일시 해고 제도를 도입하지도 않았을 것이다. 만약 우리가 시장 설계(시장이 잘 굴러가도록 만들어주는 규칙의 정의)를 창출하고, 그를 통해 배우지 않았던들 휴대폰에서 써먹을 수 있는 앱의 수는 훨씬 더 적어졌을 것이다.

경제학과 그에 대한 비판 사이에는 그 밖에도 중요한 차이점이 있다. 그중 하나는 자연 또는 삶 등 본질적으로 좋은 것들에 대해 금전적 가치를 부여하는 행위를 과연 수용할 수 있는가라는 질문과 관련이 있다. 경제학자의 입장은 이렇다. 사람들은 어디에 길을 닦을지, 또는 새로운 제품에 대해 어떤 안전 기능을 요구할지 따위에 대해 결정할 때면 매번 암묵적으로 가치 판단을 내리므로, 차라리 그런 가치 판단을 명시화하는 게 낫지 않은가? 이는 참가자 양편이 건설적으로 임한다면 건전한 논쟁이 될 것이다. 실제로 일부 주도적인 경제학자들은 경제학과 윤리학 간의 긴밀한 대화에 찬성하기 시작했으며(Bowles 2016), 정체성(Akerlof and Kranton 2010), 내러티브와 설득(Shiller 2019)의 중요성을 알아차렸다. 인문학에 대한 이런 관심은 적극 반길 만하며 반드시 필요한 것이기도 하다(Morson and Shapiro 2016).

몇몇 연구는 경제학의 (분에 넘치는) '우월감' 또는 '제국주의', 즉 질문에 답하고 정책 과제를 다루는 데서 본인의 접근이 최선이라는 경제학자들의 과도한 자신감을 문제 삼기도 했다(예컨대 Fourcade, Ollison, and Algan 2015). 갈 길이 멀긴 하지만 이런 분위기도 보이게 안 보이게 바뀌고 있다. 그것을 보여주는 한 가지 증거가 바로 사회과학 간의 교차 인용 증가다(Angrist et al. 2020). 다른 학문들이 경제학을 인용하는 경우가 그 반대의 경우보다 더 많다는 의미에서, 이는 여전히 불균형한 거래이긴 하다. 어쨌거나 이런 추세는 양자를 한층 풍요롭게 만들어준다. 박사과정 학생을 지도하거나 젊은 동료들의 멘토 역을 맡은 이라면 누구라도 알고 있을 것이다. 자연과학과 사회과학, 그리고 예술과 인문학 간의 간학문적 작업을 요청하는 다채로운 사회 문제에 대한 관심이 적지 않다는 것을 말이다.

최근에 일고 있는 또 하나 환영할 만한 변화는 교육과정이 빠른 속도로 개혁되고 있다는 점이다. 본문에서 설명했듯이, 이러한 분위기를 촉발한 것은 다음의 두 가지다. 첫째, 칠레부터 영국에 이르는 여러 나라에서 실생활 이슈를 다루는 경제학 강좌들이 부적당하다고 성토하는 일부 학생 시위가 성과를 거두었기 때문이다. 둘째, 대학교수와 기업의 고용주가 경제학과 졸업생들이 대학에서 배워온 내용에 대해 미심쩍은 눈초리를 보내고 있기 때문이다. 나는 '경제학 101' 표준과는 꽤나 다른 교육과정을 고안하고 무료로 이용할 수 있도록 돕기 위해 조직된 세계 전역의 경제학자 연합에 참여해왔다. 학생들이 대체로 처음 경제학을 접하는 강좌에서 배우는, 세상에 관한 표준적 사고방식을 바꿔주는 교육과정 말이다 (Bowles and Carlin 2019). 수많은 대학이 이 새로운 틀을 채택하고 있다.

이 책에는 허수아비 주장들에 대한 나의 좌절감이 깔려 있다. 왜냐하면 그것들은 경제학과 경제학 교수법에서의 바람직한 변화는 모르쇠하면서, 정작 경제학자들이 그 학문에서 크게 잘못해온 일부 문제를 간과하거나 부정하도록 용인했기 때문이다. 이를테면 경제학자들이 지적 접근법에서나 방법론에서 우리가 연구하고자 목표하는 사회 전반을 전혀 대표하지 못하는 문제 같은 것 말이다.

최근에 일련의 대중 강연에서 나는 이 이슈들 가운데 몇 가지를 본격적으로 다루었다. 경제학자는 심각한 방법론적 문제에 대해 깊이 자성하지 않는다. 이 책의 기반이 되어주기도 한 그 강연은 두 가닥의 문제의식으로 이뤄졌다. 첫 번째는 다음과 같은 경제학의 중요한 철학적 이슈들과 관련이 있다. 경제학은 어느 정도나 수행적(performative)인가, 즉 자기실현적(self-fulfilling)인가? 사회과학자들이 사회의 일원일 때도 사회과학은 객관성을 유지하겠다는 열망을 지닐 수 있는가? 우리는 사람들의 선호가 고정되어 있다고 가정(광고 산업의 부상으로 점차 무력화되고 있는 가정이긴 하다)하는 경제학으로부터 어떤 정책적 결론을 이끌어낼 수 있는가? 경제 구조가 더 큰 온갖 외부 효과(externality)와 비선형적 역학을 포함하는 활동 쪽으로 옮아감에 따라 방법론적 개인주의는 한계에 부딪힌 게 아닐까? 두 번째는 특히 디지털화로 인해 경제가 급변하고 있으므로, 이를 분석하는 경제학 도구 역시 그와 같은 변화 방식에 발맞추어 달라져야 한다는 것이다. 이 책의 제목 《톱니바퀴와 괴물(Cogs and Monsters)》은 바로 이 두 가지 문제의식에서 비롯되었다. 톱니바퀴는 주류 경제학이 가정하는 개인들, 즉 일정하게 규정된 맥락에서 독립적이고 타산적인 행위자로 상호 작용하는 이기적 개인들이다. 괴물이란 눈덩이처럼 커지고 있고, 사회적으로 영향을 받으며, 어디에도 얽매여 있지 않고, 여전히 상당 부분 전인미답의 미지 영역으로 남아 있는 디지털 경제의 여러 현상을 지칭한다.〔중세 지도에서는 미지 영역을 흔히 '괴물이 사는 곳(Here be monsters)'이라고 표기한다.〕경제학은 우리 모두를 그저 톱니바퀴로 간주하는 기존 관성에 안주하느라 새로이 부상하는 현상을 다룰 만한 도구를 미처 마련하지 못함으로써, 그 현상을 우리가 이해하기 어려운 괴물로 만들어버리는 데 저도 모르게 일조한 셈이다.

하지만 오늘날의 경제학에 대해 한층 더 중요한 비판이 하나 있다. 그것은 바로 그 학문이 사회적 구성 및 문화와 관련해 충격적일 정도로 (광의의) 다양성을 결여하고 있다는 지적이다.

문제 해결이나 조직 운영에서 인지적 다양성이 얼마나 중요한지를 보여주는 설득력 있는 지식은 상당 정도 축적되어 있다(Page 2007). 우리 대다수는 오늘날 사람들의 배경이며 경험이 과거보다 한층 다양한 사회에서 살아가고 있다. 경험의 다양성은 모든 사회과학 분야에서 중요하다. 바로 연구자들이 제 자신의 경험을 통해 질문을 도출하기 때문이다. 누구라도 경험해보지 않은 것에 대해서는 알 도리가 없으며, 우리 대부분은 미지 영역이 어떻게 생겼는지 상상할 재간도 없다.

경제학은 특히 사회에서 살아가는 모든 이들에게 영향을 끼치는 정부 정책을 들었다 놨다 한다. 그럼에도 다양성이 가장 부족한 학문 분야로 단연 손꼽힌다. 경제학계의 성별·민족별 기록은 거의 수용이 불가능한 수준이다. 경제학은 중산층 백인 남성 편향적 특성을 가장 완강하게 고집하는 학문 분야 가운데 하나다(Ceci et al. 2014). 미국 학계에서는 점차 사정이 나아지고 있긴 하나, 2019년에 여전히 전체 경제학 교수 가운데 여성 비율이 단 14.5퍼센트에 그쳤다. 크게 위안이 되지 않는 사실일지도 모르지만, 그나마 1994년 이래 갑절로 뛴 수치가 그렇다. 전체 종신직 교수의 21.2퍼센트가 여성이므로, 경제학계의 여성 교수 비율은 평균치를 크게 밑도는 실정이다. 각 커리어 단계마다 파이프라인은 조금씩 좁아져서, 경제학을 전공한 학부 졸업생의 33.5퍼센트가 여성인데, 박사 학위 취득자 가운데는 32.2퍼센트가 여성으로 그 비율이 줄어든다.[1] 영국의 경우, 20년 동안의 학계 풍토 개선에 힘입어 2016년에는 학계 인력 가운데 20퍼센트가 여성이었다. 하지만 정교수 중에는 오직 16.6퍼센트만이 여성이었다(Sevilla and Smith 2020). (조사가 아니라) 웹에서 퍼온 데이터에 기반해 유럽 학과들의 성비를 살펴본 최근 연구는 진입 시점에서 40퍼센트에 달하던 여성 비율이 정교수 단계에 이르면 22퍼센트로 크게 낮아졌음을 확인했다(Auriol et al. 2020). 그뿐만 아니라 활용할 만한 조사 연구 결과가 별로 없긴 하지만, 경제학계의 민족적·문화적 다양성 결핍 역시 부인하기 어렵다. 미국의 어느 연구에 따르면, 2015~2016년에 경제학 학위의 15.6퍼센트만이 소수 집단의 구성원에게 수여되었다.[2] 영국에서는

1999년 같은 수치가 12퍼센트에 그쳤으며(Blackaby and Frank 2000), 이후 데이터가 없긴 하나 경험적으로 보아 사정은 별반 달라지지 않았다고 보아도 무리가 아닐 듯하다. 사회 계층에 대한 측정은 그보다 훨씬 덜 이루어지고 있다. 하지만 적어도 영국에서는 경제학 전공 학생의 사회적 경험이 점차 협소해진 듯하다. 그들 가운데 사립 학교 출신 비율이 점점 더 늘어나고 있기 때문이다. 자연과학의 여러 학문을 포함한 여타 학과와 비교해볼 때, 경제학계에서는 다양성과 관련해 거의 개선이 이루어지지 않았다.

요즘에는 여성 경제학자들이 옹색한 처지에 놓여 있음을 보여주는 연구가 서서히 많아지고 있다. 우리*는 평균적으로 남성 경제학자들보다 논문이나 저서를 적게 출간한다. 그리고 일부 유수 학회지에 실리는 여성 저술 논문은 더 오랜 검토 기간을 거친다(Hengel 2020). 카드 등(Card et al. 2020, 14)은 이렇게 썼다. "편집자들은 남성과 여성 심사위원의 추천에 부여하는 가치에서는 성별에 중립적인 것으로 보인다. ……하지만 만약 인용률로 논문의 질을 평가한다면, 심사위원들은 하나같이 남성 저자의 논문보다 여성 저자의 논문에 더 높은 기준을 부과하는 듯하다. 여성 저술 논문의 인용률이 비슷한 수준인 남성 저술 논문 인용률의 25퍼센트 정도에 그치는 것으로 보아 말이다." 여성들은 평균적으로 공동 저자 네트워크가 더 좁은 상황에서 연구하며, 이는 자연스럽게 출판물 수가 적어지는 결과로 귀결되는 경향이 있다(Ductor, Goyal, and Prummer 2020). 그로 인한 직업적 불이익이 차곡차곡 쌓인다는 증거는 차고 넘친다.

---

*   이 책의 저자는 여성이다.

이 같은 다양성 부족은 몇 가지 이유에서 문제가 된다. 그에 따른 한 가지 결과는 특히 경제학계가 대다수 다른 학문 분야보다 더 공격적인 문화를 띠게 되었으며, 그런 문화는 다시 경제학계의 성별 편향을 한층 부추기고 있다는 사실이다. 경제학 세미나에 참석하는 우리는 다들 출발부터 여성 연사들이 툭하면 항의성 발언 제지에 시달리는 광경을 보곤 한다. 그러면 그들은 자신의 연구 결과를 제시할 수 없고, 건설적인 토론을 벌이기가 어려워진다. 수많은 목소리가 그 같은 분위기 아래 조용히 묻히고 만다. 세미나에서 여성 발표자들은 더 많은 질문 세례를 받으며, 남성보다 편파적이라고 인식되는 경우가 더 많다(Modestino et al. 2020). 이러한 남성 주도적이고 공격적인 문화는 수용 불가능한 행동에도 더욱 폭넓게 영향을 주고 있다. 마초적인 여험 남성 웹사이트 '이코노믹스 잡 마켓 루머(Economics Job Market Rumors)'에 관한 앨리스 우(Alice Wu)의 연구가 전 세계 언론에 대서특필되었다(Wu 2018). 여성 경제학자 및 유색 인종 경제학자들은 시종일관 얕잡아보는 듯한 태도로 대하는 것에서부터 노골적인 성희롱에 이르기까지 다양한 경험을 두루 보고했다(예컨대 Sahm 2020).

더욱이 남성 주도적인 경제학계는 사회 전반과 정책에 심대한 영향을 끼치는 사회과학에 바람직하지 못한 방식으로 지적 특성을 주조하는 듯하다. 풍부하지 못한 인생 경험은 어떤 연구 문제가 중요하고 흥미로운지에 대한 경제학자들의 판단이 편협해지게끔 만든다. 그런 그들의 발상과 그들이 연구하는 내용은 정부 정책에 입김을 불어넣고, 다시 그 정책은 사람들의 삶과 선택에 영향을 준다. 하지만 여성과 유색 인종은 일반적으로 유복한 백인 남성과는 다른 경험·도전·우선권을 지니게 마련이다. 좀더 미묘한 점은 경제학자의 가치관과 전체 인구의 가치관이 점점 더 괴리되는 양상을 띤다는 사실이다. 여러 연구는 정치적으로 격론을 부르는 사안을 포함한 수많은 정책적 문제에서 경제학자의 견해와 여론의 격차가 크게 벌어지고 있음을 보여준다(가령 Johnston and Ballard 2016). 경제학자는 좀더 개인주의적이고, 심지어 다른 학자들보다 사회성이 부족하기까지 한 것으로 밝혀졌다(Bauman and Rose 2011; Frank, Gliovich, and Regan 1993). 그런 사람이 경제학자가 되는 건지, 그 학문을 전공하다 보면 으레 그런 사람이 되는 건지 아리송할 지경으로 말이다.

그러나 #미투(#metoo) 운동과 #흑인목숨도소중하다(#BlackLivesMatter) 운동은 다른 분야와 마찬가지로 이 분야에도 알게 모르게 영향을 끼쳤다. 미국경제학회나 왕립경제학회 같은 교수 조직은 지난 2년 남짓 다양성과 포용력이 부족한 학계 문화에 문제를 제기했다. 그리고 성별·민족 등을 중심으로 다양성을 도모하려는 변화를 꾀했다. 변화의 방향은 분명 좀더 다양한 배경을 가진 학생을 선발하려는 운동,[3] 새로운 멘토링 프로그램, 새로운 행동 강령,[4] 그리고 무엇보다 주로 중산층 백인 남성 중심의 학자들이 제기하는 문화적·지적 이슈에 대한 인식 제고와 활발한 토론 쪽을 겨냥하고 있다. 하지만 이런 움직임이 그 학계 내부에서 얼마나 확장될지는 그와 별개의 문제다. 사회 규범이 바뀌는 데는 언제나 그렇듯 시간이 걸리기 때문이다. 여전히 미국 유수 대학의 막강한 남성 엘리트, 번듯한 직장이나 승진에 필요한 '톱 5' 학술지 게재를 쥐락펴락하는 게이트키퍼들은 자기 영속화를 꾀하는 데 능란하다.

경제학은 물론 그 학계를 사회적으로 재구축하고, 실질적인 지적 내용을 마련하는 문제를 해결해야 한다. 나는 이런 문제에 정말이지 관심이 많다.[5] 하지만 이 책은 경제학의 포용력 부족뿐 아니라 좀더 광범위한 경제학의 특성도 담아내고 있으며, 이 학문이 21세기의 요청에 맞추어 어떻게 변모해야 하는지 다룬다. 경제학이 그 철학적 기원을 공리주의에 두고 있다는 점, 실증경제학과 규범경제학을 구분 짓는 것의 타당성, 표준적 가정에 협조적이지 않은 역동적인 사회경제 제도의 특성, 방법론적 개인주의 위에 구축된 학문에서 사회적 영향력이 차지하는 역할, 그리고 강력한 사회과학의 하나로서 그 자체의 연구 주제를 변경할 수 있는 능력 등 이 책이 포괄하는 이슈는 하나같이 근원적 패러다임과 관련되어 있다.

이 책의 내용은 2012~2020년에 이루어진 몇 차례의 대중 강연을 토대로 하고 있다. 그렇기는 하지만 나는 그 내용을 업데이트해 책의 이야기 얼개 속에 지난 10년 동안 일어난 경제학의 유의미한 변화를 담아냈다. 이 책은 경제학자뿐 아니라 일반 독자를 대상으로 한다. 경제를 이해하고자 하는 일반 독자의 욕구가 그만큼 강렬하기 때문이다. 그리고 허수아비 비판이 아니라 진정한 경제학의 과제에 초점을 맞춘다. 지금은 세계사적으로도 유례가 없는 시기다. 코로나19 팬데믹은 각국 국민이 전례 없는 경제적 충격에 허덕이고 있다는 것을 말해준다. 대공황보다 더 느닷없고 더 심각한 충격에 말이다. 코로나19 팬데믹은 방대한 양의 새로운 연구와 정책 분석을 촉발함으로써 경제학 공동체를 화려하게 소생시켰다. 그리고 수많은 경제학자로 하여금 전염병학과 생의학에 관심을 갖도록 자극했다(Coyle 2020a). 나는 영국에서 진행된 이 같은 노력에 깊숙이 관여해왔다. 그중 눈여겨볼 만한 것은 그 위기에 관한 지식을 종합하는 온라인 경제학관측소(Economics Observatory, ECO)의 창설이다.[6] 경제학은 거대한 사회 문제—코로나19 팬데믹과 그 이후의 삶, 전 세계적 환경 위기, 경제적 기회의 더딘 성장, 그리고 지속될 수 없는 불평등 등—를 붙들고 씨름하는 정책 결정권자들에게 통찰과 조언 등 제공해줄 게 많다. 지금이야말로 경제학이 이 문제들에 맞서서 여봐란 듯이 역량을 발휘해야 할 때다.

이 책은 2008~2009년 금융 위기가 제기한 문제들로부터 출발한다. 1장은 경제학(구체적으로 이 경우에는 금융경제학)이 세상을 그저 분석하는 데 그치는 게 아니라 세상을 실제로 어느 정도 주조해왔는지 탐색한다. 다른 사회과학에서는 이런 현상을 수행성(performativity)이라고 부른다. 이는 '반사성(reflexivity)'*이라는 좀더 광범위한 개념, 즉 인과적 행위자와 결과 간 순환 고리랑 무관치 않다. 많은 경제학자는 경제학이 2008~2009년 금융 위기에서 탐욕 또는 나쁜 규제에 치여 오직 미미한 역할만 담당했다고 주장한다. 그러나 유명한 예외가 없긴 않지만 어째서 그 위기를 내다본 경제학자가 거의 없었느냐고 묻는 비경제학자들도 이러한 주장에 순순히 동의하는 것은 아니다. 많은 비평가는 경제학이 우리 사회를 더 나쁜 쪽으로 형성해왔다고 철석같이 믿고 있다. 당신이 그들에게 동의하든 그러지 않든 이 문제는 반드시 다루어볼 필요가 있다. 1장 1부에서는 여러 사건에 대한 경제학의 책무 문제를 살펴보고, 2부에서는 경제학의 책무 문제와 관련해 공공 정책에서 경제학이 점점 더 막강한 위치를 차지하는 정황을 파헤치고자 한다. 경제학이 어떻게든 수행적이라고 생각지 않는다 할지라도, 우리는 전문 지식이 의심받거나 도전받는 시대에 후자의 책무를 그 어느 때보다 진지하게 받아들여야 한다. 경제학은 정말이지 과거에

---

* 관찰하는 행위 자체가 관찰당하는 쪽에 영향을 미치는 특성. 인식은 현상을 변화시키며 그렇게 변화된 현상은 다시 인식을 변화시킨다는 게 핵심이다.

그렇게 알려졌던 것처럼 다시 한번 국가경제학(political economy)*이 되어야 한다.

2장은 특히 경제 전반, 그리고 인플레이션, 실업, 금리, 성장 등에 관한 학문인 거시경제학을 살펴보면서, 우리가 속한 사회를 분석하는 것이 얼마나 까다로운 작업인지를 소상히 다룬다. 거시경제학에 대한 비판은 지금보다 2012년에 좀더 정당성이 있었다. 금융 위기 이후 그 충격은 상당한 변화를 촉발했다. 분명 적잖은 진척이 이루어졌지만, 많은 동료들 사이에서 별 인기가 없는 거시경제학에 대한 나의 의구심은 여기에 설명한 몇 가지 이유로 여전히 살아 있다. 대중의 마음속에서도 거시경제학자는 기술 관료 엘리트와 동일한 존재로 아로새겨져 있다.

따라서 이 책에서는 학자든 정책 관리든 대다수 경제학자에게 더 기본적이고 중요한 분야, 즉 응용 미시경제학을 집중적으로 살펴볼 작정이다. 우리 대다수는 거시경제학과 관련한 예측을 내놓지 않는다. 그것이 비록 세간의 이목을 끌 수 있을지라도 말이다. 대신 식품 소매업에서의 경쟁은 어떤 효과를 낳는가, 구체적인 세금이나 복리 후생상의 변화가 가져오는 효과는 무엇인가, 어떤 정책적 개입이 학교에서 고전하는 학생들로 하여금 더 나은 성적과 삶의 기회를 얻는 데 가장 크게 기여할까, 기

---

* 카를 마르크스의 《자본론》을 완역한 강신준 교수는 political economy를 '정치경제학'이라고 옮기는 것은 올바르지 않다고 지적한다. '경제학'이면 족하고, 굳이 번역하자면 '국가경제학' 정도가 적당하다는 것이다. political economy가 가족(사적) 경제에 대비되는 국가(공적) 경제의 관리라는 의미로 쓰이기 때문이다. 따라서 여기서는 강신준 교수의 제안에 따라 정치경제학이 아닌 '국가경제학'으로 옮겼다.

업은 어떻게 새로운 생산 기법에 대해 배우는가, 기업이 투자하도록 이끌 수 있는 방안은 무엇인가 같은 구체적인 영역에 관심을 기울인다. 그렇게 하는 목적은 흔히 특정 맥락에서 뭔가를 하기에 더 나은 방법이 무엇인지 알아내기 위함이다. 3장은 우리가 '더 나아지기 위해' 취할 것들에 관한 몇 가지 기본적 추정에 집중한다. 즉, 개인은 어떤 식으로 의사 결정을 내리는가, 사회를 변화시키기 위해 노력하는 사회분석가로서 우리 경제학자들의 역할은 무엇인가─요컨대 우리는 과연 객관성을 견지할 수 있는가(아니면 늘 우리 자신의 가치관에 휘둘리는가), 상황이 '나아진다'는 것은 무슨 의미이며 누구를 위한 것인가─와 관련한 우리의 가정에 집중한다.

4장은 이런 관심을 정책적 의사 결정이 점점 더 기계 학습(machine learning, ML) 시스템에 의해 알고리즘적으로 이루어지는 세계로까지 확장한다. 그 세계는 우리 경제학자들이 각 개인은 '최선(best)'에 대한 잘 구체화된 정의에 기반해 각자에게 가능한 최선의 결과를 찾아주는 선택을 한다고 가정하는 것처럼, 그렇게 선택하도록 프로그래밍되어 있다. 기계 학습 시스템은 유명한 (혹은 악명 높은) 호모 이코노미쿠스(Homo economicus)의 이미지, 즉 타산적이고 이기적인 개인의 이미지를 바탕으로 구축되고 있다. 이는 데이터 문제를 낳는다. 경제를 분석하고 정책 결정을 내릴 때 우리가 알고 있다고 스스로 생각하는 사실들 말이다. 인공지능의 세계에서 명백하게 드러나고 있는 데이터 편향 문제를 통해, 사람들은 자신이 이용하는 데이터 세트가 결코 사회에 대해 객관적인 그림을 제공해주지 않으며, 그저 사회 및 그 사회의 권력 구조와 범주화에 의해 분칠된 초상일 따름임을 서서히 알아차리고 있다. 따라서 빅데이터를 포함한 데이터의 최대 사용자인 경제학자는 인과관계, 데이터 표본의 편향 같은 문제에 대해 인상적이리만치 꼼꼼하게 주의를 기울인다. 하지만 대부분 자신들이 사용하는 데이터가 어떻게 구축되는지에 대해서는 깊이 고민하지 않는다. 그간 나를 사로잡은 것은 대부분 거시경제 데이터였으며, 우리가 뉴스에서 흔히 접하는 변수는 국내총생산(GDP)이니 인플레이션이니 하는 개념이다. 우리는 이러한 개념들을 틀림없이 좀더 면밀하게 측정하려고 노력할 수 있지만, 그럼에도 그것들은 세상에 존재하는 자연물이 아니다. 이는 경험적 사회과학의 수많은 개념의 경우도 마찬가지다.

마지막 5장과 6장은 디지털화하는 21세기 경제라는 맥락에서 다음과 같은 질문을 뭉뚱그려 다룬다. 우리 경제학자는 우리가 분석하는 사회를 형성하는가? 우리는 객관적이 되기를 희망할 수 있는가? 상황을 '개선하는' 정책 혹은 경제적 진보가 의미하는 바는 정확히 무엇인가? 우리가 가정하고 있는 개인주의는 여전히 유효한가? 5장은 경제적 분석에 관심을 기울이며, 6장은 그것이 정책적 적용에 주는 함의를 다룬다. 나는 여기서 테크놀로지가 경제를 변화시키고 있는 방식으로 인해 이 문제들을 다루기가 한층 까다롭다고 주장한다. 지금 존재하는 데이터를 통해 경제가 진보하고 있는지 여부를 판가름하기는 점점 더 어려워지고 있다. 우리가 이용할 수 있는 통계란 변화 도정의 풍경을 담은 스틸 사진에 불과하기 때문이다. 이는 마치 강의 경로가 진작에 달라졌는데도 과거 장소에서 그 강의 깊이를 재려고 안간힘을 쓰는 격이다. 하지만 내가 하려는 좀더 중요한 주장은 디지털 경제가 개인 간 상호 관련성을 점차 키워주고(따라서 개인주의는 훨씬 더 부적절해진다), 경제적 특성을 종전과 다르게 만드는 방식을 고려해, 우리 역시 경제 진보 문제를 과거와는 다르게 다루어야 한다는 것이다.

나는 머리말을 사적인 이야기로 마무리하려 한다. 내가 이 책을 헌정한 버밍엄 대학 경제학과의 피터 싱클레어 교수는 영국에서 코로나19가 기승을 부리던 초기에 희생되었다. 내가 옥스퍼드 대학 브레이지노스 칼리지(Brasenose College, Oxford)에 다닐 때 학부 지도교수였던 그의 열정과 헌신이 나를 경제학자의 길로 안내했다. 그의 지혜, 타인을 향한 애정, 실용적 정책 과제에 대한 관심, 해박한 지식은 내가 지금과 같은 유의 경제학자가 되게끔 이끌어주었다. 그의 아내 제인(Jayne)은 병원에서 보내준 남편의 소지품에서 그가 의식을 잃기 전 마지막으로 끼적거린 메모를 발견했다. 거기에는 코로나19 위기로부터의 경제 회복 방안에 대한 그의 소견이 담겨 있었던 것 같다. 너무나 많은 아까운 목숨을 앗아간 팬데믹에서 회복해야 하는 과제가 우리에게 남았다. 있는 힘껏 경제 재건에 복무하는 것이야말로 그를 떠나보내고 남은 우리 경제학자들이 떠안아야 할 책무다.

경제학자의 공적 책무

내가 2007년 출간한 책《혼을 담은 과학: 경제학자들이 진정으로 하는 일, 그리고 그것이 중요한 까닭(The Soulful Science: What Economist Really Do and Why It Matters)》은 머리말에 밝힌 대로 경제학을 향한 허수아비 비판에서 비롯된 나의 좌절감이 낳은 결과물이었다. 허수아비 비판 가운데 일부, 즉 수학의 과용과 남용, 개인의 합리적 선택에 대한 극단적 가정, 현실 세계와의 괴리, 정부 개입보다 시장을 더욱 중시하는 경향성 등은 1985년에는 맞는 말이었을지 몰라도 2005년에는 더 이상 아니었다. 나는 그로 인한 열패감 때문에 이 책을 집필했다. 비판론자들은 경제학이 그 20년 동안 환골탈태했다는 사실을 간과하고 있었다.

내가 이 사실을 알게 된 것은 바로 그 시기를 살았기 때문이다. 하버드 대학에서 박사과정을 밟고 있던 1981년부터 1985년까지는 경제학계에서 오늘날 신자유주의 경제학이라 부를 법한 풍조가 최고조에 달한 때였다. 레이건과 대처의 시대 말이다. 두 사람이 선출된 것은 그 전 10년 동안 이루어진 국가의 경제 관리가 허점을 드러낸 데 따른 결과였다. 나 역시 다른 열정적인 젊은 경제학자들과 다를 바 없이 그 지적 파고에 휘둘렸고, 나보다 대수학과 미적분학에 통달한 이들에게 영향을 받았으며, 문제들에 대한 시장 해법을 신뢰하는 경향이 있었다. 하지만 다시없을 스승이자 멘토─옥스퍼드 대학에서 피터 싱클레어, 하버드 대학에서 벤저민 프리드먼(Benjamin Friedman)─를 만난 행운 덕택에, 극단적인 '합리적 기대 혁명(rational expectations revolution)'에 맞서 얼마간 예방 주사를 맞았다. 또한 그때는 하버드 경제학과도 대학원생에게 통상적 미시 이론과 거시 이론, 계량경제학과 더불어 두 개의 경제사 강좌를 수강하도록 요구했다. 또 한 가지 뜻하지 않은 행운 덕에 두 강좌의 담당 교수가 각각 경제사가 배리 아이첸그린(Barry Eichengreen)과 비주류 경제학자 스티븐 마글린(Stephen Marglin)이었다. 나는 꽤나 순진하게도 레이건이 이끄는 미국의 지적 사조와 불화한 스티븐 마글린 교수의 견해에 동의하지 않았다. 하지만 그의 강의를 수강하면서 책을 읽고 토론을 벌이는 과정은 분명 나로 하여금 생각을 하게끔 이끌어주었다.

그러나 영국에서 재무부 소속 경제학자로 사회에 첫발을 내디딘 1985년, 나는 잦은 비판을 받아 마땅한 그런 종류의 경제학을 옹호했다. 국회 앞 광장 바로 건너에 있는 웅장한 화이트홀(Whitehall) 건물에서 내가 맡은 일은 통화 정책을 책임진 부서의 업무였다. (당시는 중앙은행의 독립이 이루어지기 전이었다.)* 1960년대에 밀턴 프리드먼(Milton Friedman)이 진행한 작

---

* 　1998년 토니 블레어 정권이 고든 브라운(Gordon Brown) 재무장관의 주도 아래

업에서 비롯되었으며, 1970년대 인플레이션에 의한 경제 위기 기간에 이행된 통화주의(monetarism)*는 정책의 정설이었다. 우리는 또한 시티오브런던(City of London)의 금융 시장을 지배해온 오래된 규제를 폐지하는 조치인 이른바 '빅뱅(Big Bang)'을 준비하는 데 깊숙이 관여하기도 했다. 이러한 1986년의 탈규제적 변화는 결국에 가서 파생 상품 시장의 폭발적 증가를 포함해 2008~2009년의 세계 금융 위기를 낳은 금융 체제의 씨앗이었다. (재무부에서 내가 맡은 역할 가운데 하나는 파생 상품 관련 설명문을 작성해 고위 관리와 각료들에게 제공하는 업무였다. 이 일은 분명 내게 유용한 경험이었다.)

그 정설은 2005년에 크게 바뀌었다. 적어도 학계에서는 그랬다. 《혼을 담은 과학》은 그러한 변화의 내용을 담아낸 결과물이다. 예컨대 그사이 20년 동안 우리는 내생적 성장 이론(endogenous growth theory)의 도입을 목격했다(Romer 1986a). 이 이론은 경제 성장을 설명되지 않는 기술 진보 때문이라 여기기보다 교육 및 지식재산권과 연관 짓는다. 그리고 경제 성장과 발달에 있어 역사적·정치적 맥락과 제도의 중요성을 폭넓게 인정한다(Acemoglu and Robinson 2012). 더욱 중요한 것으로, 컴퓨터를 이용한 계산력, 새로운 데이터 소스, 그리고 개선된 통계 기법 등이 어우러져 경험적 연구를 좀더 손쉽고 광범위하게 해주었다. 지식에서 나 스스로의 공백을 드러내는 지점으로서 《혼을 담은 과학》이 놓친 것은 바로 금융이었다.

중앙은행인 잉글랜드 은행을 내각에 속한 정부 기관에서 정부와 분리된 공공기관으로 독립시키고, 금융 및 금리 정책의 독립성을 부여했다.

* 거시 경제 변동에 화폐 공급량 및 화폐를 공급하는 중앙은행의 역할을 중시하는 이론.

물론 그 책 출간 직후 발생한 세계 금융 위기는 금융 시스템을 문자 그대로 붕괴 일보 직전까지 몰아가며 심각한 경기 침체를 낳았다. 이는 경제학자들이 1930년대에 배웠던 것처럼 그렇게 나쁘지는 않았다. 그리고 대공황(Great Depression) 전문가 벤 버냉키(Ben Bernanke)가 미국 연방준비제도이사회 의장이라는 중책을 맡고 있었다. 하지만 안정적인 인플레이션과 지속적 경제 성장을 특징으로 하며, 일부 사람들이 대완화기(Great Moderation)라 부르는 오랜 시기를 거친 뒤 어떻게 해서 이처럼 격변적인 사건이 일어나게 되었을까? 여왕이 런던경제학회에 속한 일군의 경제학자들에게 대관절 왜 그 위기가 다가오고 있다는 걸 알아차리지 못했느냐고 물었다는 것은 유명한 일화다. 거시경제학자들은 그 위기를 예상하지 못했다는 이유로 혹독한 비난에 시달렸다. 당시 예측에 쓰인 모형 상당수가 그런 사건들을 배제했기 때문이다. 금융경제학자들 역시 '효율적 시장 가설(Efficient Markets Hypothesis)'*을 제시했다는 이유로 조롱받았다. 자산 가격은 미래 수익과 관련해 현재 알려진 모든 정보를 반영하고 있으므로, 미래의 자산 가격 움직임은 오직 랜덤 워크(random walk)일 뿐이라는 주장 말이다.

말할 것도 없이 나는 이러한 약점을 순순히 인정하고《혼을 담은 과학》을 손보아 개정판을 냈다(Coyle 2010). 하지만 세계 금융 위기는 심대한 의미를 띠었다. 우리는 그때 이후 그 여파를 겪으며 살아왔다. 특히 중앙은행이 '양적 완화(quantitative easing)' ─ 경제에 유동성을 풀기 위해 (주로)

---

* 금융경제학 개념으로, 모든 금융 상품의 가격이 공개된 정보를 언제나 정확하게 반영한다고 보는 가설.

정부채를 매입하는 것—를 실시함으로써 금리를 초저리로 유지하고, 다른 자산 가격을 인상해 금융 시장과 부유한 자산 소유주들에게 기쁨을 안겨주고, 수많은 연금 기금을 위기로 몰아넣은 것이다. 금융의 역할, 그리고 세계 금융 위기를 촉발한 정책 과오의 책임에 대해 곱씹어보던 나는, 옥스퍼드 대학이 2012년 '인간 가치에 관한 태너 강연(Tanner Lectures on Human Values)'에 초청했을 때 그것을 주제로 삼기로 했다.[1] '프랑켄슈타인 금융(Frankenfinance)'을 창출하고 그것을 촉발하는 데서 학계 경제학자들이 맡은 역할은 무엇인가? 그 아이디어들이 정녕 괴물을 낳은 것일까? 20세기 중엽 이후 정부에서 점차 영향력을 키워갔으며 금융 위기가 일어나도록 부추긴 정책경제학자들의 책임은 무엇인가? 그들은 거칠고도 혼란스러운 실제 세계의 복잡함에 직면했을 때 어떻게 경제 연구를 적용했어야 옳았는가? 경제학자들이 2012년 이후 진보를 이루어온 것은 엄연한 사실이지만, 우리는 비슷한 일이 두 번 다시 일어나지 않으리라고 장담할 수 있는가?

1부: 프랑켄슈타인 박사, 맞지요?

요즈음 내가 파생 상품에 대해 젊은 애널리스트들로부터 가장 자주 받는 질문은 "우리가 고객으로부터 돈을 얼마나 거둬들였나?"예요. 나는 파생 상품 판매 회의에 참석하는데, 거기서는 단 한순간도 우리가 어떻게 고객을 도울 수 있을지에 대한 질문은 다루지 않아요. 회의는 어디까지나 우리가 고객에게서 될수록 많은 돈을 뽑아내는 방안을 논의하는 자리죠. '고객이 당신들을 믿지 않으면 결국 당신들과의 거래를 멈출 것이다.' 이 점을 고위 경영진이 거의 이해하지 못한다는 사실에 적이 놀랐습니다(Smith 2012).

위는 세계 금융 위기가 발생하고 몇 년 뒤 골드만삭스를 떠난 그 회사의 전직 임원이 〈뉴욕타임스〉에 기고한 글의 일부다. 이는 수많은 사람이 금융 시장에 대해 과거에 믿고 있었던 것, 지금도 여전히 믿고 있는 것이 무엇인지 확인시켜주었다. 사람들은 흔히 금융 시장을 사회에 기본적으로 해로운 존재가 되었다고들 여기고 있다. 아울러 거기서 좀더 나아가 모든 시장과 경제학자 대부분도 오십보백보라고 본다. 경제학자란 현대 사회를 조직하는 구조로서 시장을 가장 열렬히 옹호하는 자들이기 때문이다. 내가 대중의 견해를 다소 과장한 것일지도 모르지만, 어쨌거나 여론 조사 결과에 따르면, 1980년대 초 이후 공공 정책의 핵심을 이룬 친시장 철학에 대한 재평가가 이루어져왔음을 엿볼 수 있다. 대다수 여론이 시장 기반 경제를 내내 지지하고 있긴 하지만, 대중은 이 시장에서 뛰는 선수들이 어떻게 행동해왔는지에 대해서는 거의 관심이 없다(YouGov 2011). 그들을 등에 업은 21세기 초의 자본주의는 불평등, 실업과 불안정한 일자리, 그리고 긴축 경제를 야기했다. 2012년경 시티오브런던과 월스트리트에서 꽤나 많은 사람이 거리로 뛰쳐나와 그 세계 경제의 최고봉을 '점령하라(Occupy)'고 외치도록 내몰 정도로 대중의 불만은 폭발 일보 직전이었다. 2019년 미국에서 '리얼클리어 오피니언(RealClear Opinion)'이 진행한 어느 여론 조사에서는 응답자의 25퍼센트 이상이 자본주의와 자유 시장에 대해 절망적이라고 답했으며, 15퍼센트는 정부의 경제 규제가 더욱 적극적으로 이루어지길 바란다고 밝혔다.[2] 진보적 지식인들은 경제학에 대해 통렬하고도 신랄한 비판을 담은 견해를 쏟아냈다. 미국인 소설가 메릴린 로빈슨(Marilynne Robinson)의 다음과 같은 언급이 한 가지 예다.

> 꽤나 최근 기억 속에서 우리 모두를 실망시킨 것은 '전능자 경제학(Economics Pantocrator)'이라는 초국적 힘이었다. 그것은 거대한 버블 시대에 구가하던 위상을 뛰어넘어 힘과 위신을 키우면서 다시금 잿더미에서 화려하게 부활했다. 그것이 초래한 결과인 부의 파괴와 불안전성은 실제로 그것의 요청에 새로운 긴급성을 부여한다(Robinson 2012).

경제학을 유용한 실용적 학문이라기보다 해로운 사회적 힘이라고 간주한 것은 비단 그녀만이 아니다. 게다가 작가들이 경제학을 좀더 중요한 가치관이나 문화적 전통과 상충하는 것으로 바라보는 경향은 어제오늘의 일도 아니다. 이런 전통은 자연을 개량할 수 있다고 보는 합리적 계몽주의 관점(Porter 2000)에 대한 낭만주의의 반발로까지 거슬러 올라간다. 존 러스킨(John Ruskin)이 살아 있다면 그는 자신의 책 《나중에 온 이 사람에게도(Unto This Last)》(1860)에서와 비슷한 방식으로, 산업자본주의를 매섭게 꾸짖은 로빈슨의 호통(rant)—이보다 더 적절한 단어를 찾긴 어렵다—에 맞장구쳤을 것이다. 그는 그 책에서 공예적 생산 방식은 부(wealth)를 창출했지만, 현대 경제학은 '병(illth)'*을 초래했다고 일침을 놓았다.

대공황—어쩌면 이제는 이 타이틀을 팬데믹한테 넘겨주어야 할지 모른다—이후로 가장 장기적이고 심각한 경기 침체가 이 같은 비판을 되

---

* 러스킨이 wealth와 운(韻)의 효과를 노리며 지어낸 말.

살아나게 한 것은 놀랄 일이 아니다. 만약 경제학자들이 경제 위기를 막거나 약화시키는 데 도움을 주었어야 마땅하다면, 이는 분명 우리가 일을 제대로 해내지 못하고 있음을 드러낸 것이다. 많은 경제학자가 경제학에는 아무런 근본적인 문제도 없다고 강변했으며, 그보다 더 많은 이들이 소설가나 시위대의 과장된 공격을 거부했다. 반면, 또 다른 적잖은 경제학자들은 자신의 지적 개념 틀과 본인이 공공 정책 세계에서 맡은 실제적 역할의 위기가 안겨준 교훈을 진지하게 돌아보았다. 잘 알려진 바와 같이 케인스는 경제학자란 모름지기 치과 의사처럼 '겸손하면서도 유능한 사람'이 되어야 한다고 역설했다. 잘못된 것을 바로잡음으로써 인간의 삶을 다소간 개선해준다는 의미에서 말이다(Keynes 1931). 2019년 노벨 경제학상을 수상한 에스테르 뒤플로(Esther Duflo)는 경제학자를 또 하나의 실용적 직군인 배관공에 비유했다(Duflo 2017).

하지만 우리 경제학자들은 실상 치과 의사나 배관공보다 프랑켄슈타인 박사를 더 닮은 것으로 밝혀졌다. 생명체를 창조하려는 이상론적 실험에 뛰어들어 괴물을 빚어내고 끝내 파국을 맞는 존재 말이다. 경제학자들은 정녕 괴물을 만들어냈는가? 경제학은 세계를 기능적으로 문제 있는 모습으로 주조해왔는가?

나는 여러분이 문학적 과장을 걷어내면 모종의 진실에 다가갈 수 있으리라고 생각한다. 앞으로도 내내 설명하겠지만, 나를 위시한 경제학자들은 그간 전개된 경제 상황에 얼마간 책임이 있다. 하지만 가장 큰 책임은 어떤 특정 경제 접근법, 즉 한동안 몸을 사리고 있었지만, 세계 금융 위기에 의해 결국 신빙성을 잃은 것으로 드러난 경제 접근법에 있다. 이 경제적 재앙은 실제로 경제학이 계몽주의 시대에 처음 태동했을 때와 마찬가지로, 자연과학에 다시 뿌리내린 더욱 강력해진 경제학으로 거듭나는 데 기여할 수 있을 것이다. 이 장 후반부에서 나는 구경제학과 신경제학 간 투쟁이 공공 정책 영역에서 어떻게 펼쳐지고 있는지 다룰 참이다. 경제학자들이 수십 년 동안 특권적 위상을 누린 채 의사 결정에 막강한 입김을 행사해온 공공 정책 영역에서 말이다.

나의 주장은 다음과 같다. 지적 분야이자 직업적 실제인 경제학은 그 분석 대상인 경제를 형성하는 데 기여해왔다. 경제가 작동하는 방식에 대한 믿음과 그것이 미래에 어떻게 작동할지에 대한 기대감은 우리의 이론, 즉 '모형'에서 핵심 역할을 담당한다. 특히 수많은 모형―거시경제학의 경우 경제 전반의 여러 관계에 대한 개요, 혹은 경제의 여러 부분집합에 대한 개요―은 (우리가 '사람들'이라고 지칭하는) '행위자들(agents)'이 경제에 대해 거의 올바른 신념, 즉 '합리적 기대'를 가진다고 가정한다. 이는 당신이 모든 사람을 항상 속일 수는 없다는 합리적 가정이다. 만약 그들이 체계적으로 틀렸다는 게 입증된다면, 그들은 본인의 신념을 바꿀 것이다. 실제로 이것은 수백만 명에 이르는 진짜 사람들의 계산력 및 정보에 대한 강력하지만 비현실적인 가정이다.

그러나 그것이 합리적이건 그렇지 않건 오늘의 행동이 어떻게든 미래에 대한 신념에 따라 달라진다는 가정에서 핵심은, 그 가정이 자기실현적 결과로 이어지는 문을 열어준다는 것이다. 기대가 문제 될 때마다 아이디어는 현실을 주조하는 힘을 발휘한다. 케인스는 투자와 소비자 지출에서 '야성적 충동(animal spirits)'이 중요하다고 밝혔는데, 이 같은 공식적인 합리적 기대 모형은 그가 예상한 방식은 아닐지 몰라도 그의 주장을 담고 있으며 그것을 분명하게 정의하고 있다(Keynes 1936). 이런 의미에서는 심지어 투기성 자산 가격 거품조차 합리적일 수 있다. 대다수 투자자가 그 가격이 계속 오르리라고 기대하는 한 정말 그렇게 될 것이기 때문이다(Santos and Woodford 1997).

경제학은 자기실현적 결과라는 용어를 사회학자 로버트 K. 머튼(Robert K. Merton)에게 빚지고 있다. 그가 그 구절을 만들어내기 전에도 그런 발상을 표현한 예가 다수 존재하긴 했지만 말이다(Merton and Merton 1968). 가장 고전적인 자기실현적 예언은 오이디푸스 신화에서 발견된다. 거기서는 예언에 휘둘리는 주인공들의 기대 때문에 그 예언이 내다본 바로 그 비극이 빚어진다. 1970년대 말 이후 개발된 공식적인 경제 모형이 의사 결정에서 기대가 맡은 핵심 역할과 통합되자마자 거의 모든 것이 자기실현적으로 되어버렸다. 실제로 완벽한 정보와 마찰 부재를 특징으로 삼는 경제학자들의 비현실적 세계에서도 마찬가지였다.

하지만 경제학자들은 결코 이것이 열어줄 이론적 가능성에 대해서 깊이 고찰하지 않았다. 즉, 경제학자들이 경제학에 관해 사고하는 방식, 그리고 그 원칙이 모형 내에서뿐 아니라 모형 밖에서 작동하는 방식 역시 자기실현적이 될 수 있다는 데 대해서 말이다. 만약 주류를 이루는 세계 경제학이 경제 혹은 금융 시장을 일정한 방식으로 모델링하고, 그것이 관리나 금융 시장 트레이더들의 생각 속으로 파고들어가서 그들의 신념과 기대를 형성한다면, 현실은 그 모형을 반영하기 위해 변화할 수 있을까? 만약 경제학자들이 사회의 협소한 일부만 반영하고 특이하게 사고한다면—그리고 우리가 평균보다 더 이기적이고 개인주의적인 존재들로 판명된 집단이라면(Gerlach 2017)—우리가 사용하는 모형은 아마도 그 개발자들이 생각하는 형상으로 경제를 주조할 수 있을 것이다.

이는 강력한 버전의 자기실현적 예언(흔히 '수행성'이라고도 한다)이다. 비록 그 용례가 언어철학적 기원으로부터 얼마간 떨어져나온 것이긴 하지만 말이다. 존 오스틴(John Austin)은 수행성을 "미안합니다!" 혹은 "나는 이제 두 사람을 남편과 아내로 선언합니다" 같은 진술과 관련해 사용했다. 이 경우에는 발화 자체가 그 행동을 수행하는 것이다(Austin 1962). 이제 경제사회학자들은 그 용어를 그저 외적인 현실을 묘사하는 데뿐 아니라, 그들 자체의 현실을 구축하는 경제 모형과 관련해서도 쓰고 있다. 수행적 경제학의 고전적 예가 금융 옵션*의 가격 산정 모형이다. 로버트 K. 머튼의 아들 로버트 C. 머튼은 이 모형을 고안한 공로로 1997년 마이런 숄즈(Myron Scholes)와 노벨 경제학상을 공동 수상했다. 〔원래의 블랙-숄즈 모형(Black-Scholes model)을 개발한 또 한 사람의 공동 저자 피셔 블랙(Fisher Black)은 수상에 앞서 타계했다.〕[3] 로버트 C. 머튼이 그 모형을 현실에 접목하기 위해 1994년 공동 창립한 투자 회사 롱 텀 캐피털 매니지먼트(Long Term Capital Management, LTCM)는 2000년 46억 달러의 손실을 입고 파산했다. 훗날 겪게 될 금융 위기의 전조 격이었다. 누구라도 쉽게 여기에 기이하게도 오이디푸스 이야기와 유사한 대목이 담겨 있음을 알아차릴 수 있다. 특히 자기실현적 예언이라는 용어를 만들어낸 그의 아버지 로버트 K. 머튼이 LTCM에 투자했다는 소문이 들리는 것으로 보아 말이다.**

---

* 파생 상품의 일종이며, 미리 결정된 기간 안에 특정 기초 자산을 정해진 가격으로 사고팔 수 있는 권리를 말한다.

** 이렇게만 기술하면 저자가 본래 전달하려 한 자기실현적 예언과의 관련성을 쉽사리 알아차리기 어려우므로, 약간의 부연 설명이 필요할 듯하다. LTCM은 결국 파산했지

아들 머튼이 개발한 금융 옵션의 가격 산정 모형은 어떻게 금융 현실을 그 자신의 이미지로 바꿔놓음으로써 결국 파국적인 금융 몰락을 초래했을까? 사회학자 도널드 매켄지(Donald MacKenzie)는 1970년대 이후 파생 상품 시장이 눈부시게 도약한 것은 금융 상품의 가격을 매기는 이 실용적 모형들을 이용할 수 있었기 때문임을 밝혀냈다. 머튼이 기여한 바는 단순한 형태의 옵션 가격 산정 공식을 제공해주었다는 점인데, 이는 경쟁적 접근법들보다 시장 거래자에게 좀더 직관적인 공식이었다. 옵션 가격을 그것이 파생되는 기초 자산의 가격 변동성과 연관 지었기 때문이다. 게다가 매켄지(MacKenzie 2007)가 기술한 대로, 피셔 블랙 역시 시카고 금융 시장에 상업 서비스를 제공했다. (당시에는 공개 호가 시장의 다양한 거래소에서 사람들이 저마다 거래를 위해 목청을 높이고 있었다.) 그의 사업은 시장과는 동떨어진 채 컴퓨터상에서 블랙-숄즈-머튼 모형을 이용해 다양한 옵션 가격을 계산하고, 그 결과를 단 한 장의 시트에 담아 유통시켰다. 거래자는 그 종이를 원통으로 말아서 특정 열을 쉽게 읽을 수 있었다.

매켄지는 여러 해 동안 미국 금융 시장에서 관찰한 옵션 가격이 그 모형이 예견한 내용에 수렴했음을 보여주는 증거를 제시했다. 시장에서 점점 더 많은 거래자가 그들의 거래 가격을 매기기 위해 동일 모형을 사용함에 따라, 해가 가면서 모형과 현실 간 격차가 좁아진 것이다. 또한 그

만, 설립하고 처음 몇 년간은 50퍼센트를 넘나드는 높은 수익률을 자랑하며 승승장구했다. LTCM 창립자들이 이론적으로 검증된 이들이라는 평판을 누리고 있었기에 사람들이 그들의 성공을 철석같이 믿었기 때문이다.

는 시카고 대학이 낳은 경제 이론*의 지적 위상 때문에, 옵션 거래를 일종의 도박으로 보고 금지했어야 마땅한 규제 당국이 손을 놓고 있었다고 주장하기도 했다. 거래자 친화적인 모형(나중에 컴퓨터 혁명 덕택에 다른 사람들이 그 모형에 따라 가격을 산정하는 일이 한층 손쉬워지면서 더욱 널리 퍼져나갔다), 가격 산정 시트를 상업적으로 제공하는 사업의 성공, 눈감은 규제 당국, 이 모든 상황이 어우러진 결과 1970년만 해도 별 볼 일 없던 세계 파생 상품 시장이 2010년에 이르자 명목 가치가 1200조 달러에 달하는 규모로까지 급성장했다(Triennial Central Bank Survey 2010).[4]

이 이야기에는 분명 경제 모형을 만들고 출판하는 지적 행위 이상의 것이 담겨 있다. 시카고 거래소의 광범위한 사회학과 허술한 규제 문화라는 정치적 환경이 필시 일정 역할을 담당했을 것이다. 컴퓨터와 소프트웨어를 이용해 대량의 데이터를 고속 처리할 수 있게 된 점이 그에 한몫한 것처럼 말이다. 경제와 관련해서는 어느 것도 원인이 하나뿐인 경우란 없다. 하지만 블랙-숄즈-머튼 모형이 오늘날의 파생 상품 시장이라는 위험천만한 괴물을 빚어내는 데서 프랑켄슈타인 박사와 같은 역할을 했다는 주장은 꽤나 수긍할 만하다.

고빈도 거래(high-frequency trading, HFT)를 수행하는 '알고리즘' 때문에 그 괴물이 여전히 금융 시장에서 활개 치고 있다고 믿는 데는 몇 가지 이유가 있다. 특히 고빈도 거래의 극단적 형태인 초고빈도 거래란 650밀리초(millisecond)** 이하 간격으로 이루어지는 거래를 뜻한다. 이 활동에는

---

*   블랙-숄즈(-머튼) 모형.

**   1000분의 1초.

'가장 신속하게 기계를 판독할 수 있는 경제 데이터 및 기업 뉴스'의 판매 사업, 그리고 '글로벌 근접 호스팅' 같은 일군의 지원 서비스가 들어 있다.

'글로벌 근접 호스팅'은 거래자들이 컴퓨터 서버를 그들이 거래하는 거래소의 컴퓨터 서버와 가까이 두어야 할 필요를 지칭한다. 그렇게 해야 하는 까닭은 나노초(밀리초의 100만분의 1, 즉 10억분의 1초) 시간 척도에서는 광속조차 심각한 물리적 장애가 될 수 있기 때문이다. 경쟁자보다 더 긴 광케이블에 명령을 전송해야 해서 몇 나노초가 더 걸리면 엄청난 손해를 감수해야 한다. 금융 시장은 사이버 공간에서 무형의 위치라는 국면을 거쳐 다시 반대쪽의 물리적 지리(physical geography)로 돌아왔다. 펜실베이니아주 앨러게니(Allegheny)산맥 한구석에 새로운 케이블을 뚫어 시카고 사우스루프(South Loop)의 데이터 센터에서 비롯된 광자(photon)에 약간 더—엄밀히 말해 3밀리초—가깝도록 조치한 것은, 뉴저지주 카터릿(Carteret)의 나스닥 서버를 좀더 근거리에 두기 위해서였다. 새로운 대서양 횡단 케이블은 거래 시간을 0.006초 단축시켰는데, 이는 족히 3억 달러 넘는 투자 가치를 지닌 개선이었다. 그리고 익명으로 보이는 데이터 센터에서는 거래소 서버와 가장 근접한 서버들이 경쟁의 장에서 전자 경쟁 업체들을 몇 미터가량 따돌리기 위해 리던던트 루프(redundant loop) 광케이블로 그것과 연결되어 있다. 2017년에 주문 발행과 실행 간의 가능한 최단 대응 시간은 2011년보다 60배가량 빨라진 84나노초로 대폭 떨어졌다. 기술은 케이블에만 그치는 게 아니다. 장거리에 걸친 마이크로파(극초단파)가 광케이블보다 광속 데이터 전송에 더 가까이 접근하게 되자, 미국과 유럽 전역에서 경쟁적인 마이크로파 타워 네트워크가 구축되었다

(Anthony 2016). 이는 금융 시장이 가상의 대수적 거래를 수행하기 위해 물리적 현실을 변화시키고 있는 사례들이다. 그야말로 산맥을 움직이는 시장의 사례들인 것이다. 하지만 사랑스러운 잉글랜드 켄트(Kent) 연안에 300미터 높이—뉴욕의 크라이슬러(Chrysler) 빌딩과 엇비슷한 높이이다—의 마이크로파 타워를 건설하기 위한 입찰은 그 지역 의회에 의해 거부당했다(Mackenzie 2019). 새로운 단파 및 위성 기술이 개발되고 있다. 금융 시장에서 이루어지는 거래의 절반가량이 컴퓨터를 이용한 고빈도 거래인지라, 이 같은 최신 기술 개발은 지구 저궤도 위성에서 반사되는 알고리즘적 신호망 이미지를 떠오르게 한다. 이 모든 것은 금융 시장이 고객들에게서 한시라도 빨리 돈을 거둬들이기 위한 것이다.

증거에 따르면, 다우존스 주가지수가 6분 만에 600포인트 폭락했다가 20분 뒤 거짓말처럼 회복한 2010년 5월 6일의 이른바 플래시 크래시(flash crash)*는 바로 이런 유의 자동화 거래 때문이었다. 2015년 미국 관계 당국은 웨스트런던 교외에 거주하는, 수학적 재능을 타고난 어느 단타 매매자(day trader)에게 그 사건의 책임을 뒤집어씌우려고 했다. 하지만 최근의 상세한 설명에 따르면, 그 플래시 크래시는 인간 주동자의 소행이 아니라 복잡한 기계와 규제 네트워크가 함께 빚어낸 결과였다(Vaughan 2020). 2021년 1월 말 벌어진 '게임스톱(Gamestop) 사태'의 대부분을 주도한 소매 거래 플랫폼 로빈후드(Robinhood)는 자체 알고리즘을 유리하게 만들기 위해 시장 상황에 대한 정보를 모을 수 있도록, 소매 주문 비용을 지불하는 고빈도 거래 트레이더 시타델(Citadel)을 통해 주문을 실행했다

---

* '느닷없는 붕괴'라는 뜻으로 금융 상품 가격이 삽시간에 폭락하는 것을 뜻한다.

(Van Doren 2021).[*]

　게임스톱의 부침은 누구의 눈에도 분명했다. 하지만 2011년까지 5년 동안 1만 8500회 넘을 정도로 심하게 잦은 플래시 크래시가 발생했음을 보여주는 증거가 일부 나와 있었다. 사람이 알아차리기에는 지나치게 빨랐던 것이다(Johnson et al. 2012). 이 현상을 연구한 보고서에서 브리스톨 대학의 존 카틀리지(John Cartlidge)가 말했다. "경제 이론은 항상 경제 현실보다 뒤처졌다. 그런데 오늘날 기술 변화의 속도는 그 간격을 기하급수적 수준으로 벌려놓고 있다. 그로 인한 무서운 결과는 우리가 이제 사실상 전혀 이론적으로 이해하지 못하는 세계 금융 시장의 지배를 받는 세상에서 살아간다는 사실이다"(Keim 2012). 하지만 어쩌면 그보다 더 무서운 것은 경제 이론이 경제 현실에 앞서 있다는 착각일 것이다. 실상 우리는 둘 중 어느 쪽도 제대로 이해하고 있지 못하는 형국이다. 소설가 로버트 해리스(Robert Harris)는 2011년 그의 소설 《공포지수(The Fear Index)》에서 알고리즘을 불량 거래자이자 핵심적 악한으로 그렸다. 세계 금융 규제 당국은 위험한 복잡성을 조성하는 데서 그들 자신이 맡은 역할 등 금융 시장에서 일어나는 일을 이해하고자 분명 동분서주하고 있다. 그런데 그것이 과연 마음을 놓을 일인지 우려할 일인지는 확실치 않다(Haldane 2012; Amadxarif et al. 2019).[5]

---

[*]　게임스톱은 1996년 설립된 비디오게임 소매업체로 텍사스주 그레이프바인에 본사가 있다. 이 회사는 몇 년 동안 영업 실적이 부진했음에도, 2021년 1월 26~28일 주가가 거짓말 같은 수치(최저점 기준 대비 약 1만 2400퍼센트, 한 달 전 대비 약 1600퍼센트, 일주일 전 대비 약 700퍼센트)로 치솟으면서 놀라움을 자아냈다.

금융 시장이 기술과 인공지능에 의해 점점 더 크게 휘둘리는 경제에서 제 자신의 삶을 살아가게 되었다는 사실은 논란의 여지가 없어 보인다. 한 전문 투자자의 말마따나 "기계들이 스스로의 문명을 창조하기 위해 인간 주인들로부터 떨어져나갈지도 모른다는 오래된 두려움은, 더 이상 실물 경제에 서비스를 제공하기 위해 존재하지 않는 은행 시스템에 의해 얼마간 현실이 되었다"(Snider 2011). 그는 단 하나의 은행 뱅크오브아메리카(Bank of America)가 어떻게 2011년의 처음 9개월 동안 74조 달러어치의 파생 상품 '대차대조표 익스포저(balance sheet exposure)'*를 지니게 되었는지 기술했다. 회계 규정은 이것을 단지 790억 달러로 제시하도록 허용했음에도 불구하고 말이다.[6]

말할 필요도 없이 이러한 파생 상품 활동은 그 어느 것도 실물 경제에 대한 투자로 해석되지 않는다. 금융 부문 전반은 오직 그 활동을 정의하고 측정하는 FISIM—간접적으로 측정된 금융 중개 서비스—이라고 알려진 방식 때문에, GDP 성장에 기여하는 것처럼 보인다. 사실상 이 정의는 잠재적으로 생산적 투자뿐 아니라 투기적 거래에서 볼 수 있는 위험 감수를 경제에 대한 플러스 요소로 간주한다(Christophers 2013: Coyle 2014).

1970년대 이후 널리 퍼진 금융 관련 지적 접근법이 경제에 거의 기여한 바가 없었을 가능성, 도리어 경제에 해악을 끼쳤을지도 모를 가능성은 도발적인 몇 가지 질문을 제기한다. 경제학자는 무엇을 다르게 했어야 옳았는가? 확실히 어떤 규제 기관도 블랙, 숄즈, 머튼 교수가 연구를 진

---

* '거래 익스포저(transaction exposure)'와 같은 것으로, 결산기에 외화 표시 자산과 부채를 자국 통화로 환산할 때 발생하는 평가상의 리스크를 의미한다.

행하지 못하도록 막지 말았어야 했는가? 경제에 속한 다른 모든 부문에서 이루어지는 혁신은 대개 적어도 끝에 가서는 소비자에게 이득을 안겨주는데, 뭣 때문에 금융 혁신만은 소비자에게 그토록 보상이 안 되는 것으로 판명 났을까? 이러한 질문은 아이디어가 진공 상태로 존재하는 게 아니라 제도적 구조와 사회적 구조에 붙박여 있음을 잘 보여준다. 예컨대 혁신의 이득은 보통 경쟁을 통해 확산되는 데 반해, 금융 부문에서는 금융업자들이 '독점 렌트(monopoly rent)', 즉 초과 이윤을 뽑아낼 수 있는 충분한 시장 지배력을 누린다. 더군다나 금융 혁신은 효율적 규제를 훌쩍 앞지름으로써, 탐욕·사기·무모함·과신이 억제받지 않은 채 제멋대로 활개 치도록 허락했다(Lanchester 2010).

괴물과 시장

금융 시장은 중요함에도 불구하고, 그리고 세계 금융 위기를 야기한 데 책임이 있음에도 불구하고 그저 경제의 일부일 뿐이다. 게다가 '효율적 시장 가설'도 경제학의 한 부분에 지나지 않는다. 금융 시장에서 거래에 쓰이는 컴퓨터는 경제학자도, 아무런 경제학의 구현체도 아니다. 대다수 경제학자는 분명 금융 이론과 효율적 시장 가설을 경제학의 정점으로 삼지 않을 것이다. 정치인이나 규제 당국은 의지만 있다면 경제학에 완력을 쓰지 않고도 통제 불능의 금융 시장 문제와 씨름할 수 있을 것이다.

그래서 몇몇 경제학자는 금융 시장의 과도함이 경제학과 모종의 관련이 있다는 나의 주장에 반대했다. 어쨌거나 다수의 경제학자는 실제로 붕괴를 향해 치닫는 지속 불가능한 자산 거품에 대해 경고해오고 있었다(중요한 금융 위기를 구체적으로 예측한 이는 거의 없었지만). 로버트 실러(Robert Shiller)의 《비이성적 과열(Irrational Exuberance)》(2000)은 베스트셀러였고, 전세계 언론은 그 책의 경고를 대문짝만 하게 다루었다. 따라서 정치철학, 금융 기관의 위력, 정부를 구워삶는 그들의 로비, 신용 평가 기관의 인센티브, 더없는 탐욕과 부정직, 이 모두가 경제학, 심지어 옵션 시장보다 훨씬 책임이 크다는 주장은 옳다. 만약 정치인이나 규제 당국이 진정으로 경제학자 말에 귀 기울였다면, 그 파국을 피할 수 있었을지도 모른다. 더군다나 금융 시장이 사회를 개선할 수 있는 가능성을 열어주는 좋은 사례도 없지는 않다. 질서 정연한 금융 시스템은 개인이나 기업이 위험을 관리하도록 돕고 예금을 생산적 투자로 돌린다. 세계 금융 위기 비슷한 뭔가를 점친 경제학자 가운데 하나로 유명하긴 하지만, 로버트 실러 역시 예컨대 각국이 자연재해 비용으로부터 서로를 보호하기 위해 금융 시장의 확장에 찬성론을 펴왔다(Shiller 2000, 2003, 2013).

하지만 이런 식의 옹호는 오늘날의 금융 시장을 탄생시키는 데서 경제학이 떠안은 근원적 역할을 간과하고 있다. 경제학자들이 그 금융 괴물을 완전히 자신들의 호적에서 파버리는 것은 가능하지 않다.

경제학이 세상을 형성한 또 다른 예들도 있다. 비록 수행성 주장이 금융 밖에서 그와 동일한 힘을 가지는 것은 아니지만 말이다. 실제로 우리가 작동하길 바라나 그렇지 않은 경제학 분야도 더러 있다. 하나의 예가 통화 정책이다. 이와 관련해서는 정책 입안자들이 그들의 모형을 통해 인플레이션이 목표치를 유지할 거라는 확신을 모든 사람에게 심어주고 싶어 한다. 하지만 불행하게도 사람들은 그들의 말을 곧이곧대로 믿지 않는다. 그럼에도 실러(Shiller 2019)는 경제 이론이 경제적 결과에 입김을 불어넣는 내러티브의 형성 방법에 대해 숱한 예를 제시한다.

1970년대 말 이후 공공 정책에서 널리 만연한 특정 유형의 경제적 접근법은 이처럼 이론이 세계에 영향을 미칠 가능성을 (세계가 이론에 영향을 미칠 가능성과 마찬가지로) 받아들이지 않았다. 그 접근법은 경제, 특히 '자유 시장'을 위한 조직 원칙으로서의 시장을 강조했다. 로널드 레이건이나 마거릿 대처가 이끄는 보수주의 정부가 표방한 이 같은 견해에서는 국가의 역할이 특수한 '시장 실패(market failure)'*, 또는 특정 '공공재'의 공급에 그쳐야 했다. 교과서에서는 오염, 교통 혼잡, 국가의 기초 교육 제공 등이 그러한 공공재의 기본적 사례로 제시되어 있다. 그런데 작은 국가와 확장된 '자유 시장' 이데올로기는 그저 1970년대의 심각한 '정부 실패(government failure)'** 경험 탓에 엄청난 정치적 견인력을 획득했을 따름임을 인식할 필요가 있다(Coyle 2020b). 내 또래의 수많은 영국인과 마찬가지로 나 역시 1970년대 말 공공 부문 노동자들이 파업을 일으켰을 때 길가에 쌓인 쓰레기 더미 옆을 지나쳐 가던 일, 촛불에 의지해 숙제를 하던 일 등 10대 때의 기억이 또렷하게 남아 있다. 그 뒤 국유 산업의 민영화와 시

---

* 경제학에서 말하는 시장 실패는 시장 기구가 기능을 제대로 발휘하지 못해 자원이 효율적으로 배분되지 못하는 상태다. 공공재의 존재, 외부 효과, 정보 비대칭성, 불완전 경쟁으로 인한 독과점 형성, 정부의 과도한 개입과 규제, 경기 불안정 등이 그 원인이다.

** 시장 실패를 바로잡기 위한 정부의 개입과 규제가 자원 배분의 효율성을 되레 해치는 경우를 시장 실패에 빗대 정부 실패라고 부른다. 규제자의 불완전한 지식 및 정보, 규제 수단의 불완전성, 규제자의 경직성 따위가 그 원인이다. 대체로 독점적 지위를 누리는 정부 기관은 민간 기업과 달리 경쟁할 필요도 없고 성과에 따른 인센티브 제도도 부족한 탓에 정부 실패가 빚어지기도 한다.

장의 규제 완화는 개선된 서비스와 더 많은 선택을 제공해주었다. 우리는 드디어 해외로 휴가를 떠나 자유롭게 돈을 쓰고, 몇 개월씩 기다리지 않고도 전화선을 개통할 수 있게 되었다.

대처와 레이건 혁명이 받아들인 경제 이론은 당시 논란의 여지가 없었던 주류 이론이 아니었다. 케인스식 수요 관리가 여전히 수많은 추종자를 거느리고 있었기 때문이다. 하지만 1980년대 초 최고조에 달한 합리적 기대 혁명이 당시 별 인기 없던 프리드리히 폰 하이에크(Friedrich von Hayek)의 경제학과 역시 몽펠르랭(Mont Pèlerin) 그룹의 일원이던 밀턴 프리드먼 같은 경제학자들에게 성공리에 녹아들어갔다(Stedman Jones 2012; Slobodian 2018). 학계의 경제학자들은 합리적 기대 모형의 추상성에서 점차 벗어났지만, 그렇게 하기까지는 몇 년이 걸렸다. 여기에는 세계 금융 위기 전에, 지나치게 단순한 '동태 확률 일반 균형(dynamic stochastic general equilibrium)' 모형을 고집했던 거시경제학이 관련되어 있었다(Wren-Lewis 2012b). 또한 결정적으로 공공 정책 문제에 적용되는 표준적인 '신고전주의' 경제학도 결부되어 있었다. 당시 영국 금융청(Financial Services Authority) 청장이던 어데어 터너(Adair Turner)는 위기 이후 행한 연설에서 이 점을 강조했다.

신고전주의 접근법은 특정한 규제 철학을 요구하는 경향이 있다. 그에 따르면, 정책 입안자들은 이상적으로는 완벽하고 효율적인 시장의 성취를 방해하는 특정 시장의 불완전성을 밝혀내고자 한다. 또한 그 규제 철학에 따르면, 규제적 개입은 이상적으로는 제품 금지나 시장 변동성 완화가 아니라, 시장이 가능한 한 효율적으로 굴러가게끔 보장하는 공개 및 투명성에 대한 요구에 집중되어야 한다.

이러한 주장과 거기서 도출된 강력한 자유 시장적 함의는 지난 수십 년 동안 경제학계에서 다소간 주도적인 역할을 담당해왔다. 늘 그렇듯이 그에 반대하는 목소리가 없지는 않았지만 말이다. 그러나 그것은 금융 관련 부처, 중앙은행, 선진국의 규제 당국에 종사하는 정책 입안자들 사이에서는 그보다 훨씬 더 주도적인 역할을 맡아왔다. 케인스는 이렇게 말한 것으로 유명하다. "자신은 실용주의자라서 사상 따위에 영향을 받지 않는다고 자처하는 사람은 대개 어느 죽은 경제학자의 노예이기 쉽다." 하지만 그보다 더 심각한 위험은 정책 결정에서 중추 역할을 담당하는 꽤나 지성적인 남녀들이 당대 경제학자의 단순화한 지배적 통념의 노예로 전락하기 일쑤라는 점이다(Turner 2010; Keynes 1936).

경제학계는 그간 상당한 진척을 보여왔지만, 사반세기 넘는 기간 동안 민간 경제 활동뿐 아니라 공공 경제 활동을 조직하는 수단으로서 시장의 범위는 점차 확대되었다. 1980년대에 이루어진 기존 국유 산업의 민영화는 단지 그 한 가지 예에 불과하다. 이러한 산업은 여전히 정부 규제를 받고 있긴 하지만, 그 규제의 지적 개념 틀은, 터너가 설명한 바와 같이, 잘 정의된 '시장 실패'—즉, 시장의 바람직함이라는 일반 원칙에 생긴 공백과 관련한 외부 효과니 정보 비대칭이니 하는 특정 사유—의 수정이다. 민간 부문이 아닌 공공 부문에서 이루어지는 경제 활동의 경계는 분명 국가마다 다를 것이다. 이는 시장이 이를테면 수도와 전기, 철로와 항공 서비스, 의료 서비스의 공급을 부분적으로든 전면적으로든 조직할 수 있는지, 그리고 조직해야 하는지와 관련해 논쟁의 여지가 있음을 시사한다.

경제에서 정부 지출의 비율은 오랜 기간 모든 곳에 걸쳐 늘어나는 추세를 보여왔다. 그러므로 시장이 정부를 광범위하게 대체하고 있다고 주장하기엔 무리가 따른다. 그러나 시장 사고방식은 신공공 관리론(New Public Management)*에 영향을 받아 정부의 업무 자체에도 적용되어왔다. 1962년《국민 합의의 분석: 헌법적 민주주의의 논리적 기초(The Calculus of Consent: Logical Foundations of Constitutional Democracy)》를 공동 집필한 제임스 뷰캐넌(James Buchanan)과 고든 털록(Gordon Tullock)은 처음으로 합리적 선택 논리를 행정과 정책에 도입했다. 인센티브가 시장에서의 경제적 선택뿐 아니라 행정적·정책적 결정까지도 좌우한다는 발상의 도입은 공적 삶에 인센티브 셈법을 좀더 광범위하게 도입하도록 길을 터주었다.

경제 운용에서 정부 역할을 제한하기 위해 시장 실패라는 안경을 쓰는 것 같은 이러한 접근법은 여전히 생생하게 살아 있다. 하지만 그것의 일부 측면에 대한 반발도 없지는 않다. 공공 부문 노동자들의 행동을 근본적 목적 충족이 아니라 특정 목표 달성으로 분명하게 바꿔놓는 '정량적 성과 목표(quantitative performance targets)'의 이행이 한 가지 예다. 입찰을 거쳐 민간에 공공 서비스를 하도급 주는 관행은 널리 퍼져나갔지만, 그것은 점차 시비 논란의 대상으로 떠오르고 있다. 여기에는 과거에 당연히 정부 소관으로 여겨지던 형사 사법 제도 같은 영역도 포함된다. 민간 부문이 수익을 창출하기 위해 교도소를 운영하거나 양형 알고리즘을 제공하는 것 따위가 그러한 예다. 그럼에도 시비 논란과 무관하게 공공 부문에서 더 나은 성과를 얻어내기 위해, 기풍이나 가치관 혹은 전문가적 직

---

*   작고 효율적인 정부를 표방하는 행정학 이론 및 각국 정부의 정부 개혁 기조.

업의식을 들먹이지 않고, 오로지 인센티브에만 기대는 철학은 오늘날의 정치 논쟁에서 시퍼렇게 살아 있다. 공공 서비스를 제공하는 데 경쟁(즉 '경합성')을 동원하는 것 역시 마찬가지다.

시장 영역이 확대되는 데 따른 우려는 금융 위기 이전부터 있어왔다. 무엇보다 바람직한 행동을 유도하기 위해 인센티브를 마련하는 문제가 초기 공공 서비스 개혁 설계자들의 생각보다 한층 더 미묘하고 까다롭다는 게 경험을 통해 밝혀졌기 때문이다. 마이클 샌델(Michael Sandel)은 그의 베스트셀러 《돈으로 살 수 없는 것들: 시장의 도덕적 한계(What Money Can't Buy: The Moral Limits of Markets)》(2012)에서 이 점을 분명하게 꼬집었다. 그의 주장에 따르면, 경제학은 시장적 사고를 그에 전혀 적합지 않은 삶의 영역으로까지 끌어들인 데 책임이 있다. 그는 시장이 부적절한 가치 양식을 도입함으로써 도덕적·시민적 가치를 훼손하는 데 기여했다고 강조했다. 즉, 상업 서비스 제공자를 활용한 교정 활동, 치안 활동, 전쟁 같은 영역의 시장화는 시민 정신이라는 민주주의적 이상을 망가뜨렸다는 것이다. 샌델은 "시장 지향적 사고에 크게 영향을 끼치는 가정에 의문을 제기해야 한다. 모든 상품을 '같은 단위로 잴 수 있다(commensurable)', 즉 손실 없이 단일 척도나 가치 단위로 변환할 수 있다는 가정에 말이다"(Sandel 2012, 104)라고 주장했다. 또 다른 철학자 엘리자베스 앤더슨(Elizabeth Anderson)은 상이한 유형의 가치관들이 지닌 중요성에 대해 동일한 내용을 설득력 있게 표현했다. 즉, 공공 정책 결정을 내릴 때면 암묵적으로든 명시적으로든 상이한 유형의 가치관들이 하나의 판단 속에 녹아 들어간다고 인정한 것이다(Anderson 1993). 많은 이들이 시장의 범위에 대한 이 같은 의구심을 나눠 가지고 있다.

이러한 위기는 경제학 비평가들에게 수많은 탄약을 제공해주었다. 적어도 경제학 비평가들이 사회의 많은 부분을 시장 이미지로 형성하는 데서 경제학이 맡고 있다고 여기는 것, 그것을 공격할 수 있는 빌미 말이다. 경제학자들의 공식적 윤리 강령에 대한 압박은 미국경제학회(AEA)가 그것을 마련하도록 설득했을 정도로 거셌다. 그것이 비록 모든 연구자에게 미국경제학회지에 게재하려면 자금 출처를 밝히도록 요구하는, 기본적 진실성과 관련한 진술에 해당하는 것이었음에도 불구하고 말이다.[7] 학자들 사이에서도 다른 반응이 나오고 있다. 내부 비평가들의 목소리가 점차 힘을 얻고 있는 것이다. 회의와 연구를 후원하는 '새로운 경제적 사고를 위한 연구소(Institute for New Economic Thinking, INET)', 그리고 분주히 활약하는 '경제학 다시 생각하기(Rethinking Economics)' 그룹 등이 내는 목소리가 그러한 예다. 국제적 조직인 이들 집단은 주류 경제학이 획일적 속성을 띤다고 여기며, 그 점에 대해 이의를 제기한다. 그들의 주장은 일리가 있다. 즉, 몇몇 노벨상 수상자는 '톱 5' 경제학회지에 대해, 경제학자들이 직업적 성공으로 나아가게 하는 데서 턱없이 협소한 관문이라고 지적해왔다(Akerlof 2020; Heckman and Moktan 2020). 주류 경제학자들은 이런 비평가들의 주장을 지나치게 무시하는 경향이 있다. 여기서 비평가들이란 (잘못되게도) 경제학이 오직 시장화에만 골몰하는 학문이라고 믿는 비경제학자일 수도, 스스로를 더없이 편협한 주류에 맞서는 '이단아'라고 자처하는 경제학자일 수도 있다. 공공 서비스 제공과 관련한 여러 맥락에서 시장 구조가 정부의 직접적 관리보다 한층 더 바람직한 결과를 낳는다고 주장하는 경험적 연구는 무수히 많다. 하지만 경제학자들은 여러분이 주류 경제학이라고 부를 법한 것의 성격 자체가 지난 25년 동안 몰라보게 변했다는 것을 잘 알고 있다. 비경제학자들은 그 사실을 제대로 깨닫지 못할지도 모르지만(Coyle 2010). 경제학의 숱한 영역에서, 1970년대 말부터 공공 정책의 상당 부분을 형성해온 자유 시장 버전은 진즉에 사라졌으며 좀더 용량이 큰 현대적 주류 경제학으로 대체되었다. 이 주류 경제학은 인센티브의 힘과 선택의 불가피성에 대한 전통적 강조, 그리고 좀더 최근에 등장한 인간 심리, 테크놀로지의 효과, 제도 및 문화의 중요성, 역사의 장기적 영향력에 대한 증거 중심의 이해를 한데 결합한 형태를 띤다.

가령 경제학자들은 이른바 행동주의적(behavioural) 모형, 그리고 전통 경제학의 기본적인 합리적 선택 가정이 일부 상황에서는 효력 없음을 보여주는 인지과학의 연구 결과를 열렬히 끌어안았다. 새로운 행동주의적 가정을 적용해야 하는 상황, 방법, 그리고 경제 정책과 관련해 그렇게 하는 것이 지닌 함의를 활발하게 탐구하는 연구 분야가 있다. (내가 의구심을 품고 있는 분야다.) 그와 마찬가지로, 제도경제학은 집단적 결정이 개별적 개인들의 결정을 모두 합한 것보다 크다고 본다. 제도경제학은 사람들이 저마다 관심사가 다르며 역사, 문화, 그리고 정치〔대문자 정치(Politics)든 소문자 정치(politics)든〕*가 경제학에 중요한 영향을 끼치리라는 것을 인식하고 있다. 경제사와 경제사회학은 일반적으로 주류 경제학에 더 많은 입김을 불어넣고 있다. 경제적 선택을 좌우하는 거래 비용 및 정보 비대칭성 등

---

* 대문자 정치는 공적 거대 담론으로서 정치를, 소문자 정치는 일상적 생활 정치를 지칭한다. 비슷한 맥락에서 대문자 역사와 소문자 역사, 대문자 민주주의와 소문자 민주주의 따위의 대구가 더러 쓰인다.

의 이슈에 대한 연구도 적극적으로 이루어지고 있다.

이는 학계 경제학자들이 오늘날 습관적으로 사용하는 개념 틀 상당 수가 정치에서 논의되고 공공 정책에 적용되는 일상적 경제학과 거의 관련이 없다는 것을 뜻한다. 역설적으로, '경제학'에 대해 지독하게 비판적인 논객들도 흔히 절충적인(eclectic) 현대 주류에서 활동하는 주도적 경제학자들에 대해서는 한껏 치켜세우곤 한다. 레이건이나 대처가 지속적으로 정책 입안에 활용한 경제학 아이디어는 너무나 오랫동안 학계 밖에서 유지되어왔다. 우리 상당수는 실제로 시행되는 경제학이 공적 버전보다 한층 더 미묘해졌다는 것을 진즉부터 알고 있었다. 하지만 대놓고 그렇게 말한 사람은 거의 없었던 것 같다. 그래서 우리 모두가 자유 시장 이데올로그라는 잘못된 인식이 오랫동안 이어진 것이다. 우리는 '주류' 연구의 포괄 범위에 대해 더욱 적극적으로 소통할 필요가 있다. 아울러 그것이 톱 5 학회지라는 병목 현상 같은 단점도 지니고 있음을 깨달아야 한다.

의사소통을 꺼리는 이유에 대해서는 부분적으로 경제학의 한 분야, 즉 거시경제학에 대한 경제학계의 예우 탓일지 모른다는 설명이 가능하다. (물론 그것이 중요한 분야인 것은 분명하다.) 거시경제학은 전문으로 하는 경제학자들이 상대적으로 거의 없지만, 대중의 눈에는 절대적으로 지배적인 것처럼 비치는 분야다. 보통 사람들은 모든 경제학자가 인플레이션, 성장, 금리, 혹은 정부 차입금 수준 같은 범경제적 결과를 예측하는 거시경제학에 종사하는 줄 안다. 거시경제학적 예측은 필시 중요한 기능이며, 언론이 지속적으로 다루어주는 부분이기도 하다. (거시경제학에 대한 상세한 내용은 2장을 참조하라.) 하지만 대다수 경제학자들은 결코 예측치를 내놓지 않으며, 혁신에서부터 의료, 연금에 이르기까지 더없이 다양한 주제를 다른다. 적어도 영국에서는 2016년 브렉시트 투표가 대다수 경제학자를 대중과 훨씬 더 자주, 훨씬 더 긴밀하게 소통해야 하는 진영 속으로 가차 없이 몰아넣었다. 전문 경제학자 가운데 90퍼센트가 영국이 유럽연합을 탈퇴하면 영국의 경제 실적이 악화할 거라고 판단했으며, 실제로 많은 이들이 그 캠페인 기간 동안 공개적으로 그와 같이 발언했다.[8] 하지만 그들의 메시지가 투표자의 절반이 넘는 사람들에게는 별다른 반향을 불러일으키지 못한 게 틀림없다.

과정으로서 시장

경제학에는 오랫동안 내부 반대자들이 포진해 있었다. 세계 금융 위기로 자신들의 정당성이 전적으로 입증되었다고 환호했으며, 경제학이 드디어 '패러다임 전환'의 순간을 맞았다고 믿는 이들이다(Kuhn 1962, 1996). 여기서 내가 주장하려는 바는, 경제학의 주류는 결코 획일적인 적이 없었으며, 지난 20여 년 동안 서서히, 그러나 큰 폭으로 변화해왔다는 것이다. 경제학의 무게중심은 이론에서 응용 작업으로, 거시경제학에서 미시경제학으로, 이론적 추상화에서 제도적·행동주의적 세부 사항으로 옮아왔다. 하지만 이러한 변화가 대다수 전문가 의견이 시장을 포기했다는 뜻은 아니다. 대다수 경제학자는 일반적으로 시장이 경제를 조직하는 데서 직접적인 정부 개입보다 더 나은 방법이라고 생각하고, 여전히 대체로 정책 문제와 관련해 시장 해법(탄소 거래제나 학교 바우처 제도 같은)을 옹호하며, 무역 자유화의 광범위한 이점에 대해 확신하고 있다. 이러한 경향은 일반적으로 구체적인 응용 연구에 기초한 실증 증거를 통해 정당화된다. 그런데 만약 증거가 적극적인 정부 역할을 시사한다면 경제학자들은 아마도 그쪽을 추천할 것이다. 그리고 실제로 세계 금융 위기 이후 10년 동안 사람들의 감정은 그와 같은 방향으로 폭넓은 변화를 겪어왔다. 당신이 그 접근법에 대해 어떻게 생각하든 '넛지(nudge)'* 이론—이에 따르면 정책은 사람들의 선택이 '프레이밍'되는 방식의 영향, 혹은 관성 같은 심리적 현실을 인식하고 있다—은 새로운 개입주의의 한 가지 예다. 시장설계는 시장 과정이 작동하는 데 적용되는 규칙—라디오 스펙트럼(radio spectrum)** 혹은 국채의 경매 같은 정책 분야에 사용된다—의 계획적 설정과 시장 과정을 결합하는 활발한 경제학 분야다. 하여간 코로나19 팬데믹의 경험은 대대적인 정부의 경제 개입을 현실로 만들어주었다.

시장을 신뢰하는 우리 경제학자들의 기본적 본능 아래에는 무엇이 깔려 있을까? '일반 균형(general equilibrium)'이라는 폭넓은 개념은 중요한 원리로서, 경제의 모든 것은 서로 연결되어 있으며 어떤 행위의 온갖 결과는 지대한 영향력을 발휘할 수 있다고 주장한다. 이는 사회공학에 탐닉하려는 유혹을 떨쳐내는 유용한 예방 접종이다. 어떤 행동이나 정책이 낳을 수 있는 결과 전체를 철저히 추적하기란 무척이나 어렵기 때문이다. 구체적 이론으로서 일반 균형이 가정하는 세상은 획일적인 개인들이 그어떤 거래 비용도 외부 효과도 없이 미리 정해진 선호에 따라 스스로 선택하는 추상적이고 이상적인 세상이다. 이런 가정 아래서는 경쟁적 균형이 전지전능하고 자애로운 중앙 계획자의 결정을 되풀이할 것임을 증명

---

*   '팔꿈치로 쿡 찌르다'는 의미로 '사람들의 선택을 유도하는 부드러운 개입'을 말한다.
** 무선통신에서 사용할 수 있는 주파수의 범위.

하는 게 가능하다. 이와 같은 추상적 상황에서는 시장—가격에 의해 규제되는 일련의 개인 간 거래—이 개인의 선호를 발견하고 만족시키는 가장 효율적인 방법이다. 경제학과 대학원생들은 시장이 경제를 조직하는 가장 표준적이고 가장 좋은 방법임을 시사하는 이러한 접근법에 대해 배운다. 이런 내용을 가르치는 강좌는 나 역시 간신히 통과했을 정도로 고도로 수학적이다. 그 세부 사항에 대해 다시금 깊이 생각해야 하는 사람은 오로지 순수 이론가가 되어서 후계자 집단에게 일반 균형 이론을 가르치는 극소수 경제학자뿐이다. 하지만 경제학자의 시장 지향 본능은 (다행히도) 수학적 고정점 정리(fixed-point theorem)*를 이해하는 데 좌우되지 않는다. 시장은 이론에서보다 실제에서 훨씬 더 유용하기 때문이다. 시장경제학은 많은 사람을 더 부유하게 만들어주었다. 그리고 우리 삶을 개선하는 방향으로 혁신을 꾀했으며, 우리가 소득과 시간 같은 제약을 고려하면서 자신에게 최적의 선택을 하도록 이끌어주었다.

우리는 마이클 샌델 같은 비평가들이 못마땅해하는 가치에 대한 기술이자 원천으로서의 시장과 경제 활동을 편성하는 과정으로서의 시장을 구분해볼 필요가 있다. 사람들은 곧잘 이 두 가지를 혼동하곤 한다. 시장 가격을 가치를 부여하는 최선의, 혹은 유일한 방법으로 여기는 경향에 빠진 많은 경제학자 역시 마찬가지다. 좌우지간 일부 가치는 돈의 관점으로는 제대로 표현할 수 없다고, 그리고 그렇게 하는 것은 다른 중요한

---

* 위상기하학의 기초가 되는 '고정점 정리'는 '부동점 정리'라고도 하며, 연결 집합 X와 연속 함수 f에 적당한 조건이 주어지면 X 내에 f의 고정점이 존재한다는 것, 즉 연속적인 변화에도 '움직이지 않는(고정)' 점이 존재한다는 것을 말한다.

(비금전적) 가치를 폄훼하는 것처럼 비칠 수 있다고 주장한 샌델은 분명 옳다. 우리 경제학자들은 시장 메커니즘—시장 과정—이 생물종의 보호나 이산화탄소 배출량의 감축을 도와줄 수 있다고 주장한다. 그런데도 많은 이들은 생물 다양성 또는 기후에 가격을 매기는 조치가 비할 바 없이 비윤리적이라고 생각한다. 우리는 이 사실을 순순히 인정하는 편이 좋을 것이다.

어쨌거나 시장이 멋지게 해내고 있는 일은 발견과 도전의 과정에서 자원 사용을 조정하는 것이다. 수요와 공급으로 결정되는 가격이 말해주는 정보는 훌륭한 조정 장치다. 다수 경제학자들이 이러한 시장의 조정 기능에 대해 다투듯 웅변적으로 묘사해왔다. 다음과 같은 폴 시브라이트(Paul Seabright)의 기술이 비근한 예다.

오늘 아침에 나는 밖으로 나가서 셔츠를 한 장 구입했다. ……내가 산 셔츠는 현행 기술의 기적에 따른 단순한 물건이지만, 그럼에도 국제적 조정이 거둔 개가다. 면화는 미국이 개발한 종자를 가지고 인도에서 재배된다. 실에 쓰이는 인조 섬유는 포르투갈산이고, 염료의 원자재는 최소 6개국에서 들여온 것들이다. 칼라의 안감은 브라질산이고, 직조·절단·재봉에 쓰이는 기계류는 독일산이다. 셔츠 자체는 말레이시아에서 만들었다. 셔츠 하나가 제작되어 툴루즈(Toulouse)*에 사는 내게까지 전달되는 프로젝트는, 2년 전 겨울 아침 인도의 어느 농부가 한 쌍의 황소를 이끌고 코임바토르(Coimbatore)**

---

*   프랑스 남부의 도시.

**   인도 서남부의 도시.

외곽의 붉은 평원에 있는 그의 밭을 가로지르며 쟁기질하던 때보다 훨씬 앞서서 계획되었다. 쾰른*의 엔지니어들과 버밍엄**의 화학자들이 수년 전 이 프로젝트를 준비하는 데 관여했다. ……하지만 장담하건대 오늘 내가 이런 유의 셔츠를 한 장 구매하게 되리라는 사실은 아무도 몰랐을 것이다 (Seabright 2010).

물론 우리는 시장 가격이 중요한 정보를 담고 있지 못한 경우도 적지 않다는 점을 인정한다. 이를테면 화석 연료 연소로 인한 이산화탄소 배출의 실제 비용, 혹은 테크놀로지 기업과 데이터를 공유하는 데 따른 장점(유용한 정보의 종합)과 단점(사생활 침해) 같은 정보 말이다. 그럼에도 1989년 공산주의 계획 경제의 파괴적인 경제적 실패(정치적 실패는 차치하고)는 중앙 계획자가 이러한 정보 조정 과정을 모방하는 데 무능했음을 똑똑히 보여주었다. 우리는 심지어 훨씬 더 강력해진 오늘날의 컴퓨터, '빅'데이터, 인공지능에도 불구하고 계획은 끝내 실패할 거라고 믿는다. 여기에는 충분한 이유가 있는데, 이 문제는 6장에서 다뤄볼 참이다.

또한 경쟁 시장은 시간의 흐름에 따라 자원 할당을 변경할 수 있는 빼어난 방안을 제공한다. 존 케이(John Kay)는 이 기능을 '발견 과정 (discovery process)'이라고 기술했다. 조지프 슘페터〔Joseph Schumpeter, 1994(1942)〕는 잘 알려져 있다시피 이를 '창조적 파괴(creative destruction)'라고 지칭했다. 경쟁적(competitive) 과정은 혁신, 새로운 재화와 서비스의 발

---

*　독일 서부의 도시.

**　잉글랜드 중부의 공업 도시.

명, 생산, 성장 같은 경제적 활력의 원천이다. 중앙 계획자를 위시한 여타 형태의 경제 조직은 일정 기간 동안, 아니 어쩌면 꽤 긴 기간 동안 성장세를 이어갈 수도 있다(Acemoglu and Robinson 2012 참조). 그러나 지난 250년에 걸쳐 인간이 누린 놀랄 만한 번영의 출처인 새로운 재화와 서비스 대다수는 시장자본주의가 없었던들 이용하기 어려웠을 것이다.

이 진술에 쓰인 '경쟁적'이라는 단어에 주목할 필요가 있다. 공론장에서는 시장(market)과 기업(business)의 개념이 혼란스럽게 쓰이고 있다. 유명한 사실이지만, 애덤 스미스(Adam Smith)는 《국부론(The Wealth of Nations)》에서 기업인은 본시 제 이익을 증진하기 위해 서로 합세해서 공익에 맞서는 경향을 띤다고 꼬집었다. 대기업이나 과점적(oligopolistic) 경제 부문이 더 많은 돈을 벌도록 거드는 '친기업' 정책은 '친시장' 또는 '친경제' 정책과 결코 같은 게 아니다. 그런데도 그 둘을 구분하지 않는 경우가 비일비재하다. 경제학자들은 경쟁을 적극적으로 반기지만, 기업들은 경쟁이라면 질색을 한다. 인텔(Intel)의 앤드루 그로브(Andrew Grove)가 1988년 출간한 책의 제목에 잘 드러나 있듯 경쟁이란 사업에서 '편집광만이 살아남는다'는 것을 말해준다.* 시장은 공급자들끼리의 경쟁이 존재하는 조건에서 이익을 낳지만, 기업은 경쟁의 부재를 선호한다. 그리고 물론 기업에 고용된 일부 경제학자는 친시장·친경쟁적 주장보다는 친기업적 주장을 펼치기도 한다.

경쟁은 꽤나 연약한 식물에 비견된다. 잘 자라게 하려면 세심하게 돌

---

* 그로브의 책 제목이 바로 《편집광만이 살아남는다: 위기를 알아차리고 그에 대처하는 방법(Only the Paranoid Survive: How to Identify and Exploit the Crisis)》이다.

봐야 하는 것이다. 정치인과 규제 당국은 신규 진입자를 따돌리고 경쟁을 저지하려 드는 기존 기업의 이해관계에 맞서기 위해 경계를 늦추지 말아야 한다. 기존 기업이 더욱 성공적일수록, 그리고 이윤이 많고 힘이 셀수록 경쟁을 유지하기란 한층 더 어렵다. 민주주의 사회에서는 더러 대중적 분노의 물결이 일면서 기업의 이해 증대를 잠재우곤 한다. 그 고전적예가 1910년대에 미국에서 언론인 아이다 타벨(Ida Tarbell)의 조사에 힘입은 '트러스트 해소법 제정'과 스탠더드 오일(Standard Oil) 같은 거대 기업들의 해체다. 1929년의 주식 시장 붕괴와 경기 침체가 심각한 수준의 불평등, 그리고 재즈 시대(Jazz Age)*의 과시 소비와 충돌하면서, 거대 기업에 맞선 법적 활동주의 시대에 이어 분노와 포퓰리즘의 시대가 펼쳐졌다. 오늘날 우리가 처한 상황 역시 걱정스러울 정도로 그와 흡사하다. 최근의 몇몇 보고서는 극소수 미국 공룡 기업들이 장악한 디지털 부문에서는 경쟁을 증진하는 대대적 개혁이 추진될 필요가 있다고 결론지었다(Crémer, Montjoye, and Schweitzer 2019; Furman et al. 2019; Scott-Morton et al. 2019). 분명 오늘날에도 시장이 경쟁력을 갖추도록, 그리고 기존 기업의 이해에 유리하게끔 조작되지 않도록 보장해야 하는 과거와 유사한 과제가 요청되고 있다. 그런데 우리는 오늘날 미국 및 여러 유럽 경제가 그 요청을 진지하게 받아들이고 있는지 전혀 확신할 수 없다(Philippon 2019; Bajgar et al. 2019).

발견 과정으로서 시장의 역할은 더없이 중요하다. 그 이유는 하이

---

* 제1차 세계대전 후부터 대공황 시작 전까지의 향락적이고 사치스러웠던 재즈 전성기.

에크가 그의 고전적 논문 〈지식의 사회적 쓰임새(The Use of Knowledge in Society)〉에 잘 제시해놓았다. 다시 말해, 시장은 그가 "조직되지 않은" 지식이라고 묘사한 것, 즉 "시간 및 공간이라는 특정 상황과 결부된 지식"에 대한 정보를 조정한다는 것이다(Hayek 1945, 521). 이 세부 사항은 결코 본질적으로 집계하거나 통계로 변환할 수 없다. 분권화한 방식으로만 사용할 수 있다. 그는 이렇게 썼다. "이 시스템과 관련해 가장 중요한 사실은 그것을 가동하는 데 필요한 지식이 적다는 점이다. 즉, 개별 참가자들이 올바른 조치를 취하기 위해 알아야 할 지식의 양은 많지 않다. 가장 기본적인 정보만이 모종의 상징에 의해 축약된 형태로 오직 관계자들에게만 전달된다"(Hayek 1945, 526~527).

그러나 몇몇 상황에서 조정 및 발견 과정으로서 시장이 지니는 장점은 시장이 가치 평가(valuation) 수단으로서 작용할 때의 단점을 없애주지 못한다. 그것은 두 가지 기능이 공존하기 때문이다. 시장을 통해 이런저런 경제적 자원을 할당하는 것은 대체로 그에 금전적 가격을 매기는 일이기도 하다. 경제학자들은 이제껏 우리가 이른바 샌델 비판(Sandel Critique)이라 부를 법한 것의 위력을 제대로 인식하지 못했다. 비화폐적 가치가 화폐적 가치를 능가하기 때문에 덜 효율적인 할당 기제를 선호하는 환경도 얼마든지 있는 것이다. 그가 제시한 예들은 시민적 참여, '공화적 덕목'에 초점을 맞춘다. 그 밖의 예는 공정의 영역에서 비롯된 것들이다. 전시 중의 배급은 어김없이 이른바 암시장을 낳는데, 관계 당국은 그 시장을 뿌리 뽑기 위해 한층 더 많은 노력을 기울여야 한다. 전통적인 (혹은 이 맥락에서는 아마도 희화화된) 경제적 관점은 가격이 가장 효율적인 배급 장치라는 관점일 것이다. 즉, 만약 공급이 제한되면, 최선의 희소 자원 사용이란 그 자원을 가장 가치 있게 여기는 이들에게 할당하는 것인데, 그들이 부여하는 가치는 더 높은 가격을 기꺼이 지불하고자 하는 의향으로 드러난다는 것이다. 사람들은 임대료 규제나 외환 규제에 대해서도 유사한 주장을 펼친다. 그러나 전시 상황에서 식량이나 의복에 대한 접근은 평상시 주택 시장에 대한 접근과 같지 않다. 2020년 국가 봉쇄 시기에 규제 당국이 의료용품이나 생필품 가격의 급등을 저지하거나 처벌하면서 바가지요금을 통제하려 한 이유에 대해서도 비슷한 논리를 내세울 수 있다. 전시나 팬데믹 같은 국가 비상사태 시에는 설사 결과적으로 할당에서 다소간 비효율성이 드러난다 해도 모든 시민이 흡사 한배에 탄 것처럼 운명을 함께해야 한다. 공정 같은 비화폐적 가치가 가격 신호와 시장 효율성을 압도하기 때문이다.

하지만 우리는 비록 시민적 가치가 시장 가치를 능가하는 경우나 우리가 비화폐적 결과 평가 방식을 적용하고 싶은 경우라 해도, 시장 과정이 유용한 상황에 대해 확실하게—샌델보다 좀더 확실하게—짚고 넘어가야 한다. 많은 사람이 전쟁, 혹은 공정과 관련해 그가 내놓은 예들에 기꺼이 동의할 것이다. 우리는 징병을 회피하기 위한 시장이나 재판에서 본인에게 유리한 결과를 구매하는 시장은 원치 않는다. 샌델은 시장에서 의료를 배제해야 한다고 주장한다. 그러면서 부자들만 신장이나 심장을 살 수 있어서야 되겠느냐고 묻는다. 무료에 가까운 국민보건서비스(National Health Service, NHS)를 적극 두둔하는 대다수 영국인은 그의 주장에 수긍할 것이다. 하지만 이 대목에서 우리는 가격(value)과 과정(process)의 차이를 구분해볼 필요가 있다. 2012년 로이드 섀플리(Lloyd Shapley)와 함께 노벨 경제학상을 수상한 앨빈 로스(Alvin Roth)—자신이 이름 붙인

이른바 '혐오' 시장('repugnant' market)에 대해 깊이 고심했다—는 신장 거래 방식을 한 가지 설계했다. 금전을 주고받지는 않지만, 공급자와 사용자를 매칭하기 위해 조직된 시장이다.* 그가 혁신적 제안을 내놓은 지 단 몇 년 만에 뉴잉글랜드에서 30명이 이 시장을 통해 신장을 받았는데, 거기에는 아무런 가격도 매겨지지 않았다(Roth, Sönmez, and Ünver 2004; Roth 2007).[9] 지금까지 전 세계적으로 이미 수천 명이 이와 같은 방식을 통해 혜택을 누렸다.

공급과 수요를 매칭하는 과정으로서 시장과 모든 것에 '가격'을 매기는 방식으로서 시장을 개념적으로 구분하면, 우리가 시민적 가치나 내재적 가치를 더 중시하려는 모종의 상황을 평가하는 데 도움이 된다. 이 같은 구분은 예컨대 영국에서 NHS의 조직과 관련해 주기적으로 일어나는 논쟁의 중심에 놓여 있다. 개혁 지지자들은 세금으로 지원되는 데다 무료로 이용 가능한 의료 서비스의 일반 원리에 도전할 생각은 없다고, 반대자들이 민영화가 숨은 의도라고 몰아붙이는 데 대해 화가 난다고 주장한다. 양편은 상대에 대해 얼마간 오해를 하고 있다. 영국의 의료 서비스에서 시장 영역을 좀더 확장하자는 제안에 반발하는 일부 사람들은 그 근거로 공정(가격에 의한 할당보다 대기자 목록에 의한 할당을 더 선호한다), 그리고 시민적 참여(NHS는 공통의 경험을 통해 우리를 하나로 결속시키는 이 나라(영국)에서 가장 중요한 시민적 제도 가운데 하나다)를 든다. 이 점이 부각된 것은 2012년이었다. 바로 영국의 최대 축제이던 런던 올림픽 개막식에서 NHS를 특별나

---

*   2016년 우리나라에서도 번역·출간된 앨빈 로스의 책《매칭: 숨은 시장을 발굴하는 강력한 힘(Who Gets What—And Why)》을 참조하라.

게 다룬 때다.* 2020년의 코로나19 팬데믹 경험—영국인들은 국가 봉쇄 기간 동안 매주 NHS를 이용하면서 그 제도에 열렬히 박수를 보냈다—도 그와 동일한 메시지를 보냈다. 개혁 지지자에는 더러 이데올로그들도 섞여 있다. 하지만 적어도 일부 개혁 지지자들은 NHS의 효율성을 증진하기 위해 경쟁적 공급의 발견 과정을 도입하려 애썼다. 그뿐만 아니라 그것을 민영화나 마찬가지라고 치부하거나 화폐적 가치를 최고로 여기는 주장이라고 해석하지도 않았다. 이를 뚜렷이 구별하면 정치적 논쟁에 보탬이 될 수 있다.

행동주의적 수정

이 장에서 지금까지 나는 공공 정책에 관한 폭넓은 지적 개념 틀과 정치적 이념이 중요한 역할을 담당했지만, 경제학 역시 이론적 이미지로서 현실을 형성하는 데 얼마간 책임이 있다고 주장해왔다. (책임의 정도가 금융 시장에서는 더 무겁고, 사회의 시장화에서는 그보다 더 가볍지만 말이다.) 정책과 관련한 환경은 많은 학계 경제학자들보다 훨씬 더 오랫동안 신고전주의 경제학의 합리적 기대 모형과 자유 시장에 과하게 의존해왔다.

---

* 대니 보일(Danny Boyle)이 총기획한 개막식의 한 섹션에서, 영국을 대표하는 사회 보장 제도인 NHS를 기리는 무대가 펼쳐졌다. "그 무엇보다 우리나라를 하나로 묶어주는 제도"라는 소개와 함께 NHS 직원 600명, 영국 전역의 병원에서 근무하는 의사와 간호사 1200명, 병상에 누운 어린이 320명이 한꺼번에 무대로 총출동했다. 의료진이 춤추는 가운데 어린이들이 침대를 트램펄린 삼아 흥겹게 뛰놀고, 마침내 침대가 줄을 맞춰 영국 최대의 자랑거리 NHS를 문자로 수놓았다.

그럼에도 나는 자원을 효율적으로 할당하는 데 중요한 과정이라 여기면서 시장 경쟁을 옹호하는 경제학자들을 적극 지지해왔다. 다른 생산자들과 경쟁하면 언제든지 자원을 효율적으로 사용하고, 시간의 흐름에 따라 새로운 재화와 서비스를 낳는 혁신을 촉발할 수 있기 때문이다. 경제 성장에 대해 논의할 때, 우리가 진정으로 염두에 두는 것은 인간 삶을 개선하는 새로운 아이디어, 즉 혁신이다. GDP의 성장은 비단 더 많은 빵이나 더 풍족한 의복에 그치는 게 아니다. 그것은 또한 새로운 의약품, 좀 더 다양한 서적의 출판, 인터넷이나 스마트폰처럼 꿈에도 생각지 못한 발명품, 해외여행 기회, 영화 관람과 올림픽 참관까지를 두루 아우른다 (Coyle 2014). 인간의 호기심만으로도 지금껏 숱한 발견이 이루어졌다. 그러나 발견이 적정 규모로 이뤄지고, 이용 가능하고, 많은 이들의 삶을 개선하는 제품과 서비스로 구현되려면 시장에서의 상업적 요청과 고객 확보를 위한 경쟁 압박이 필수적이다. 수 세기에 걸쳐 우리가 풍요로운 삶을 구가해온 것은 다름 아니라 새로운 아이디어, 그리고 그것이 제품과 서비스로 구현된 데 따른 결과다.

하지만 경제학자들은 시장이 가치 측정 장치로서 한계를 지니고 있다는 점 또한 인식해야 한다. 고전적 시장 실패 목록에는 오염 또는 국방에 비용을 지불할 필요 따위가 포함된다. 그뿐만 아니라 모든 것의 가치를 가격 측면에서 측정할 수 있는 것도 아니다. 비화폐적 가치는 일부 상황에서는 화폐적 척도를 무시해야 하고, 또 그렇게 될 것이다. 한편으로 이윤 및 가격을 매기기에 적절한 영역, 다른 한편으로 공정이나 시민적 참여 같은 가치가 시장을 압도하는 영역을 구분 짓는 게 늘 쉬운 작업은 아니다. 그 경계는 나라마다 제각각이고, 세월이 가면서 변화를 겪어왔으며, 지금까지도 계속 정치적 입씨름의 대상으로 떠오르고 있다. 그렇기는 하나 경제학의 시장 강조에 대한 비판을 다루려면, 행동을 조직하는 과정으로서 시장 기능과 가치 측정으로서 시장 기능을 구별할 필요가 있다.

그런가 하면 경제학 비판론자들이 흔히 제기하는 또 한 가지 반대가 있다. 즉, 그들은 다름 아니라 사람들이 합리적이고 이기적이라고 가정하는 것은 명백한 잘못이라고, 따라서 그런 가정에 입각한 경제학은 근원적으로 오류에 빠진 게 틀림없다고 몰아붙인다. 그렇다면 우리는 합리적 이기심이라는 기본 가정을 배제한 채 어떻게 사람들의 경제적 행동을 모델링할 수 있을까?

경제학자들은 행동심리학에 대한 지대한 관심으로 이 질문에 화답했다. 만약 우리 분석에 변이(variation)로 통합시킬 수 있는 인간 행동의 비합리적 '편향(bias)'들이 존재한다면, 대다수 경제학자들은 기꺼이 그렇게 할 것이다. 여기서 내가 하려는 말은 전통적 경제 모형이 가정하는 대로 사람들이 모든 이용 가능한 정보와 고정된 선호를 기반으로 이기적이고 타산적으로 행동한다는 논리와는 다른 예측 가능한 방법도 고려해볼 필요가 있다는 것이다. 프레이밍 효과(framing effects: 선택을 기술하는 방법), 소유 효과(endowment effects: 이미 가지고 있는 것에 더 많은 가치를 부여하는 현상), 객관적 확률을 넘어서는 '지나친 낙관주의(over-optimism)' 등 이러한 편향의 목록은 꽤나 길다. 대니얼 카너먼(Daniel Kahneman 2011)은 이런 편향을 뇌의 서로 다른 부분에서 이루어지는 '빠른' 사고와 '느린' 사고의 상호작용이 빚어낸 결과라고 설명한다.* 빠른 사고는 경험 법칙(rule of thumb)

---

*   심리학자로서는 최초로 2002년 노벨 경제학상을 수상한 대니얼 카너먼은 행동경제

과 직관적 선택으로 이루어져 있으며 전형적인 양식이다. 느린 사고는 합리적 계산으로서, 우리 뇌의 구조를 고려하건대 버거운 작업이므로 에너지 측면에서 비용이 많이 든다. 전통 경제학은 느린 사고 가정에 입각해왔지만, 빠른 사고 역시 행동주의적 경험 법칙이라는 형태로서 서서히 통합하고 있다.

이 같은 방법론적 수정은 그 나름의 한계를 지닌다. 그 가운데 하나가 언제 합리적 가정 또는 행동주의적 가정을 적용해야 하는지가 도시 분명치 않다는 점이다. 카너먼은 2002년 버넌 스미스(Vernon Smith)와 노벨경제학상을 공동 수상했다. 버넌 스미스는 실험적 연구를 통해 사람들이 순간적으로 '빠른' 결정을 내리면 흔히 합리성에 기반을 둔 전통 경제학이 예측할 법한 것과 정확히 동일한 결과로 귀결되곤 한다는 것을 보여주었다. 동물의 행동을 살펴본 다른 연구자들은 비둘기, 쥐, 꿀벌, 흰목꼬리감기원숭이(capuchin monkey)도 음식을 교환할 때 합리적이고 타산적인 호모 이코노미쿠스처럼 행동한다는 것을 알아냈다. 키스 스타노비치(Keith Stanovich 2005)가 언급한 대로 "무수한 비인간 동물의 행동은 사실상 합리적 선택의 이치를 꽤나 충실히 따르고 있다". 이기심과 경쟁은 진화적 성공을 가능케 해준다. 뇌 안에서 모든 개별 뉴런은 저마다 호모 이코노미쿠스처럼 행동한다. 우리의 의식 수준까지 이르게 되는 것은, 인지적

학과 인지심리학을 결합한 저서 《생각에 관한 생각(Thinking, Fast And Slow)》에서 생각의 종류를 두 가지로 구분한다. 하나는 생각의 98퍼센트를 차지하는 '빠른' 생각, 즉 시스템 1이다. 무의식적이고 자동적인 생각이다. 다른 하나는 생각의 2퍼센트를 차지하는 '느린' 생각, 즉 시스템 2다. 의도적·의식적·합리적·논리적·회의적·성찰적 생각이다.

으로 촉발된 뉴런들이 에너지 제약 조건하에서 뇌의 연속적 층을 뚫고 나오기 위해 치열하게 경쟁을 벌인 결과다. 인지과학자의 묘사는 이 과정을 경제학에서 빌려온 '제약 조건하의 최적화'* 문제로 성공리에 모델링할 수 있음을 시사한다(IDEI 2011). 따라서 사람들은 일부 맥락에서 '느린' 사고에 나서는 것 같다. 이는 그저 단순함(simplicity)의 문제일지도 모른다. 스타노비치가 지적한 대로, 단순한 정신(비둘기처럼) 또는 단순한 환경은 합리적 선택을 훨씬 더 쉽게 해준다. 로버트 아우만(Robert Aumann 2008), 게르트 기거렌처(Gerd Gigerenzer 2007) 등은 우리가 빠른 사고 법칙인 경험 법칙을 채택한다고, 그것은 대체로 합리적이고 최적의 결정으로 이어지지만 더러 그렇지 않을 때도 있다고 밝혔다. 우리는 그것을 합리적 비합리성이라고 표현할 수 있을 것이다.

3장에서 나는 정책 선택에 행동경제학을 활용하는 데서 비롯되는 여러 문제들로 돌아갈 것이다. 정부 개입이 사람들을 '더 나은(better)' 선택으로 이끌 수 있다는 가정에 관한 것이다. 이는 '더 나은'에 대한 누구의 정의인가? 여기서 나는 이것이 경제학과 여타 인문과학들 간에 이루어지는 수많은 차용 사례에서 가장 최근 것임을 지적하고 싶다. 인구 문제를 다룬 맬서스의 논문은 다윈에게 영감을 불어넣었다(Browne 2003). 다윈은 다시 (그의 이론을 곡해한) 사회진화론자**에서부터 카를 마르크스(그가 《자

---

*   어떤 조건을 주어진 것으로 보고(제약 조건) 최선의 결과를 도출하는 것(최적화).

**   사회진화론(social Darwinism)은 좁게는 허버트 스펜서(Herbert Spencer, 1820~1903)가 다윈의 진화론에서 영감을 받아 고안한 사회학 이론을 말하고, 넓게는 그의 이론을 바탕으로 사회·민족·문화·국가 간 우열을 주장하거나 제국주의적 침략을 정당화하

본론》을 헌정하도록 허락해달라고 요청하자 다윈은 정중히 거절했다)에 이르는 숱한 사회과학자들에게 영감을 주었다. 기업과 시장을 연구하는 경제학자들은 그 이후 줄곧 진화를 적어도 은유로서 사용해왔다. 경쟁이야말로 적자생존의 일종이기 때문이다. 게임 이론은 생물학과 경제학 사이에 유익한 교환이 이루어진 또 한 가지 사례다. 존 메이너드 스미스(John Maynard Smith 1976)는 조지 프라이스(George Price 1973)와 함께 진화론적 게임 이론을 위해 그 개념을 빌려왔으며, 그에 뒤따른 생물학자들의 작업은 이어 이타심 및 상호 호혜성과 관련한 경제학자들의 사고에 영향을 끼쳤다. 생태학에서 쓰이는 복잡성과 네트워크 모형을 경제, 특히 금융 부문에 적용하려는 노력을 통해 지적 교류가 이어졌다(예컨대 Haldane and May 2011).

이렇듯 오랫동안 경제학과 생물학이 서로 영감을 주고받은 역사는 충분히 납득할 만하다. 경제학은 기본적으로 인문학에 속하지만 자연과학의 일부이기도 한 것이다. 경제학의 창시자 가운데 한 명인 데이비드 흄은 자신의 국가경제학을, 굴절 현상에 대해 이해하는 것, 혹은 우리가 어떻게 지각을 통해 지식에 다다를 수 있는지 추론하는 것과 동일선상의 지적 작업이라고 여겼다. 경제학의 목적은 자원 사용과 관련한 개인적·사회적 선택(역사와 문화에 의해 지금 모습으로 주조된)이 어떻게 자연 세계에 꼭 들어맞는지 밝혀내는 것이다. 현대 경제학은 이 모든 지적 기원에 충실한 상태로 남아 있어야 한다. 지식을 '2개의 문화'로 나눈 C. P. 스노(C. P. Snow)*는 나중에 자신의 저명 강의에 관한 토론을 돌아본 뒤[Snow

---

는 일련의 유사 사회과학 이론을 지칭한다.

* '2개의 문화(The Two Cultures)'는 영국의 과학자 겸 소설가 C. P. 스노가 행한 영

1963(1959)〕 문화에는 세 가지가 있다고 결론지었다. 세 번째 문화로 사회과학을 덧붙인 것이다.

> 나는 조직도, 그 어떤 종류의 지도도, 의식적 안내도 없이 이 논쟁의 표면 아래서 스스로를 형성하고 있는 지적 견해의 총체에 깊은 감명을 받았다. 이는 사회사, 사회학, 인구학, 정치학, 경제학, 정부학(미국의 학문적 관점에서), 심리학, 의학, 그리고 건축 같은 사회 예술 등 다양한 분야의 지식인에게서 비롯된 듯하다. 그것은 뒤죽박죽인 꾸러미 같지만 내적 일관성을 갖추고 있다. 하나같이 인간이 어떻게 살아왔는지, 또는 어떻게 살고 있는지에 관심을 두는데, 전설의 관점에서가 아니라 사실의 관점에 그렇게 하는 것이다(Gould 2003, 42에 인용된 내용).

경제학 비판론자들은 경험적 자연과학의 일부가 되고자 하는 경제학의 야심을 탐탁지 않아 한다. 경제학은 무슨 저질러서는 안 될 잘못이기라도 한 것처럼 물리학을 부러워한다는 비아냥을 종종 들어왔다. 이는 흔히 너무 기계론적이라거나 환원론적이라는 비난으로까지 이어졌다. 둘은 전혀 별개의 문제임에도 불구하고 말이다. 비판론자들은 경제학자가 생물학으로부터 (혹은 이 문제에 관한 한 위상전이에 대한 비선형적 역학 등 물리학에서

<hr />

향력 있는 1959년 리드 강좌(Rede Lecture)의 제목이다. 현대 사회의 두 문화, 곧 '과학'과 '인문학' 간 소통 단절이 세계 문제를 해결하는 데 가장 큰 걸림돌이라는 주장이 강좌의 골자다. 그는 교육받은 과학자이자 성공적인 소설가였으니만큼 그런 문제를 지적할 만한 자격이 있는 인물로 받아들여졌다.

가져온 여러 기법으로부터) 영감을 받았다는 사실을 그다지 신경 쓰지 않는 것 같다. 경제학의 방법론은 결코 자연과학처럼 경험적이 될 수 없기에 경제학이 과학 속에 위치할 턱이 없다는 주장에 대해선 반론이 있을 수 있다. 2008년의 위기 또는 2020년의 위기 같은 사건들조차 경험적 증거를 제공해주지는 못한다. 우발적인 사건이기 때문이다. 즉, 오늘날의 환경은 심지어 1920년이나 1930년대의 환경과 너무 달라서 일반화할 수 없다. 하지만 경험적 방법과 무작위 대조 실험(Randomized Control Trial, RCT)*은 경제학에서 점점 더 많이 활용되고 있다. 그뿐만 아니라 자연과학 자체에도 순수하게 고전적이고 경험적인 과학적 방법을 보여주는 사례가 우리 생각만큼 그렇게 많지는 않다. 스티븐 제이 굴드(Stephen Jay Gould)가 말했다.

> 분명 과학의 일부이며 (원칙적으로) 자연법칙에 따라 움직이는 경험적 방법에 의해 정당하게 설명될 수 있는 수많은 사실적 학과목들도, 지나치게 복잡하고 역사적으로 우발적인 서로 다른 유형의 시스템―예컨대 대륙과 지형의 역사, 또는 생명의 계통 발생 패턴―에 대해서는, 실험실 실험에서 검증되고 적용되는 자연법칙을 통해 추론하거나 예측할 수 없다고 보았다. 내러티브 순서상 선행하는 역사적 상태의 고유한 특성에 결정적으로 의존한다고, 즉 전적으로 사실에 입각한 설명의 대상일 뿐 사전에 예측할 수 없다고 말이다(Gould 2003, 42).

---

* 개발도상국의 원조 프로그램을 평가하는 상황에 처음 쓰였으며, 이제는 점차 서구 각국의 국내 정책에 사용되고 있다.

굴드는 자연과학자들이 내러티브적 설명 방식이며 역사적 설명 방식을 과소평가하고, 따라서 괜스레 자신들의 공식적 도구에 제약을 가한다고 주장했다. 같은 주장을 경제학에도 고스란히 적용할 수 있다.

경제학은 사회학이나 정치학뿐 아니라 진화론 및 인지과학과도 나란히 놓여 있다. 하지만 경제학은 까다로운 학문이다. 이 장 글머리에서 밝힌 바와 같이, 자신이 연구하는 현실을 변화시킬 수 있기 때문이다. 만약 프랑켄슈타인 박사가 생명을 창조할 뿐 아니라 그 생명체가 의식을 얻었을 때 행할 법한 모든 일을 사전에 내다보고, 다른 방식으로 변화된 세상을 고려해 그 창조물을 조정함으로써 그의 난동을 막으려 했다면 어땠을까? 다른 이미지에 빗대자면, 경제학은 마치 기상학과 흡사하다. 방대하고 복잡한 비선형의 역동적 시스템이지만, 의식적이고 자의식적인 대기 변수를 지닌 기상학 말이다. 이렇게 하면 앞서 기술한 자기실현적 속성이나 자기 회피적(self-averting) 속성이 생성된다. 즉, 만약 어느 경제학자가 금융 붕괴나 경기 침체를 정확하게 예측할 수 있다면, 그리고 정책 입안자를 위시한 여타 사람들이 그 예측에 따라 행동한다면, 이것은 그런 일이 일어나도록 부추길까, 아니면 그런 일이 벌어지지 않도록 막을까?

경제학자들은 분명 우리가 이룬 진전이 얼마나 보잘것없는지 돌아보고 겸손해질 필요가 있다. 하지만 경제학을 현대 과학의 위대한 지적 여정의 일부에도 못 미치는 것으로 깎아내리는 경향에는 결연히 맞서야 한다. 세계 금융 위기는 경제학이 겸손을 되찾도록 거들었을 뿐 아니라, 일부 경제학자들로 하여금 '우리는 무엇을 이론화하는가'가 아니라 '우리는 실제로 무엇을 알 수 있는가'라는 질문으로 돌아가도록 도왔다. 공식적으로 오류를 인정하기란 힘든 일이다. 직업적으로 모종의 사상이나 이론과 떼려야 뗄 수 없는 관련을 맺고 있는 학자들의 경우는 더욱 그렇다. 일부 학자들은 비판에 대해 심하다 싶을 만큼 저항한다. 하지만 충격은 환영할 만하다. 만약 그것이 다시금 경제학을 개인과 기업의 행동을 면밀하게 관찰하게끔 이끌고, 빅데이터 세트를 내려받은 다음 그에 통계 기법을 적용하는 데 기여한다면 말이다.

책임감 있는 경제학

경제학자들은 케인스의 '겸손하면서도 유능한' 치과 의사, 또는 뒤플로의 배관공보다는 실험실의 기술자처럼 될 필요가 있다. 프랑켄슈타인 박사가 아니라 그의 신중한 조수처럼 말이다. 몇 가지 이유로 인해 가까운 과거에는 경제학에서 신중하고도 면밀한 경험적 연구가 대거 이루어졌다. 컴퓨터 덕분에 수많은 데이터 세트를 창출하고 이용하고 공유하는 일이 가능해졌다. 경제 데이터를 분석하기 위한 통계 기법이 날로 향상되고 있으며, 실험과 무작위 대조 실험 같은 기법이 점점 더 널리 쓰이고 있다. 세심한 주의를 기울일 필요야 늘 있게 마련이지만, 이론과 증거 간 상호 작용은 이해를 증진하는 데 더없이 중요하다.

경제학이 심리학·전염병학·공학·역사학 같은 여타 학문과 적극적으로 상호 작용할 뿐 아니라 논문 작성을 통해 하루가 멀다 하고 연구 결과를 쏟아냄에도, 그 학문을 지극히 우울하게 바라보는 대중의 시선이 크게 바뀌지 않고 있다는 사실은 아이러니하다. 이는 경제학자들이 아직도 최근 경험으로부터 중요한 교훈을 얻어내는 데 실패하고 있음을 말해준다. 그 교훈이란 바로 세계를 달라지게 만들 수 있는 학문인 경제학이 그 세계에 관여할 필요성, 그리고 오늘날 경제학자가 하는 일에 대한 설전에 뛰어들고 그와 관련한 공적 대화를 촉진할 필요성이다. 경제학자들의 적극적 관여는 진즉부터 시작되었다. 예컨대 그들은 블로그 세상에서 걸출한 실력을 뽐내고 있다. 그 점에서 그들은 다른 사회과학자나 자연과학자보다 단연 돋보인다(Thoma 2011). 유사한 맥락으로 많은 경제학자들이 소셜 미디어에서 부지런히 논쟁에 뛰어들고 있다. 이는 모두 적극 반길 일이다. 경제학자는 구체적인 공적 책무를 지니고 있으며 책임을 져야 하는 존재들이기 때문이다.

2부: 경제학은 왜 특별한가

어째서 정부 수석 인류학자는 따로 없을까? 많은 나라가 고위 관리직에 자연과학자와 경제학자를 임명하곤 하지만, 보통 여타 사회과학자들을 그렇게 하지는 않는다. 경제학자들은 무슨 이유로 정책 결정에서 그토록 중대한 역할을 맡는가? 그리고 그런 특별 대우는 합당한가? 이 장에서 나는 지금까지 경제학이라는 학문이 세상에 미치는 영향에 대해서 논의해왔다. 구체적으로는 금융 시장에, 또한 정치적·정책적 논쟁이 이루어지는 지적 개념 틀, 그리고 그에 따른 실제적 개념 틀을 형성하는 좀더 광의의 영역에 가하는 입김에 대해서 말이다. 그렇다면 경제학자들이 정책 입안에 미치는 직접적 영향은 어떤가? 학계 및 싱크 탱크의 경제학자들이 구체적인 정책과 관련해 내놓는 풍부한 논평과 정부 소속 경제학자들이 담당하는 중요한 역할 말이다. 이러한 영향에 수반되는 책무는 무엇인가?

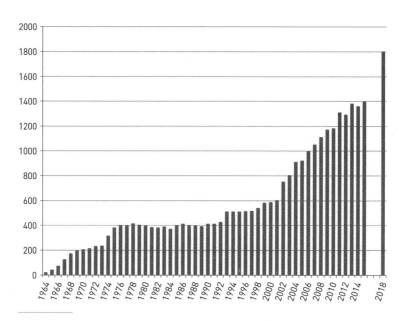

그림 1 영국 정부경제청에 몸담은 경제학자의 수. 출처: 정부경제청.

경제학자로서 나의 직업 이력은 영국 재무부에서 몇 년간 일하는 것
으로 시작되었다. 영국에서는 화이트홀의 여러 정부 부처, 규제 기관, 잉
글랜드 은행, 금융 감독 당국, 그리고 지방 정부와 그 위성 기구 등 정부
기관에 몸담은 경제학자들이 다해서 족히 수천 명을 헤아린다. 그림 1은
중앙 정부에 기용된 경제학자의 수치 증가 현황이다. (이 수치는 브렉시트에
대비하기 위한 대대적 선발 바람에 힘입어 2020년 약 2000명에 이르렀다.)

구체적인 업무야 저마다 제각각이겠지만, 어쨌거나 정부경제청(Gov-
ernment Economic Service, GES) 직원을 대상으로 한 어느 설문 조사는 그들
에게 자신의 업무가 어떤 범주에 속하는지 물었다. 압도적으로 많은 사
람이 본인의 주 업무에 대해 전문적인 경제적 분석 결과를 가지고 비전

문가, 즉 비경제학자 동료나 정치인과 소통하는 일이라고 기술했다(Portes 2012 참조).[10] 공적 논쟁에 영향력을 발휘하는 의사소통은 또한 싱크 탱크에서 공공 정책 영역을 담당하는 경제학자, 혹은 자금 지원 단체로부터 정책에 입김을 불어넣을 수 있는 연구를 실시하고 그 파급력을 증명하라는 압박에 시달리는 학계 경제학자 등 수백 명의 경제학자가 맡는 주된 역할 가운데 하나이기도 하다. 이것이 똑똑히 말해주는 바와 같이, 정책경제학은 설득을 주축으로 하는 활동이다.

나는 앞서 오늘날 학문 세계에서 일반적으로 다루는 경제학과, 정책 세계에서 시행되는 경제학 사이에는 시간 지체가 존재한다고 밝혔다. 주류 경제 연구는 1980년대의 자유 시장 버전인 환원주의적인 합리적 기대를 넘어서 계속 나아간 반면, 공식적 정책경제학은 그보다 변화 폭이 좁았던 것 같다. 이런 유의 시간 지체는 불가피하다. 얼마든지 인용할 만한 가치가 있는 케인스는 한물간 경제 사상들이 내내 영향력을 이어가는 현상에 대해 이와 같이 경고했다. "하늘에서 계시를 듣는다는 미치광이 권력자들은 수년 전에 어느 학자들이 끼적거려놓은 글에서 그들의 망상을 뽑아내고 있다"(Keynes 1936). 이는 어쩌면 학계 밖에 머무는 사람들이 일상 업무를 수행하면서 첨단 연구에서도 선두에 서 있으리라 기대하기란 어렵다는 주장을 지나치게 극적으로 펼치는 방식일 것이다.

하지만 나는 이쯤에서 두 가지를 주장하고자 한다. 첫째, 정책경제학에는 핵심적인 역설이 존재한다. 즉, 정책 영역에서의 경제 분석은 거의 언제나 사회 후생의 극대화라는 자애로운 목적을 추구하는 객관적이고 전지전능한 외부자의 관점을 취한다. 하지만 정책경제학자는 공공 정책을 통해 경제학을 실제로 실행에 옮김으로써 모형에 발을 들이는 사태를 피할 도리가 없다. 그들은 '데우스 엑스 마키나(deus ex machina)'* 역할을 할 수 없다. 정책은 필히 경제학자를 포함한 정책 입안자들에 의해 시행되어야 한다. 그리고 정책 시행은 어려운 점투성이라서 '시장 실패'와 더불어 '정부 실패'라는 잘 알려진 현상도 존재할 정도다. 효력을 발휘하지 못할뿐더러—비용을 많이 들이고도 폐기된 IT 시스템이나 계획한 것보다 수십억 달러가 더 깨지는 대형 프로젝트 등—역효과를 내기까지 하는 정책의 예는 끝도 없이 적어 내려갈 수 있다. 그중 하나는 수천 가지 예를 대표해줄 것이다. 2009년 미국의 '고물차에 현금을(cash for clunkers)'은 고전을 면치 못하는 자동차업계의 수익을 올려주려는 의도에서 도입한 제도다. 사람들은 자신의 낡은 차를 반납하고 새 차를 구입하는 데 쓸 수 있는 보조금을 지급받았다. 이는 환경과 더불어 GM도 도와주려는 의도였다. 그런데 이 제도는 기대와 달리 그 자동차업계의 수익을 되레 떨어뜨렸다. 정책 분석가들이 재정난에 쪼들리는 시기에는 사람들이 그 보조금을 이용해 연료 효율은 더 높되 더 소형인 차량으로 갈아타리라는 점을 미처 고려하지 못했기 때문이다(Hoekstra, Puller, and West 2017).

하지만 경제 정책 분석은 행동주의적 반응을 포함해 시행과 관련한 문제에 의아하리만치 주의를 기울이지 않는다. 정부 실패의 위험은 시장 실패만큼이나 정책 분석의 주된 관심사가 되어야 한다.

둘째는 좀더 광범위하게 경제학과 정치의 상호 작용에 관한 것이다. 어느 단계에서 정치적 요청이 쇄도하며 압박이 거세지면, 종종 경제학자들은 한편으로 자신이 전혀 확신하지 못하는 문제에 대해서는 확신하

---

* 연극이나 소설에서 가망 없어 보이는 상황을 돌파하기 위해 동원되는 힘 또는 사건.

고 있는 양 처신하거나 그렇다고 주장하며, 다른 한편으로 우리가 그보다는 훨씬 더 확신할 수 있는 불편한 진실을 표현하는 데서는 터무니없이 소심한 태도를 보인다. 좀더 단계가 심화하면, 경제학의 기술적 전문성과 민주적 합법성 사이에 긴장이 빚어진다. 세계 금융 위기 이후 그리스와 이탈리아에서, 뒤이어 '유럽연합을 탈퇴한(Brexit)' 영국을 위시해 여타 수많은 나라에서 좀더 분명해진 긴장 말이다. 포퓰리즘과 테크노크라시(technocracy)*가 거북하게 공존하고 있느니만큼 지금은 경제학자들이 정책 경제학의 국가경제학에 대해 신중히 고민해야 할 때다.

무엇보다 경제학이라는 학문이 좋은 정책 수립에 무척이나 중요하다는 사실은 강조할 만한 가치가 있다. 경제학의 이득은 항시 눈에 보이는 것은 아니지만, 무수히 많다. 먼저 경제학이 왜 공공 정책에서 그처럼 특별한 역할을 담당하는지 살펴볼 필요가 있다.

경제학이 정부의 의사 결정에 들여오는 절대적으로 중요한 한 가지 개념은 바로 기회비용(opportunity cost)이다. 이는 실제로 시간은 흘러가고 하나의 활동에 사용한 자원은 다른 대안적 활동에 쓰일 수 없다는, 물리학과 관련한 진술일 뿐이다. 경제학은 대안들 간의 선택을 다루는 학문이다. 하지만 기회비용은 정치 영역에서는 별 인기가 없는 개념이다. 정치인은 케이크를 소유함과 동시에 먹고자 하는 유권자의 선호를 반영한다. 따라서 정치인은 경제학자를 달가워하지 않기 십상이다. 그럼에도 경제학자를 필요로 하긴 한다.

또 한 가지 중요한 개념은 비용 편익 분석(cost-benefit analysis, CBA)이

---

* 과학 기술 분야 전문가들이 많은 권력을 차지하는 정치 및 사회 체제.

다. 영국에서 이렇게 하는 데 대해서는 그린북(Green Book)*이라는 사용 요령 매뉴얼에 일목요연한 일련의 규칙이 나와 있다.[11] 미국에서는 로널드 레이건 대통령이 여러 새로운 규정과 관련해 비용 편익 분석 요건을 도입했다. 트럼프 대통령은 그러한 증거를 사용하는 데 대해 그보다 열의가 덜했다(Shapiro 2020). 비용 편익 분석은 어떤 정책에 따른 가능한 모든 결과를 목록화하고 측정하는 과정으로 이루어진다. 측정할 수 있는 것은 화폐화한 금액으로 변환된다. 그리고 비용과 편익은 서로 상쇄된다. 이 분석은 가정으로 가득 찬 활동에 그럴싸한 거짓 정밀함을 제공할 수 있는데, 이는 지침에서는 인정되지만 실제에서는 대체로 무시된다. 이 분석은 분명 직접 측정하고 화폐화할 수 있는 효과에 과도한 특권을 부여한다. 나(Coyle and Sensier 2020)와 하우스먼(Hausman 2012)을 포함한 많은 경제학자는 비용 편익 분석을 수행하는 방식에 대해 비판적이었다. 그럼에도 비용과 편익이 있음을 인식하고, 그것을 평가하는 체계적 개념 틀을 가지고 의사 결정을 하는 편이 그렇지 않은 경우보다는 언제나 더 낫다. 비용과 편익이 분명하게 명시되지 않을 때면 늘 암묵적 판단을 내리게 된다. 우리가 일상생활에서 선택할 때 그런 것처럼 말이다.

로널드 코스(Ronald Coase 1960) 역시 모든 정책에 대한 비용 편익 분석은 정책적 조치 자체의 비용도 판단에 넣어야 한다고 지적했다. 그녀는 정부 경제학자도 자신이 평가하는 방정식의 일부로 포함한다.

정부가 민간 조직보다 더 낮은 비용으로 어떤 일이 이루어지도록 해줄 힘을

---

*   영국·이탈리아 등지의 정부 간행물.

지녔다는 것은 분명하다. ……하지만 정부의 행정 기구 자체도 공짜는 아니다. 실제로 그것은 더러 극도로 비용이 많이 들 수도 있다. 더군다나 정치적 압력에 시달리고 아무런 경쟁적 견제 장치도 없이 작동하는 오류투성이 행정 기구가 만들어낸 제한적 …… 규정이 반드시 경제 제도를 더욱 효율적으로 작동하게끔 이끄는 규정일 거라고 여길 만한 이유는 딱히 없다.

그가 말한 대로 "모든 해법에는 비용이 든다". 어떤 특정 정책이나 규정은 하나의 문제를 해결할 수 있지만, 다른 곳에서 여타 문제를 일으킬 수 있으며, 따라서 평가는 그런 효과까지 포함해야 한다. 코스는 숱한 정부 실패 사례가 빚어진 까닭에 대해, 결과적으로 행동을 변화시키는 방법에 대한 고려 없이 특정 맥락에서 문제를 바로잡는 것을 업무로 삼는 경제학자들의 습성 탓이라고 일침을 가했다. 그는 또한 어떤 특정 행동 방침을 그의 명확한 대안—흔히 현상 유지(status quo)나 '아무 일도 안 하기(do nothing) 선택지'—과 비교하지 않는 데서 비롯된 '안이한 사고(looseness of thought)'에 대해서도 지적했다.

　　내가 화이트홀에서, 처음에는 나 스스로가 정부 경제학자로, 그리고 나중에는 여러 정책 위원회와 규제 기관의 일원으로 경험한 바에 따르면, 정책과 관련한 정부의 의사 결정은 이러한 여러 이유로 선의에서 이루어지긴 했지만 결함투성이인 경우가 수두룩했다. 그렇다 해도 어떤 의사 결정의 장단점을 제시하고, 입증할 점은 무엇이며 판단할 문제는 무엇인지 명확히 하기 위한 체계적 개념 틀은 반드시 필요하다.[12]

　　그 두 가지 유관 개념—즉, 어떤 행동 방침의 기회비용과 체계적으로 그 비용과 편익을 따져볼 필요성—만으로도 정부 내에서 경제학이 누리는 특권적 역할을 정당화하기에 손색이 없다. 두 개념은 만약 그것이 없었다면 부재했을 규율을 정책 선택에 부과한다. 하지만 정책 분석에서 경제학이 담당하는 두드러진 기여는 이와 같은 기본선을 훌쩍 뛰어넘는다. 게다가 경제학의 기여는 데이터의 가용성 증가, 컴퓨터 성능의 향상, 그리고 데이터를 분석하는 정교한 통계 기법에 힘입어 그간 점점 더 커졌다. 응용 미시경제학은 다양한 영역에 걸친 경제 정책과 사회 정책 전반에서 의사 결정에 강력한 렌즈를 제공해줄 수 있다.

시장의 작동 방식에 대한 응용경제학적 분석의 예는 무수히 많다. 교통경제학은 수많은 정책 응용 방안을 내놓았다. 대니얼 맥패든(Daniel McFadden)은 2000년 승객 수요를 예측하기 위한 계량경제학적 방법을 개발한 공로로 노벨 경제학상을 공동 수상했다. 이제 고전이 된 샌프란시스코의 바트(BART)* 시스템에 적용한 방법이다(McFadden 1974). 경제학자들은 도로 혼잡 통행료와 교통 혼잡 부담금을 개발했다. 승차 공유 서비스를 실시하기 전에는 많은 장소에서 택시 부족 사태가 빚어지곤 했다. 면허라는 형식으로 진입에 장벽이 존재했기 때문이다. 택시 면허, 즉 택시 영업증(taxi medallion)은 소중한 재산이었으므로, 보통 기존 택시 운전사들은 택시 부족 사태가 제아무리 심각해도 새로운 영업증을 발급하는 데 대해 목숨 걸고 반발한다. 이는 택시 요금 규제를 불가피하게 만들었다. 그렇게 하지 않으면 택시 소유주나 택시 운전사들이 승객으로부터 더 많은 독점적 요금을 뜯어낼 수 있기 때문이다. 1997년 경제 분석에 토대를 둔 일목요연한 제안서가 제출되었다. 모든 면허 소지자에게 두 번째 면허를

---

* 고속 통근 철도.

발급하고 그들이 그것을 되팔게 함으로써 더블린의 택시 시장을 개선하자는 내용이었다. 이에 따르면 기존 택시 운전사들은 제가 누리던 재산권의 가치가 하락하는 데 대해 적어도 단기적으로나마 보상을 받을 수 있었다(Fingleton, Evans, and Hogan 1998).

시장 분석이 필수적인 또 다른 정책 분야로는 산업 규제와 경쟁 정책을 꼽을 수 있다. 이 분야에 종사하는 경제학자들은 경쟁적 '자유' 시장과 합리적 선택의 가정이 타당하지 않기 십상임을 대다수 사람보다 더 잘 알고 있다. 그들은 소비자 선택에 적용되는 새로운 행동경제학 문헌뿐 아니라 경쟁으로부터의 이탈에 대해 분석해온 오랜 전통을 활용한다. 경쟁의 권위자들이 행동경제학에 더 세심하게 주의를 기울이는 까닭을 잘 보여주는 예가 루퍼스 폴락(Rufus Pollock)이다. 그는 2003년 영국에서 전화번호 조회(directory enquiries)에 대한 규제 완화가 그 시장에서 경쟁을 키우는 데 실패한 까닭을 살펴보았다. 그는 정보 처리 능력에 한계가 있는 데다 수많은 생소한 번호를 접한 소비자들이 기억하기 쉬운 숫자 118118에 이끌렸다고, 그리고 앞뒤가 똑같은 전화번호를 내세운 광고 캠페인이라는 빼어난 수완에 말려들었다고 결론 내렸다. 좀더 유리해 보이는 숫자를 구매한 기업들 역시 소비자 행동에 대한 가정—이를테면 "000으로 끝나는 숫자가 좀더 기억하기 좋을 것이다"—에서 규제 당국과 동일한 실수를 저질렀다(Pollock 2009). 한층 경쟁적으로 달라질 거라고 내다본 이 시장에서 꽤나 극적인 집중이 이루어졌다. 표준적인 소비자 이론은 여기서 잘 작동하지 않았다.

이러한 결과는 경쟁 및 산업의 규제 기관이나 공공 정책 분야에 종사하는 경제학자들이 이제 그들 업무에서 행동경제학을 더욱 잘 활용하길 열망하고 있음을 말해준다.

훨씬 더 많은 예가 있다. 통신 회사에 대한 3G 주파수 권리 경매를 설계하고 이행하는 영리한 경제학은 2000년 경매에서 당시 GDP의 2.5퍼센트에 해당하는 225억 파운드의 순이익을 안겨주었다(Binmore and Klemperer 2002). 미국 연방통신위원회(Federal Communications Commission)는 1990년대 중반 이후 주파수 경매를 진행해왔고, 그를 통해 수백억 달러를 거둬들였다. 교육, 의료, 복리 후생, 주택, 연금 등 다양한 영역의 사회 정책과 경제 정책 전반에 걸쳐 응용경제학적 분석은 화이트홀·워싱턴·브뤼셀을 위시한 각 나라의 수도에서, 산업 규제 당국에서, 일부 싱크탱크에서, 그리고 학문 분야에서 공공 정책을 위한 일상적인 주 소득원이 되어주고 있다. 응용경제학적 분석 기술은 부분적으로 새로운 데이터세트의 가용성, 또는 계량경제학적 방법론의 개선, 또는 무작위 대조 실험 같은 방법론적 혁신에 힘입어 날로 발전하고 있다. 따라서 경제 성장 전망과 정부 예산 문제 등을 포함해 관심의 폭을 키워가고 있는 경제학은 정책과 관련한 응용경제학이라는 점차 커지는 거대한 빙산의 작은 일각을 이룬다. 응용경제학적 연구는 공공 정책을 개선할 수 있는 잠재력을 키우고, 정책이 그 실효성에 대한 확고한 경험적 증거에 근거를 두고 추진되도록 이끌고 있다.

하지만 응용경제학의 확대를 두고는 시비 논란이 분분할 것이다. 증거와 기존 신념이 충돌할 때 반드시 증거가 승리할 것인지는 전혀 명확하지 않기 때문이다. 이는 부분적으로 정치와 연관된다. 케인스(예, 또 등장했군요)가 과거에 말한 대로 "정부가 가장 싫어하는 사태는 정보가 많아지는 것이다. 그렇게 되면 가뜩이나 골치 아픈 의사 결정 과정이 한층 더 복잡하고 까다로워지기 때문이다"(Skidelsky 1992, 629에 인용된 내용). 이는 부분적으로 사회과학의 특성, 그리고 연구 대상이 우리 자신일 때 객관성을 주장할 수 있는 가능성과도 관련된다.

경제학과 경제학자

사회에서 인과관계를 따지기 위한 경험적·통계적 연구의 지적 장치는 경제학에서 단연 독특하다. 다른 사회과학은 정책 입안에서 경제학을 대체할 수 없다. (다른 사회과학이 경제학을 보완해야 하고, 경제학자가 다른 사회과학자의 질적 방법론을 더 많이 채택할 수 있듯이, 다른 사회과학자 역시 더 많은 양적이고 경험적인 연구를 수행할 수 있긴 하지만 말이다.) 그럼에도 경제학자는 사회과학의 교훈을 사회에 적용하는 데 담긴 역설에 주목해야 한다. 사회과학의 예리함은 그 과학의 타당성을 보여주는 주장의 힘과 더불어 증가한다는 역설 말이다. 경제에 관한 경제학자의 아이디어는 세계를 그저 기술하는 데 그치는 게 아니라, 그것을 형성할 수 있다. 경제적 조언은 그것이 정치적 과정과 정책 분석에서 맡은 역할 덕분에 제도화를 통해 세계에 대단히 직접적인 방식으로 영향을 끼친다. 이는 종종 바람직한 결과로 이어질 수 있다. 그러나 정책경제학자는 일반적으로 객관적이고 자애롭고 합리적이고, 심지어 전지전능한 외부자의 관점을 취하지만, 경제학자들이 스스로가 모델링한 것의 일부일 때 (혹은 일부가 되어야 할 때) 그러한 관점을 취한다는 게 과연 어떤 의미인지에 대해서는 별반 고민하지 않는다. 코스가 말한 대로, 우리는 모든 정책적 개입에 따른 비용과 편익을 따져보기 위해 우리가 보유한 저울에 우리 스스로를 올려놓을 필요가 있다. 경제학자들이 운영하는 기관의 확대, 그리고 중앙은행이나 산업 규제 당국 같은 기관이 어떻게 운영되는지에 대한 경제적 분석을 감안할 때, 이것은 사소한 문제가 아니다. 이게 바로 일부 논객이 중앙은행이나 경쟁 당국 같은 기관을 독립적으로 꾸리고자 한 1990년대와 2000년대의 추세에 반기를 들기 시작한 이유다. 예컨대 터커(Tucker 2019)는 그들이 제 스스로가 전문 지식에 토대를 둔 선택이 아니라 정치적이거나 가치관에 기반한 선택을 하고 있다는 사실을 인식할 필요가 있다고 역설했다.

경제학자는 일반적으로 우리가 사용하는 모형이 유익한 도구라는 것을 당연시한다. 그와 동시에 그 모형이 실제 세계의 중요한 특징과 체계적으로 상충하지는 않는다는 의미에서 '참'이라고, 하지만 현실을 충실히 기술하는 것으로서는 전혀 참이 아니라고 가정한다. 곧잘 사용되곤 하는 비유는 고전적인 런던 지하철 지도다. 그것은 지하철로 여행할 때는 더할 나위 없는 안내도지만, 런던의 지리를 표현하기에는 어설픈 도구다. 존 서튼(John Sutton)의 지적대로, 우리는 교육과 훈련을 통해 재빨리 사회화된 결과 핵심적 특징에 주목하는 이러한 추상화 습성이 정상적이라고 여기기에 이르렀으며, 사회가 더없이 복잡하고 너저분하므로 이런 분석적 접근법이 유용하지 않다고 믿는 비판론자를 이해하지 못하게 되었다(Sutton 2000). 마찬가지로, 경제학 비판론자는 경제학자가 기본적으로 모형을 현실 세계와 혼동하는 게 아니라 우리가 분석하려 애쓰는 것의 복잡성을 구조화하기 위해 모형을 사고 실험으로 활용하는 것임을 이해하지 못한다. 그러나 이러한 도구를 사용함에 있어, 우리 경제학자들은 습관적으로 인간에게 발각당하지도 않고, 따라서 그들의 행동에 영향을 끼치지도 않은 채 저 아래서 벌어지고 있는 일을 그저 유유자적 내려다보는 자애로운 신적 존재의 관점을 취한다. 이는 이따금 유해한 방식으로 행동을 재형성하고, 그 결과 경제 현실을 새롭게 주조할 수 있는 관점이다. 정책적 개입을 분석하는 데서 가장 심각한 실패는 가능한 행동주의적 반응을 간과하는 일이다. 이것이 문제되는 이유는 그 행동주의적 반응이 분석해야 할 내용을 바꿔놓기 때문이다. 작은 규모의 예들로는, '위험 보상〔risk compensation: 이에 따르면, 규정에 의해 어느 한 가지를 좀더 안전하게 만들면 다른 측면에서의 위험 부담은 더욱 커지는 결과로 이어지므로, 결국 개인이 떠안는 전체 위험의 정도는 달라지지 않는다(Hedlund 2000)〕',* 혹은 '고물차에 현금을' 등에서와 같은 인센티브의 예기치 않은 효과를 꼽을 수 있다. 심지어 인간 심리학을 고려하도록 되어 있는 '행동주의적' 정책조차 상황이 고정되어 있다고 가정하는 오류를 드러내는 경향이 있다. 교통 관련 '넛지'는 도로를 더욱 안전하게 만드는가? 개입이 생소한 처음 얼마간의 시간을 보낸 뒤, 사람들의 행동이 본래대로 돌아가는지 여부는 알려져 있지 않다. 좀더 큰 규모의 경우, 모형 외부에 선 상의 하달식 관점은 자칫 부정적 결과로 이어질 수도 있다. 이러한 관점을 '전성기 모더니즘(high modernism)'이라고 부른 제임스 스콧(James Scott 1998)은 끔찍한 역효과가 초래되는 정책을 합리화하는 숱한 예를 제시했다. 이를테면 도시로부터 경제적 생동감을 앗아가는 도시 계획 제약,** 혹은 생물

---

* 좀더 쉽게 설명하자면, '위험 상쇄(risk-offsetting)' '위험 항상성(risk homeostasis)'이라고도 부르는 '위험 보상'은 개인이 도구나 장비 및 여타 보장을 통해 보호받게 되어 안전해졌다고 느끼면 위험 수준을 낮게 지각한 결과 더 위험하게 행동한다는 이론이다.

** '토지 용도 지역제(land zoning)'를 예로 들 수 있다. 미국의 보스턴·샌프란시스코 같은 쾌적하고 안전한 지역에서 시행되는 '토지 용도 지역제'는 주택(주로 단독 주택)을 몇 채 지을 수 있는지 제한하는 규정으로, 그 지역의 부동산 가격을 폭등시키고 가난한

다양성에, 그리고 결국 작물 수확량에 해를 끼치는 행위에 인센티브를 제공하는 농업 보조금* 따위가 그러한 예다.

이러한 정책 조언의 자기 참조적(self-referential)** 특성은 정부에서 경제학이 맡은 제도적 역할의 중대성을 감안할 때, 더욱 중요하다. 경제적 성공을 위한 제도의 중요성은 최근 학문적 연구에서 더한층 부각되고 있다. 2009년 엘리너 오스트롬(Elinor Ostrom)과 올리버 윌리엄슨(Oliver Williamson)은 제도경제학에 관한 연구를 진행한 공로로 노벨 경제학상을 공동 수상했다. 최근에 개발경제학은 성공적인 기업가 정신과 새로운 경제 엘리트로의 진입을 가능케 하는 포괄적 제도와 법치주의를 아우른 진지한 정치 제도가 필요하다고 역설해왔다(Besley and Persson 2012; Acemoglu and Robinson 2012). 또한 더욱 최근의 제도경제학은 순수한 '경제적' 결정에서뿐 아니라 정치와 정부에서 인센티브가 차지하는 역할을 강조하는 공공 선택 학파의 계통을 잇는다. 맨슈어 올슨(Mancur Olson)은 성공적인 경제는 정부가 이익 집단의 지대 추구(rent-seeking)*** 행동을 극복할 수 있

사람들이 그곳으로 이주할 가능성을 낮춘다. 일각에서는 도심의 집중적 개발을 원천적으로 막음으로써 도시의 역동과 활력을 저해하는 규정이라는 평가를 받는다.

* 농민에게 제공하는 농업 보조금은 농업 부문이 회복 탄력성과 효율성을 키우고자 하는 동기를 떨어뜨린다. 예컨대 가뭄 피해를 보상해주는 농업 보조금은 농민이 미래의 가뭄에 대비하고 농작물을 보호하는 데 투자하지 않게 만드는, 그에 따라 혁신에 관심을 기울이지 않게 만드는 뜻하지 않은 결과를 낳는다.

** '자기 준거적'이라고도 한다. '자기 참조(준거) 효과'란 자기 자신과 관련한 정보가 더 잘 기억되고 비교적 오래 지속된다는 것을 의미한다.

*** 새로운 부를 창출하지 않고 그저 기존 부에서 제 몫을 늘리기 위한 활동으로, 그러한 이익을 확보하기 위해 흔히 로비 등에 자원을 쏟아붓는다는 점에서 비생산적이다. 이

는지 여부에 달려 있다고 주장했다. 카르텔, 동업자 조합, 노동조합, 전문가 집단 등 제한된 또는 상세히 명기된 회원 자격을 요구하는 특정 이익집단은 정치인을 설득해 제 회원들에게 유리한 정책을 실시하도록 유도할 것이다. 이런 정책은 사회의 다른 부분들에 최선의 결과가 되긴 힘들테지만, 그들(사회의 다른 부분들)은 그 정책에 맞서 로비를 펼치거나 조직화하려는 유인을 갖지 않는다(Olson 1982). 아마르티아 센(Amartya Sen)은 기근의 존재를 민주적 목소리의 부재와 결부 지은 자신의 저작에서 건전한 경제를 위한 좋은 정치의 중요성을 효과적으로 입증했다(Sen 1982). 그는 경제 발전에 꼭 필요한 역량의 하나로 정치적 참여를 꼽았다(Sen 2009).

따라서 경제학자는 제도를 이해하는 것의 중요성을 똑똑히 알고 있으며, 실제로 자신들의 정책적 제도 참여 행위를 지대 추구 행위의 극복에 기여하는 노력으로 간주한다. 정부가 경제학자를 중심에 둔 제도를 활용하는 예는 적지 않다. 중앙은행과 경쟁 규제 당국 같은 독립 기관 말고 또 한 가지 유형이 바로 전문가 보고서다. 정부는 흔히 독립적인 경제학자들에게 증거를 공정하게 검토하거나 정책적 권고 사항을 들려달라고 의뢰한다. 지난 수십 년 동안 금융, 주택, 노령 관리, 연금, 과세 등 정치적으로 논쟁적인 영역을 다룬 예는 숱하게 많다. 더없이 존경받는 경제학자를 주축으로 보고서를 작성하도록 의뢰하는 목적 가운데 하나는, 그들이 수집하는 증거와 그들의 권고 사항이 권위를 지니기 때문이다. 더불어 (일부 사람들에게) 인기 없는 결정―모든 결정에는 대개 그로 인해 이득 보

활동은 불균형한 자원 분배, 실질적 부 감소, 정부 세수 감소, 소득 불균형 심화, 잠재적 국가 약화 등의 현상을 초래하며, 이에 따라 경기의 효율을 떨어뜨린다.

는 축과 손해 보는 축이 동시에 생기게 마련이므로—을 내린 정부를 엄호해줄 수 있기 때문이다. 하지만 보고서 하나가 달랑 나왔다고 해서 그것이 손쉽게, 혹은 그 즉시 정책으로 이어지는 것은 아니다. 수십 쪽에 이르는 신중한 분석 보고서는 해당 정책에 영향받는 특정 이익 집단의 로비 노력과 견줘볼 때 그 정치적 영향력이 신통치 않다. 그들의 로비 노력은 정부에서 이루어지는 경제 분석이 궤도를 이탈하게 만들 수도 있다. 막강한 로비 집단은 혀를 내두를 정도로 기세등등하다.

이렇듯 이익 집단의 압력은 독립적인 전문가 보고서를 너무나 맥없는 정치 도구로 전락시킨다. 그런가 하면 지대 추구에 대한 대책으로서 여타 제도적 경제 분석 기관은 그보다는 좀더 효과적이었다. 영국에서는 과거에 왕립위원회(Royal Commissions)*가 일반적으로 정부가 특정 이익 집단에 맞서 법률을 제정할 수 있도록 이끌어주기에 충분한 위상을 지녔다. 하지만 이제 그 위원회들은 더 이상 가동되지 않고 있다. 반면 경제 규제 당국은 수가 불어났고, 법령에 명시된 대로 일반 대중이나 소비자의 이익에 따라 정치적 과정과는 다소 독립적으로 의사 결정할 수 있는 권한을 부여받았다. 부문별 규제 당국은 흔히 소비자를 보호하기 위해 민영화 산업이나 전기 및 수도 같은 주요 공익사업체를 감독할 목적으로 설립된다. 비록 규제를 다룬 다량의 경제학 문헌이 규제 포획(regulatory capture)**

---

* 영국에서 특정 법률의 검토·개정·도입을 논의하기 위해 설립한 정부 자문 위원회.
** 1982년 노벨 경제학상을 수상한 조지 스티글러(George Stigler, 1911~1991)가 1970년대에 제시한 이론으로, 공공의 이익을 위해 일하는 규제 기관이 피규제 기관에 의해 포획당함으로써 야기되는 규제 실패 현상을 지칭한다.

의 위험성을 경고하고 있음에도 불구하고 말이다. 2008년까지의 금융 규제가 이 위험성의 실상을 똑똑히 보여주는 예일 것이다. 다른 한편 독립적인 경쟁 규제 당국은 업계의 특정 이익 집단에 맞선 훌륭한 기록을 보유하고 있다. 비록 유감스럽게도 법률이 여전히 정치가 최종 결정권을 가지도록 몇 가지 예외를 두고 있긴 하지만. 정치를 위해 따로 떼어놓은 부문에는 언제나 국방이 포함된다. 영국의 법률에서는 이 부문에 언론, 그리고 (금융 위기가 최고조일 때 긴급 조치로서 경쟁 조직의 소망에 맞서 강행 통과시킨 결과) 금융(banking)이 포함되어 있다. 중요한 부문을 규제하는 조직이 정치적 압력에 저항하기란 어렵다.

정부가 이따금 경험하는 또 한 가지 신뢰성 문제를 해결하기 위해서는 정치인의 손에서 의사 결정권을 박탈하는 조치를 활용할 수 있다. 정치적 과정은 이익 집단의 포획에 취약할뿐더러 조급증이나 단기 성과주의에 좌우되기 십상이다. 여기서 대중의 이익을 위한 객관적 의사 결정의 적(敵)은 특정 이익 집단이 아니라 현재를 위해 미래를 희생하는 조급증이다. 오늘 초콜릿 케이크를 먹고자 하는 욕구가 내일 허리둘레가 줄어들었으면 하는 바람을 상대로 허무할 정도로 가뿐하게 승리를 거두는 것처럼, 정치인은 내일 높은 인플레이션으로 치러야 할 대가를 잘 알고 있으면서도 오늘 당장 성장률을 높이기 위해 금리를 인하하려는 강력한 유혹을 느끼게 마련이다. 단기적 유혹은 무척이나 뚜렷하므로 매번 선한 선택을 하겠다는 정치적 맹세는 당최 믿을 만한 게 못 된다. 반면, 독립적인 중앙은행은 그 같은 단기적 압박에 시달리지 않으며, 실제로 그 명성이 장기적 경제 성과에 달려 있도록 구조화된다. 중앙은행의 독립성은 민주주의의 풍경 가운데 일부다. 비록 몇몇 사람이 보기에는 중앙은행으로 하여금 방대한 양의 정부채를 매입하도록 요구하는 양적 완화의 기간과 규모에 의해 그 민주주의 기반이 약화하고 있음에도 불구하고 말이다. 영국의 예산책임청(Office for Budget Responsibility)은 좀더 최근에 설립된 기관으로, 재정 정책에 전념하면서 신뢰성 문제를 본격적으로 다룬다. 다른 나라들은 정당 정책을 평가하기 위해 각기 상이한 조직들을 갖추고 있다. 미국의 의회예산청(Congressional Budget Office), 혹은 네덜란드의 중앙계획청(Central Planning Bureau)—이제는 좀더 정확하게 경제정책분석청(Bureau for Economic Policy Analysis)으로 개칭했다—등이 그러한 예다.

기술 관료제의 딜레마

경제 분석의 적용 권한을 틀어쥔 독립 조직의 비선출직 공무원들은 아마도 주어진 특정 지적 개념 틀 안에서 좀더 객관적으로 정책을 권고할 수 있을 것이다. 당연히 독립적인 이 경제 기관들은 직접적으로 정치인에게 해명해야 하고 또 그들 손에 파면당할 수 있는 선출직 정치인, 혹은 관리와 달리 민주적 합법성이 결여되어 있을 것이다. 대니얼 벨(Daniel Bell)은 오래전인 1973년 매스미디어 시대에 현대 민주주의에서의 포퓰리즘 증가와 오늘날 경제를 운영하는 데서의 전문 지식 필요성 증가 간에 긴장이 빚어지면서 정치적 단층선이 드러나고 있다고 진단했다. 《포스트 산업 사회의 도래(The Coming of Post-Industrial Society)》에서 그는 경제학자로 대표되는 기술 관료, 즉 '새로운 사회 고위층'은 정치인과 공동 전선을 펼치거나 아니면 그들과 대립할 거라고 예측했다.

이러한 긴장 상태는 세계 금융 위기 이후 특히 그리스에서 한계점에 다다랐다. 그 나라에서는 경제학자이자 전직 중앙은행 총재 루카스 파파데모스(Lucas Papademos)가 총리직에 올랐다. 경제학자이자 전직 유럽위원회(European Commission) 위원 마리오 몬티(Mario Monti)가 총리로 있던 이탈리아도 마찬가지였다. 두 사람은 국회의원에 의해 선출되어 2011년 집권했으나, 유럽연합과 국제통화기금(IMF) 지도자들의 강력한 요청에 따라 구체적으로 '구조 개혁(structural reforms)'을 단행했다. 이 용어는 젊은이들을 지나치게 비싸게 고용하도록 내모는 노동 시장 구조 등 특정 이해관계를 내포하는 기관을 전복하기 위한 정책 변화를 기술하는 경제학 전문 용어다. 따라서 구조 개혁은 그것이 사회에 속한 일부 집단의 이해를 다른 집단과 싸움 붙인다는 의미에서 본시 정치적이다. 좀더 넓은 유로존이나 금융 제도의 문제와는 구별되지만, 그리스와 이탈리아의 경제는 경쟁, 혁신, 그리고 경제 성장을 희생하면서, 그에 따라 인구 전체를 희생하면서 특정 집단에게만 유리한 규제를 대거 시행함으로써 절름발이가 되어가는 중이라고 널리 알려져 있다. 기술 관료가 주도하는 두 나라 정부는 2012년 대중의 불만과 시위를 촉발했다.

그때 이후 몇 년 동안, 전문가와 포퓰리즘 간 긴장감은 오직 고조되기만 했다. 그런데 이는 기술 관료의 의견은 옳고 대중의 의견은 틀렸기 때문이 아니다. 오늘날 경제는 더없이 복잡한지라 정책을 마련하는 데 전문 지식이 필요하다는 것도, 그런 정책이 기실 많은 사람에게 이익을 안겨주지 않았다는 것도 사실이다. 경기 침체로 불평등이 불거진 데다 그것이 한층 악화한 코로나바이러스 시기를 돌아보면, 세계 금융 위기 이후의 경제 정책 역시 다수에게 큰 도움이 되었다고 큰소리치긴 어려울 것 같다 (Algan et al. 2017; Rodrik 2018).

그 긴장을 더없이 잘 보여주는 예가 구체적 '구조 개혁'의 일부인 택시 시장 규제 완화에 맞선 반대 시위다. 택시 기사들은 우버(Uber)가 수많은 도시의 택시 시장을 교란하기 훨씬 전부터 툭하면 시위를 벌이곤 하는 대표적 이익 집단이다. 예컨대 그리스의 택시 기사들은 2011년 7월 이후 정기적으로 파업을 벌였고, 그 결과 2012년 4월 선거가 다가올 때 택시 업계 자유화 법안(정부 긴급 구제에 나선 대출 기관들이 요구하는 개혁의 일환)이 끝내 국회에서 무효화되었다. 이탈리아에 관해 말하자면, 그 나라는 2005년 경제학자 프란체스코 지아바치(Francesco Giavazzi)가 신문에 시장 개혁을 옹호하는 칼럼을 하나 실었을 뿐인데, 그의 사진이 밀라노 택시 기사들에게 배포되었고, 그들은 그의 택시 탑승을 거부했다. 게다가 택시들이 5일 동안 밤새 그의 집을 에워싸고 진을 친 채 경적을 울려대기까지 했다(Segal 2012). 몬티 총리가 당차게도 2012년 다시 한 차례 시장 자유화를 시도했지만, 택시 기사들은 그 조치를 마뜩찮게 여겼다. 〈파이낸셜 타임스(Financial Times)〉가 보도했다.

자유화를 가장 필사적으로 반대하는 집단 가운데 하나인 로마의 택시 기사들은 지아니 알레만노(Gianni Alemanno)가 제2차 세계대전 이후 그 도시 최초의 우익 시장으로 출마한 2008년 선거에서 결정적 역할을 담당한 것으로 여겨지고 있다. 몬티가 제안한 개혁―그에 따르면 담당 구역에 의한 영업 제한이 풀리면서 이를테면 로마 밖에 근거지를 둔 택시 기사들도 로마에서 영업할 수 있게 된다―에 대해 로마 시민들은 폭넓게 환영했지만, 알레만노 씨는 예상대로 저항했다.

전국 택시 기사 노조 우리택시(Uritaxi)의 토스카나(Toscana) 지부장 클라우디오 지우디치(Claudio Giudici)는 제안된 자유화에 대한 자신들의 반대를 "이탈리아가 공화제에서 과두제로 전환하는 데 맞선 실질적인 민주주의 저항을 지지하는 세력들의 열정적 노력"(Dinmore 2012)이라며 추어올렸다.

지우디치 씨는 이 사건과 관련한 역설을 정확히 꼬집어냈다. 그에 대한 그 자신의 해석에서는 아니었지만 말이다. 공식적 민주주의 제도는 스스로의 이익을 추구하는 신원 확인 가능 집단들이 펼치는 효과적인 로비에 열려 있다. 반면, 기술 관료 엘리트 경제학자는 경쟁과 성장을 가능케 함으로써 더 폭넓은 대중의 이익에 맞게 행동하는 데서 선출된 정치인보다 더 나은 위치에 서 있다. 하지만 위의 인용문이 똑똑히 말해주듯이, 기술 관료인 경제학자들이 주도하는 정부는 그 자체로 정치적이다. 경제학자의 분석적이고 자애로운 객관적 관점은 비록 광범위한 대중의 이해에 봉사하는 정책을 고안하는 데 더없이 주효함에도, 상아탑에서 거리로, 혹은 심지어 규제 당국 사무실 구역의 조용하고 허름한 복도로 옮아가는 과정에서 좀처럼 살아남을 수 없다. 흔히 경제학자는 구조 개혁 같은 정책에 대해 "정치인이 잔말 말고 그저 그것을 시행해주면 좋을 텐데"라고 구시렁거리곤 한다. 하지만 어떤 정책이 정치적으로 시행 불가능하다면, 그와 관련한 경제 분석은 근본적으로 결함이 있는 것이다. 이 점이 더욱 문제되는 것은 다음과 같은 때다. 즉, 정책 분야에 종사하는 많은 경제학자가 스스로에 대해서 비이념적이라고 여기고 있으면서도, 전문가 집단으로서 경제학자들이 다른 많은 사람에 대해서는 특정 정치적 입장(즉, 친시장적 본능)을 반영할 거라고 생각하는 경향이 있을 때 말이다.

국가경제학의 재발견

정책경제학의 정치적 성격은 정치의 직접적 수요에 의해 강화된다. 만약 정치인들이 그런 수요를 창출하면 일부 경제학자는 기꺼이 그것을 공급하려 들 것이다. 이는 드러내놓고 브렉시트를 지지한 소수의 영국 경제학자들에서 보듯이, 그들 자신의 정치적 견해를 반영할지도 모른다. 권력과 가까운 누군가로부터 조언해달라고 요청받는 것은 아무래도 우쭐한 일이다. 더군다나 오늘날에는 '파급력'이라는 요구 조건을 충족해야 연구 자금을 제공받을 수 있는데, 그것을 보여주는 주요 척도 가운데 하나가 바로 정책 입안 세계와 접촉한 횟수다. 컨설팅 기업이나 투자 은행은 그들 기관 소속의 경제학자가 정책 논의에서 이목을 사로잡는 참여를 통해 얻어낸 홍보 기회에 더없이 만족한다. 파급력을 떨치고 대중의 눈길을 끄는 것은 그들이 복잡한 상황에 대해 겸허하거나 미묘한 분석을 들려주는 게 아니라 자신감에 넘쳐서 무리한 견해를 펼칠 때다.

시장의 욕구를 충족하려는 이 같은 열망은 공공 정책 경제학이 지적 방식에 취약하도록 내몬다. 이와 관련해서는 서로 다른 시대에 속한 두 가지 예를 들어보겠다. 하나는 '행복'경제학이다. 실제로 직장을 구하는 것이나 안정적 관계를 누리는 것과 개인 웰빙 간 상관성에 대해서는 확실한 경험적 결과가 이미 나와 있다. 그런데도 일정 수준 이상의 소득은 행복과 연관성이 없다는, 널리 유통되는 유사 사실(factoid)*에 떠밀려 우리는 더 많은 소득 증가는 필요 없다는 하등 근거 없는 결론에 이르게 된다.

---

* 　근거가 없는데도 자꾸만 활자화됨으로써 사실로 여겨지는 것.

소득이 높은 사람은 낮은 사람보다 더 행복하다고 일관되게 밝히고 있으며, 소득 증가는 보고된 행복 증가와 상관관계를 드러낸다(Stevenson and Wolfers 2008). 학자들에 의한 경제 연구 분야는 또한 사람들의 심리적 웰빙을 추동하는 요인이 무엇인가 같은 좀더 광범위하고 미묘한 학제적 질문들에 관심을 기울였다. 그럼에도 '행복'에 찬성하는 운동은 공공 영역에서 끈질긴 영향력을 발휘하며, 순전히 돈과 이윤에 대한 학문일 뿐이라 여기면서 경제학을 불신하는 이들에게 강력한 호소력을 지닌다.

더 앞선 시기의 예는 1970년대 말과 1980년대 초로 거슬러 올라간다. 고전적 통화주의의 부활이 학계 연구에서의 '실물 경기 변동(real business cycle)' 경제 모형(즉, 경기 변동은 오직 신기술 같은 공급 측면의 충격 때문이다) 및 합리적 기대 이론의 발달과 결합했을 때다. 이런 시류는 대학원생이던 나를 매료시켰다. 당시의 지적 풍토가 거시경제학적 분석을 위한 이른바 '미시적 토대(microfoundations)'로 전환한 데는 충분한 이유가 있었다. 단기적으로 경제의 (은유적) 총공급 곡선은 수직적이다ー다시 말해, 수요가 증가하고 있을 때 산출이 빠르게 증가할 수 없다ー는 주장 역시 그만한 이유가 있었다. 그것은 이전 세대의 거시 경제 이론이 실패했음을 증명해 보인 1970년대의 암울한 경제적 성과 때문이었다. 그로 인한 한 가지 결과가 통화주의 정책이었다. 거시경제학 정책은 전적으로 특정 통화 총량(monetary aggregate)이 얼마나 빠르게 증가하고 있는지에 주목하게 되었다. 원칙적으로는 통화 정책에 영향을 미치기 위해 통화를 늘리는 조치가 얼마든지 사리에 닿았다. 하지만 실제 정치 현실은 그것을 구체적인 통화 증가 목표를 달성하고자 하는 강박으로 바꿔놓았다. 그러나 그것은 도달할 수 없는 목표였다. 금융 시장에 대한 규제 완화, 그리고 그와 동시에 정부가 통화 증가를 제한하고자 취한 조치들로 촉발된 새로운 거래 기술의 개발 때문이었다. 이는 통화 증가와 좀더 넓은 경제 간 관련성이 종잡을 수 없는 규모의 변화를 겪고 있다는 의미였다. 요컨대 '화폐 유통 속도(velocity of money)', 즉 일정 기간 동안 화폐 주인이 바뀐 횟수가 늘고 있었던 것이다. 금융 규제 완화와 혁신으로 인해 통화 공급 성장률과 주어진 모종의 조치들이 어떤 경제적 의미를 지니는지가 분명치 않아졌다.

더군다나 어떤 구체적 통화 총량의 증가를 목표로 삼기 위해 정책 수단(policy lever)을 사용한 조치는 사람들의 행동 변화를 촉발함으로써, 그것을 좀더 넓은 정책적 목적과 무관하도록 만들어버린다. 이는 '굿하트의 법칙(Goodhart's Law)'*이라고 알려져 있다. 즉, 어떤 변수를 목적으로 삼는 조치는 애초에 그것을 유용한 정책 지표로 만들어준 그 정보를 사라지게 만든다는 이론이다. 찰스 굿하트(Charles Goodhart)의 말마따나 "어떤 현상의 통계적 규칙성은 그것을 규제할 목적으로 압력을 가하면 사라져버리는 경향이 있다"(Goodhart 1975, 122). 이는 위에서 논의한 경제 분석의 반사적(reflexive) 성격을 보여주는 또 한 가지 예다.

그럼에도 당시 정부는 몇 년 동안 통화 증가 목표를 단단히 고수했다. 1985~1986년 재무부에서 초보 경제학자로서 내가 맡은 일에는 여러 가지 새로운 통화 총량을 구성하고 그중 어느 것이 가장 느린 성장률인지 계산해내는 따분한 업무가 섞여 있었다. 더디게 성장하는 이 새로운 조

---

*　통화 정책 분야의 세계적 석학인 런던정경대학 굿하트 교수가 1975년 자신의 논문에서 제시한 개념.

치(내 컴퓨터 프로그램에서는 PSLX라 명명된)가 차기 예산안의 초기 공식 목표에 포함되었는데, 그것은 나중에 달갑잖게 과열된 그 목표들에 합류했다. 공식적 정책 목표(PSL2라고 재명명된)가 되자마자 그것의 성장이 가속화했으므로, 이는 정확히 굿하트의 법칙에 부합했다.

내가 이 일화를 통해 전하려는 바는 정치 과정에 의해 경제학계의 지적 추세가 굴절되면 학문적 밴드왜건 효과(bandwagon effect)*로 인해 정책 영역에서 더없이 주도적이고 끈질긴 일련의 아이디어들이 살아남는다는 것이다. 그리고 좌든 우든 이념적 어젠다를 틀어쥔 경제학자도 더러 있다. 그들은 할 수만 있다면 자신의 이념에 따라 정책에 입김을 불어넣으려 들 것이다.

마지막으로, 일단 아이디어가 정책과 정치 과정에 스며들면 그것은 제 스스로의 제도적 생명을 키워간다. 그것을 중심으로 사람들의 일자리가 마련되고, 자금이 확보되고, 통계가 수집되고, 매달 회의가 열리고, 언론인들이 보고를 받는다. 따라서 정책을 포기하는 것은 실로 당혹스러운 일이 된다. 정적과 언론이 그 정책에 대해 어떻게 생각할지 고려할 때 말이다. 유턴에 대한 두려움은 극도로 크다.

경제학과 정치의 불가분성은 거시경제학 정책의 경우에서 더없이 분명하게 볼 수 있다. 거시경제학이 대성공을 거둔 것은 2000년대 초이니만큼 그리 오래전 일도 아니다. 당시 경제가 어떻게 작용하는지, 그리고 재정 정책이나 통화 정책을 통해 어떻게 관리되어야 하는지와 관련해 거시경제학자들 사이에서는 '새로운 신고전파 종합 이론(new neoclassical

---

*   다른 사람의 신념·아이디어·유행·트렌드 등에 휘둘려 그것을 따라가는 현상.

synthesis)'*이라는 강력한 합의가 이루어졌다. 사람들은 이것이 낮은 인플레이션과 지속적 성장을 달성한 10여 년의 '대완화기'를 낳았다고 믿었다. 결국 드러나게 되는 대로, 대완화기의 도래에서 엄청난 행운이 차지한 역할은 과소평가되었다. 아마 놀라운 일이 아니겠지만, 거시경제학자 가운데 2008년의 세계 금융 위기가 그들의 학문을 크게 훼손했음을 적극적으로 인정한 이는 거의 없었다. 그뿐만 아니라 일부 거시경제학자는 언론이나 블로그 세상에서 재정 정책과 통화 정책에 대해 자신감 넘치는 주장을 펼치기까지 했다. 흡사 세계 금융 위기 이후 경제학자들에게 좀더 겸허해지길 바라는 요청이 쏟아지는 데 대해 그저 너희들은 떠들어라 하는 식으로 응수하는 것처럼 말이다. 그것은 염수학파(미국 동부 연안의 하버드 대학 경제학과)와 담수학파(미시간 호수의 시카고 대학 경제학과) 간 논쟁으로 알려지게 되었다. 2010년에 펼쳐진 서로 각축을 벌이는 반(反)긴축 정책 학파와 친(親)긴축 정책 학파의 논쟁은, 내가 막 경제학에서 이력을 시작한 역시나 위기에 빠진 1970년대 말에 볼 수 있었던 케인스주의 대 통화주의 간 논쟁과 기이할 정도로 유사했다. 서구 정부들은 케인스식 경기 부양책에 관심을 기울여야 하는가, 아니면 긴축 정책을 실시해야 하는가? 오늘날의 경기 침체는 금융 위기(banking crisis)에 기인하지 않는 경기 침체와는 다른 종류인가? 양적 완화를 더 추진해야 할까 아닐까? 우리는 거시경제학 문헌에서 이들 질문 각각에 대해 한 개 이상의 답변을 얻어낼 수 있다.

---

*   미국 경제학자 폴 새뮤얼슨(Paul A. Samuelson, 1915~2009)이 완성한 이론으로, 신고전학파의 미시적 시장 균형 이론과 케인스의 거시 경제 이론을 접목했다.

거시경제학자들이 이처럼 서로 상반된 견해를 가지고 있는 데다 그것을 소셜 미디어와 블로그에서 대단히 강력하고도 신랄하게 피력한다면, 우리는 자연과학 영역에서 점차 멀어지고, 그 답을 얻지 못하게 될 것이다. 마찬가지로 거시경제학적 정책에 관한 어떤 특정 경제학자의 견해는 흔히 그들의 정치적 견해를 잘 드러내주는 예측자일 테고, 아마 그 반대도 분명 사실일 것이다. 나는 통상적인 계량경제학적 방법으로 우리 시대의 온갖 중요한 거시적 질문에 답할 가능성이 있다고는 전혀 생각지 않는다. 오늘날처럼 역동적이고 복잡한 경제 환경에서는 무엇이 무엇의 원인인지를 밝혀내는 일이 본질적으로 어렵기 때문이다. 인과관계를 규명하고 정책 기회를 식별하기 위해서는 경제학만큼이나 역사도 이 도구 상자에서 중요하다.

내가 이런 견해를 제시하면 거시경제학자들은 펄쩍 뛰면서 반발한다. 그들은 이론적으로 도전받지 않았고 경험적으로 검증된 구체적인 거시경제학 모형을 들먹이곤 한다. 또한 그 위기 이후 훌륭한 조언을 제공함으로써 또 다른 대공황에 빠지지 않도록 우리를 구해주었노라고 큰소리친다. 전통적인 세계적 거시경제학 모형은 2012년 유로존 위기의 기원에 대해 많은 것을 설명할 수 있으며, 실제로 영국 재무부에 속한 이들을 포함해 숱한 거시경제학자는 출발 전부터 유로의 생존 불가능성을 내다보았다(HM Treasury 2003). 2008년 이후 실시된 거시 경제 정책이 1930년대의 정책 오류를 되풀이하지 않았다는 사실은 거시경제학자들이 진일보했음을 말해주는 확실한 증거다. 그리고 많은 거시경제학자는 위기 이전의 모형이 예컨대 금융 중개와 불완전 경쟁*을 덧붙임으로써 한층 풍성해졌다고 주장할 것이다. 분명 2008~2009년 이후 몇 년 동안 거시경제학 분야에서는 인상적인 연구가 대거 이루어졌다.

하지만 내 생각에는 그것이 경제 전체가 어떻게 기능해야 하는지, 따라서 경제가 더 잘 굴러가도록 도우려면 어떤 정책이 필요한지에 대한 공감대 부족을 근본적으로 해소하지는 못한 듯싶다. 이러한 분열상을 신랄하게 표출한 것이 경제학 분야에서 격렬한 논쟁술의 대가로 꼽히는 폴 크루그먼(Paul Krugman)의 유명한 (아니, 악명 높은) 글이었다. 그는 주도적인 미국의 학자들을 주워섬기면서 이렇게 썼다.

> 위기의 여파로 경제학 전문가 집단의 단층선이 그 어느 때보다 크게 벌어졌다. 오바마 행정부의 경기 부양책에 대해 로버트 루커스(Robert Lucas)는 '싸구려 경제학(schlock economics)'이라고 깎아내렸으며, 그의 시카고학파 동료 존 코크런(John Cochrane)은 신빙성 없는 '동화(fairy tales)'에 기반을 두고 있다고 몰아세웠다. 이에 맞서 UC 버클리(University of California, Berkeley)의 브래드 드롱(Brad DeLong)은 시카고학파가 '지적 파산을 맞았다'고 일갈했다. 그리고 나 자신은 시카고학파 경제학자들의 논평에 대해 '어렵사리 얻어낸 지식을 모조리 내팽개친 거시경제학의 암흑기가 빚어낸 산물'이라고 밝혔다(Krugman 2006).

결과는 유감스러웠다. 사이먼 렌루이스(Simon Wren-Lewis)는 거시경제학자들이 이제 사안의 시비곡직에 따르기보다 자신이 연고를 둔 '학파'에

---

* 　예컨대 독점, 과점, 독점적 경쟁, 수요 독점, 수요 과점, 정보 비대칭 등 완전 경쟁의 조건을 만족하지 않는 상황.

줄을 서고 있다고 지적했다. 그러면서 이렇게 덧붙였다. "나 역시 그 종합 이론*이 그렇다. 나는 의견 불일치가 공통의 개념 틀 내에 분명하게 병존할 수 있다는 발상이 무척 마음에 들었다. 그리고 그 종합 이론 내에서 거시경제학이 통합된 학문, 즉 미시경제학처럼 보이기 시작했다고, 그리고 감히 말하건대 신념 체계라기보다 하나의 과학처럼 보이기 시작했다고 느꼈다"(Wren-Lewis 2012b). 이런 분위기는 2012년과 오늘의 팬데믹 사이 기간 동안 달라졌는가? '현대 통화 이론(Modern Monetary Theory, MMT)'에 대해서는 시비 논란이 맹렬히 지속되어왔는데, 거시경제학의 바깥에 서 있는 내게는 그것이 케인스주의-통화주의, 그리고 염수학파-담수학파 간에 드러난 분열의 연장선처럼 보인다. 코로나19 기간 동안에 적용할 수 있는 올바른 유의 재정 정책 및 통화 정책에 관해서는 분명 강력한 의견이 다투어 제기되었지만, 나는 도무지 납득하지 못하겠다. 이에 따른 더 자세한 내용은 2장에서 다루겠다.

　거시경제학은 대다수 사람이 (그릇되게도) 모든 경제학자가 하고 있다고 생각하는 일일 뿐 아니라, 사실 정책경제학자들이 실제로 수행하는 일 가운데 중요한 일부이기도 하다. 대다수 거시경제학자는 정부 부처 및 중앙은행이나 금융 시장에서 일한다. 가까운 미래에 관한 논리적 가정('조건부 예측(conditional projection)'이 좀더 정확한 표현이겠지만, 어쨌거나 그들이 말하는 이른바 예측(forecast))에 기반을 두고 작업해야 한다는 데 대해서는 이론의 여지가 없다. 그것은 흔히 기상 예보와 비교되곤 한다. 한때는 기후 전반을 이해하는 올바른 분석 틀을 둘러싼 거센 논쟁을 특징으로 했지만, 나날의

---

*　새로운 신고전파 종합 이론.

삶을 계획하는 데 꼭 필요한, 또 하나의 부정확한 과학 기상 예보 말이다. 일반 대중은 기상 예보에 수반되는 불확실성은 널리 이해하고 있으나, 경제 예측에 대해서는 (역시나 그릇되게도) 그보다 좀더 정확하다고 여기기 일쑤다. 이는 특히 일부 경제학자가 그 예측 결과에 대해 말하는 방식 탓이 크다. 거시경제학적 예측을 내놓는 이들은 그것의 불확실성(제법 크다)에 대해 좀더 분명히 밝힐 필요가 있다. 그들의 작업(그리 많지 않다)에 대해 기사화하는 언론인 역시 마찬가지다. 우리는 집단 순응 사고(groupthink)*를 돌아봄으로써 그 밖의 다른 교훈도 얻을 수 있다. 집단 순응 사고는 많은 경제학자가 집요한 경상수지 불균형과 부채 증가 등 2000년대 초에 드러난 명확한 문제의 전조를 통해 위험을 똑똑히 보지도 그에 대해 효과적으로 의사소통하지도 못하게 막았다. 이들 교훈에는 경제사, 제도적 현실 〔'그림자' 금융('shadow' banking)** 및 고빈도 거래의 성장 등 1990년대와 2000년대에 이루어진 금융 제도의 성격 변화 등〕, 그리고 어쩌면 거시경제학적 실천에서의 다원주의 확대에 더 많은 관심을 기울여야 할 필요성도 포함될 것이다.

그러나 정치적 견해를 경제적 결론과 한데 뭉뚱그릴 수 있는 것은 비단 거시경제학의 경우만이 아니다. 경제학에는 (적어도 아직까지는) 진실을 알 도리가 없거나 조심스럽게 표현해야 하는 영역이 숱하게 많다. 하지만 정치는 뉘앙스와는 상극이다. 심지어 특정한 경험적 결과에 대해 전문가 집단의 합의가 존재하는 경우조차, 그에 대한 그들의 해석 및 의미 부여와 관련해서는 논란이 분분할 수 있다. 어느 정당이 특정 정책에 대한 소

---

*   너무 많은 사람이 관여함으로써 빚어지는 개인의 창의성 및 책임감 결여.
**   은행 시스템이 아닌 제2금융권 등에서 이루어져 제대로 관리되지 않는 대출.

유권을 외치고 있을 때는 특히 더 그렇다. 한 가지 예가 영국 국민보건서비스에서의 경쟁이 의료적 결과에 미치는 영향을 살펴본 연구들이다. 세 가지 대규모 연구에서 나온 증거는 서비스 제공에 도입된 모종의 경쟁 형태가 긍정적 효과를 낳는다는 것을 일관되게 보여준다. 〔가령 시장에 진입한 민간 서비스 제공 업체가 가장 만만한 환자들을 체리피킹(cherry-picking)*할 위험성, 그리고 품질 경쟁이 아니라 가격 경쟁으로 치닫게 될지 모를 사태에 대한 지지 부족을 엄중 경고하고 있긴 하지만 말이다.〕 그런데 다른 누구보다 〈랜싯(The Lancet)〉의 편집자들은 이런 결론을 결코 수긍할 수 없었으며, 경제학자에 대한 의료 연구진들의 인신 공격성 글을 실었다. 그 잡지는 울며 겨자 먹기로 경제학자에게 반론 기회를 부여했을 따름이다(Bloom et al. 2011). 새로운 포퓰리즘 시대에는 이런 유의 시비 논쟁이 훨씬 더 빈발할 것이다. 확고한 경험적 지식 영역은 서서히 확장할 테지만, 타당한 근거에 입각한 전문가 집단의 합의와 정치적 신념에 휘둘리는 추측 간 경계는 모호할뿐더러 자꾸만 변화하고 있다.

경제학자와 비경제학자가 몇몇 중요한 경제적 이슈에 관해 서로 상이한 일련의 사전 신념을 지니고 있다는 사실을 통해, 우리는 구체적인 정책 분야에 관한 양자의 불협화음 정도가 갈수록 커지리라는 것을 짐작할 수 있다. 평균적인 경제학자들은 공공선, 자유 시장 등을 개선하는 기제로서 시장의 힘을 보통 사람들보다 더 긍정적으로 바라본다. 그들이 자

---

* '증거 억압(suppressing evidence)', 혹은 '불완전한 증거의 오류(fallacy of incomplete evidence)'와 같은 것으로, 자신에게 맞거나 자신이 좋아하는 것만 선별적으로 채택하는 현상.

신에게 호소력 있는 주제를 스스로 선택했기 때문이든, 아니면 학문적 수련을 통해 자신의 사고를 그처럼 흔들림 없이 형성했기 때문이든 간에. 데이비드 헨더슨(David Henderson)은 자신이 — 1985년 BBC가 주최하는 리스 강연(Reith Lectures)에서 — 이름 붙인 이른바 'DIY(do-it-yourself) 경제학'을 거세게 비판했다.[13] 그는 비전문가들이 상식으로 받아들이는 바에 대해 언급했는데, 그것이 옳지 않다는 사실을 알고 있었던 것이다. 한 가지 예는 무역과 관련된다. 여기서 상식적인 관점은 수출은 좋고 수입은 나쁘다는 것이다. 전형적인 경제학자들은 오히려 그 반대로 생각하며, 양자 중 어느 쪽으로든 심각한 수준의 과잉이 지속될 때만 문제라고 본다. 비교우위(comparative advantage)도 직관에 반하는 또 한 가지 개념이다. 그러나 비교우위에 기반을 둔 특화(specialisation)와 무역은 (늘 불안정한 파괴를 수반하기도 하지만) 상당 정도의 상호 호혜적 이익을 안겨줄 수 있다. 특화와 교환은 국내적인 것이든 국제적인 것이든 지난 250년 동안 이루어진 혁신적 경제 성장의 원천이다. 이 둘은 현재 위기 동안 회복 탄력성이나 국익 같은 이유로 공격받는 국제 공급망의 원동력이다. 상식에 기대서는, 일자리는 현재 그 일을 하고 있는 사람들과는 별개로 경제에서 객관적 존재가 없다거나〔노동 총량의 오류(lump of labour fallacy)〕*, 일부 기업이 실패하도록 내버려둔다면 경제 성장률에는 좋은 일이 될지도 모른다는 주장을 받아들이기 어렵다. 응용경제학자들은 증거를 모으고 정책을 논의하기 위한 실용적 공통 언어를 가지고 있다. 의견 불일치는 경험적 방법이나

---

* 　노동 수요의 총량은 고정되어 있으므로 한 집단의 고용 성장이 다른 집단의 고용 부진을 낳는다는 일종의 제로섬 게임 가설은 잘못이라는 주장.

증거에 대한 해석의 세부 사항과 관련되어 있으며, 과학이 정상적으로 작동하는 방식이다. 하지만 많은 비전문가나 정치인은 결과가 자신의 사전 신념과 모순된다면 그를 그리 달가워하지 않을 것이다.

다른 한편, 경제학자가 잘 알지 못하는, 그럼에도 일부 경제학자가 그에 대해 과도한 주장을 펼치는 영역도 없지 않다. 구체적인 상황에서 경험적 지식을 확장하기 위한 세부 작업에 참여하지도 않은 채 그저 이데올로그로서 공공 정책에 대해 논평하는 경제학자도 왕왕 있는 것이다. 당연히 강력한 주장에서 후퇴하긴 어려우며, 자신만만하게 주장을 펼쳤을 경우 그것을 되물리기란 더한층 어렵다. 특정 정책이 필시 유효 기간을 훌쩍 지난 뒤까지 오랫동안 살아남는 이유 가운데 하나는 정치인이나 그들에게 조언한 이들이 냉소적 언론을 둔 민주주의 사회에서 유턴하는 것처럼 보이는 사태를 극도로 꺼리기 때문이다. 우리가 냉소주의에 가세하는 정도만큼 우리 모두는 정치 과정과 정책 과정이 새로운 증거나 경제 지식의 발전에 조응하는 데서 드러내는 무능을 지속하도록 거드는 셈이다. 하지만 경제학, 정치, 그리고 언론의 상호 작용 탓에 정책경제학자들이 실제로는 전혀 확신하지 못하는 분야에 대해 확신을 피력하는 일이 허다하게 벌어지고 있다. 이런 분야에서 경제학은 신중하고도 일관된 경험적 증거에 단단히 토대를 두고 있지 못하며, 극심하게 분열되어 있다. 이는 아마 정부 밖에서 일하지만 정책에 입김을 불어넣으려 애쓰는 경제학자에게 더욱 잘 들어맞는 지적일 것이다. 싱크 탱크의 일원, 그리고 언론의 논평가들은 특히나 이런 유의 겸손 결여를 드러내기 쉽다. 세계 금융 위기의 경험으로 수많은 경고성 이야기가 쏟아지고 있음에도 불구하고 말이다.

반면, 정부와 학술 세계에 몸담은 경제학자들은 어쩌면 다양한 정책 영역에서 합당한 자신감을 가질 수 있는 내용을 주장하는 데서조차 지나치게 몸을 사리는 것 같다. 어떤 이들은 더없이 유쾌하게 그 같은 역할을 자처하기도 한다. 특히 화이트홀을 휘젓고 다니는 좀비 아이디어나 유행 타는 정책이 틀렸음을 폭로할 때 그렇다. 하지만 이렇듯 공론의 늪에 뛰어드는 고생을 사서 하는 경제학자는 거의 없다. 이는 얼마든지 이해할 수 있는 일이다. 공론장에서 뉘앙스는 설 자리가 없기 때문이다. 언론, 온라인 논평, 정치적 반응은 무자비해질 소지가 짙다. 설상가상으로 일부 학계 연구자들이 내놓은 결과는 정치적 목적을 달성하는 데 악용될 여지도 있다. 선출된 정부는 원할 경우 전문가 조언을 묵살할 수 있는 권한을 누렸다. 비록 최근 몇십 년 동안 다소 독립적으로 운영되는 경제 기관을 설립함으로써 그렇게 할 수 있는 스스로의 능력을 제한해왔지만 말이다.

그러나 나는 경제학자들이 어떤 선택의 결과를 설명하는 데서 좀더 막중한 역할을 담당할 수 있고, 또 그래야 한다고 굳게 믿는다. 우리가 전문가로서 집단적으로, 그리고 유쾌하게, 이를테면 무역의 장점이나 시장에 대한 정부 통제가 아닌 경쟁의 중요성 같은 몇몇 인기 없는 진실에 대해 되풀이해 발언하고 있음을 감안하건대, 우리가 정당한 자신감을 갖고 안다고 여기는 사안들의 스펙트럼 전반에서 비인기를 두려워한다는 것은 참으로 기이한 일이다. 하지만 하물며 그럴 때조차 논쟁에 참여한다는 사실은 그 자체로 소중하다. 경제학을 이해하고자 하는 대중의 관심이 날로 뜨거워지고 있기 때문이다. 다만 나는 그와 관련해 강연이 아니라 대화가 필요하다고 생각한다.

경제학자의 공적 책무

경제학은 공공 정책에서 없어선 안 될 막중한 역할을 담당하고 있다. 경제학이 누리는 위상은 그럴 말한 충분한 자격이 있다. 오늘날 정책 연구에 참여하는 대다수 경제학자는 점진적인 정책 개선책을 찾아내기 위해 데이터 세트와 도구를 공유하는 실용주의자다. 경제학자는 과거에도 그랬듯이 지금도 시장을 불완전하긴 하나 최선의 자원 할당 수단이라고 여긴다. 그리고 계속해서 사람들이 그들 자신의 이익에 관한 다소 근거 있는 평가에 따라 인센티브에 반응한다고 가정한다. 하지만 이러한 믿음은 그저 신념에 찬 행위에 그치는 게 아니다. 점차 증거와 경험에 더욱 근거를 두는 쪽으로 다듬어지고 있는 것이다. 응용 정책경제학을 업으로 선택한 사람들은 흔히 빈곤·실업·무지 같은 사회 병폐의 해결을 도우려는 강력한 내적 동기를 가진다. 이념적으로 정부 개입에 결사반대하는 경제학자의 수는 극히 드물다. 그런 이들은 말도 못 하게 분열된 미국의 어딘가에 위치하는 경향이 있는 경제학자다.

　경제학은 기회비용, 비용 편익 간 균형, 그리고 사람들이 인센티브에 반응할 가능성에 관해 생각하라고 주장함으로써, 정책 수립에 사고의 엄밀함을 들여온다. 기술 관료적 조언을 제공하는 경제학자를 고용하는 기관은 막강한 이익 집단의 로비에 맞서는 균형추로서, 혹은 정치적 단기 성과주의에 제동을 거는 행동 장치(commitment device)*로서 활용될 수 있다.

---

*　유혹에 마주했을 때 충동적 결정을 막아주는 장치.

따라서 정책경제학은 여러 가지 방법으로 스스로의 가치를 입증해왔다. 하지만 그것은 중요한 결점도 아울러 지니고 있다. 무엇보다 경제학자는 정책 과정에서 자신이 맡은 정치적·제도적 역할에는 크게 주의를 기울이지 않는다. 그에 대해 명시적으로 논의한 구체적인 예들이 더러 있는 것으로 보아 그들이 그 역할을 전혀 인식하지 못하고 있다는 뜻은 아니다. 그 예로는 시간 비일관성(time inconsistency)* 현상, '정치적 경기 변동(political business cycle)'**을 제한하는 중앙은행의 기여, '규제 포획'에 대한 인식 등을 들 수 있다. 하지만 정책경제학자들은 이 같은 자기이해와 반사성을 그들이 응당 해야 하는 정도로까지 확장해서, 그들 자신이 스스로가 모델링한 의사 결정 과정의 행위자임을 인식할 수 있는 단계로까지 나아가지는 못하고 있다. 이는 전문가의 연구나 기술 관료의 조언을 어떻게 이행해야 할지, 사람들이 어떻게 반응할지 따위를 깊이 고민하지 않는 결과로 이어진다.

경제학자의 공적 책무는 다음과 같이 정리할 수 있다.

- 당신의 결론이 타당한 경험적 연구에 기초하고 있다면, 그 결론에 담대해 져라.
- 당신의 결론에 대해 겸허해짐과 동시에 지식의 한계와 불확실성을 인정

---

*   현재 시점에서 결정한 미래의 선택이 미래가 현시점에 되었을 때 선호가 달라지면서 다른 선택으로 바뀔 수 있다는 이론.

**   순수하게 경제적 요인에 의해 초래된 경기 변동이 아니라 정치가 경제 정책에 개입함으로써 나타나는 경기 변동.

하라.

- 논란이 분분한 주제를 다루는 공적 논쟁에 뛰어드는 일을 주저하지 말라.
- 하지만 만약 당신이 경험적 연구 결과보다 스스로의 정치적 견해에 입각해 논쟁하고 있든지, 당신의 연구에 자금을 대준 특정 기업이나 이익 집단을 대변하는 견해를 취할 경우, 필히 그 사실을 밝히라.
- 무엇보다 비경제학자 및 일반 대중과 더욱 잘 소통하고자 무던히 힘쓰라. 만약 대중으로부터 정당성을 인정받지 못한다거나 경제학에 대한 대중의 이해도가 낮다면, 제아무리 훌륭한 경제 정책이라 한들 제대로 이행될 수 없기 때문이다.

나는 결국 공공 정책에 대해 말하는 데서 일반적으로 경제학자들이 겸손해져야 하는 순간에는 턱없이 확신에 찬 것처럼 들리도록 발언한다는 것, 반면 좀더 자신감을 가져야 하는 대목에서는 과도하게 머뭇거린다는 것을 알아차렸다. 이렇게 행동하는 것은 정책 입안에 관여하는 사람들에게 그들이 듣고 싶어 하는 말을 들려주고자 하는 자연스러운 바람 때문일 것이다. 하지만 사람들이 당신을 좋아해주길 바란다면 당신은 경제학자가 되지 말아야 한다.

어쨌거나 이 장의 요지는 한편으로 우리가 대중의 이익을 위해 가능한 한 공명정대하게 행동하고자 하는 가치 있는 야망을 간직하되, 다른 한편으로 우리 스스로에 대해 사회의 참여자라고 생각할 필요가 있다는 것이다. 이런 자세는 정책 분석의 세부 사항에서 요구된다. 거기서 그것은 적어도 몇 가지 '정부 실패' 사례를 피하도록 도와줄 수 있다. 모든 개입은 반작용을 불러올 테고 분석은 그 점까지 고려해야 한다. 하지만 그것은 무엇보다 경제학이 아니라 국가경제학에 대한 정책에 관여하는 경제학자의 관점에서 요구된다. 요즈음 우리는 포퓰리즘의 시대라는 말을 귀가 따갑게 듣는다. 대부분의 서구 경제에서, 소셜 미디어의 영향으로부터 일부 사람 및 장소가 경제적 개선을 누리는 데 실패하는 현상에 이르는 여러 이유로 인해 사람들은 점점 더 양극화되었다. 이런 유의 시대에 기술 관료가 되는 일은 다름 아니라 정치적 행위자가 되는 것이다. 들고 일어서는 대중에게 진정으로 그들 최선의 이익을 염두에 두고 있노라고 강변하는 것은 도무지 설득력 있는 자세가 못 된다.

쉬어가는 페이지

옥스퍼드 대학에서 1장의 기초가 되어준 태너 강연을 진행한 2012년 은 나에게 무척 바쁜 해였다. 나는 1년 남짓 그 주제에 골몰해 있었다. 2011~2012년 즈음 동료 경제학자들과 수없이 대화를 나누면서 내 우려 는 한층 커졌다. 사회와 정책에서 경제학자가 맡은 역할, 공적 논의에 참 여하는 일을 더욱 잘 해낼 필요성에 대해서뿐 아니라 학부 교육과정에 대 해서도 깊이 고심하게 된 것이다. 어쨌든 우리 학생으로 출발한 이들은 경제학자의 길로 들어서거나 그저 경제 정책 공약에 근거해 투표하는 사 람이 되거나 했다. 우리는 무엇을 어떻게 가르쳤기에 전문가 집단으로서 의 관점 결여와 편협함에 책임이 있었을까? 이것이 내가 사적 논의를 통 해 얻어낸 잠정적 질문이었다. 반일제로 BBC 신탁(BBC Trust) 부위원장이 라는 공공 서비스 역할을 맡은 데다 역시 반일제로 소규모 자문 회사를 운영하고 있던 당시의 나로서는 과연 무슨 일을 할 수 있었을까?

나는 그즈음 영국 재무부 소속 경제학자이자 정부경제청의 고위급 인사였던 앤드루 로스(Andrew Ross)와 이야기를 나눠보기 위해 그를 찾아갔다. 그는 영국 대학에서 경제학을 가르치는 학자들과 경제학자 고용주들을 한데 모아 회의를 열자는 나의 제안을 흔쾌히 받아들였다. 2012년 2월 잉글랜드 은행에서 개최한 그 회의는 정부경제청과 잉글랜드 은행이 후원했다. 결과적으로 우리는 수용 인원 120명인 강연장이 과연 가득 찰지 걱정할 필요가 없었다. 신청자 수가 차고 넘쳤던 것이다. 고용주와 교수뿐 아니라 투자 은행과 주요 기업에서 달려온 참가자, 공공 부문에서 경제학과 졸업생을 신규 고용한 이들, 그리고 전국 각지의 수많은 학자들 속에서 우리는 신경이 바짝 곤두섰다. 고용주들은 계속해서 그들이 새로 뽑은 신입 사원이 기술적으로는 나무랄 데가 없지만, 최근의 경제사에 대해 아는 게 없고, 비전문가와 도통 소통할 줄을 모른다고 아쉬워했다. 누군가가 말했다. "신규 졸업생의 경우 완전히 익은(fully-baked) 상태는 언감생심이지만, 절반만 익은(half-baked) 상태도 기대하기 어렵다."

회의에 참석한 학자들이 관심을 드러낸 한 가지 이유는 그 1~2년 전에 학부 교육과정의 내용과 성격에 불만을 품은 학생들이 시위를 벌인 사건이 있었기 때문이다. 세간의 이목을 끈 적극적인 집단은 맨체스터 대학의 '와해 이후 경제학회(Post-Crash Economic Society)'였다. 내가 2014년 맨체스터 대학에 학과장으로 있을 때, 그 학회의 열성적이고 유능한 회원 가운데 일부가 내 수업을 듣거나 나와 함께 연구를 진행했다. 또 하나는 '경제학 다시 생각하기'라는 모임이었다. 시위대의 선봉에 선 헌신적인 학생들은 '세계 금융 위기 이후' 그 위기의 진단에 도무지 무관심한 경제학을 맹렬히 성토했다. 2010년 '새로운 경제적 사고를 위한 연구소(INET)'가

창립되었는데, 케임브리지에서 열린 그 연구소의 창립 회의는 경제 위기를 경제학의 위기와 연결 지었다.[1] 심지어 세계 금융 위기 이전에 프랑스에서 '탈자폐적 경제학' 운동('Post-Autistic Economics' movement)이 전개되기도 했다.[2] 일부 주류 경제학자는 수세적 태도를 취했다. 하지만 많은 경제학 강좌가 최근 기억에서 가장 격변적인 경제적 사건을 무시하고 있으며, 학생들이 관심을 보이는 불평등 및 기후 변화 같은 응용 분야 연구의 최전선에 놓인 흥미진진한—그리고 실생활과 관련한—경제학을 다루지 못하고 있다는 사실은 부인하기 어려웠다.

정부경제청과 잉글랜드 은행이 후원한 우리 회의의 연사들 가운데 한 명이 영국의 선도적 거시경제학자인 유니버시티 칼리지 런던(University College, London)의 웬디 칼린(Wendy Carlin)이었다.[3] 그녀는 애머스트(Amherst)에 위치한 매사추세츠 대학의 새뮤얼 볼스(Samuel Bowles)와 함께, 학부 1학년생을 위한 교육과정을 완전히 재편하는 야심 찬 기획에 뛰어들었다. 온라인에서 자유롭게 이용할 수 있는 개선된 교육과정을 제공하고, 전 세계 대학이 그것을 채택하도록 독려하는 작업이었다. 웬디와 새뮤얼은 미국뿐 아니라 세계 여러 나라의 학생들, 특히 칠레의 학생들에게서 영감을 받았다. 새로운 교육과정—이제 '변화하는 세계를 위한 경제학(Economics for a changing world)'을 표방하는 '코어의 경제(CORE's The Economy)'—은 실제 세계의 경제적 현안을 이해하기 위한 수단으로서 이론을 가르치고, 정치·권력·제도에 대한 인식을 포함하며, 통상적인 기술적 도구뿐 아니라 경제사상사를 아우르는 경제사를 제공할 것이다.[4] 환경경제학에서 불평등, 혁신, 디지털 경쟁에 이르는 흥미로운 연구 분야를 결코 손이 닿을 것 같지 않은 교과서 맨 마지막 장에 아무렇게나 처박

아두지는 않을 것이다. 나는 이 새로운 교육과정을 집필하기 위해 전 세계에서 자원한 수많은 공동 저자 가운데 한 사람이었다. 이 교육과정은 (2019년 가을 현재) 53개국 271개 대학이 채택했고, 여러 언어로 번역되었다. (내가 몇 년 동안 이사를 역임하기도 한) 코어는 경제학에 관심 있는 고등학생을 위해 온라인 프로그램을 제작하기도 했다.

학생들에게 질문하는 것, 그리고 경제학 강좌의 개선을 이끌어내려는 숱한 동료들의 가시적 노력은 한층 폭넓은 결실을 거두었다. 거의 모든 대학이 가르치는 내용에 변화를 꾀하기 시작한 것이다. 2019년 하버드 대학에서는 제이슨 퍼먼(Jason Furman)과 데이비드 레이브슨(David Laibson) 등 새로운 강좌 지도자들이 그레고리 맨큐(Gregory Mankiw)가 오랫동안 가르쳐온 유명한 경제학10(Ec10) 입문 강좌를, 특히 학생들의 불만족에 비추어 새롭게 손보았다.[5] 하버드는 또한 같은 해에 라지 체티(Raj Chetty)가 맡은 '빅데이터를 이용한 경제 및 사회 문제 해결'이라는 신규 강좌를 개설함으로써, 다른 대학들에 본보기가 되어주었다.[6] 이들 모두 여전히 개선의 여지가 남아 있다는 것은 물론이다. 하지만 내가 2013년 '프로보노(ProBono)* 경제학' 강연―2장의 내용이 이를 기반으로 한다―을 진행한 이후 더 많은 변화가 이루어졌다.[7] 나는 왕립경제학회 산하 '경제학 교수에 관한 운영위원회'의 의장직을 맡는 한편, 코어에 기여하던 초기 단계 때 그 일에 깊이 관여했다.[8] 그래서 금융 위기가 드러내준 거시경제학의 단점을 접하고서 정말이지 착잡한 심정이었다.

---

* '프로보노'는 라틴어 'pro bono publico'의 줄임말로 '정의를 위하여'라는 뜻. 공익을 위해 지식이나 서비스 등을 제공하는 활동을 말한다.

외부자로서 경제학자

나는 앞 장에서 우리 경제학자가 정책이나 개입을 평가할 때 어떤 관점을 취하는지에 대해 논의했다. 그리고 우리가 너무나 자주 스스로를 객관적 시선으로 인간 사회를 내려다보는 외부자로 자처한다고 주장했다. 하지만 사회는 우리를 그렇게 보지 않는다. 공평무사한 외부자 입장이라는 그와 같은 주장은 매우 이기적으로 들리기 때문에, 실은 경제학을 약화시킨다. 알베르 카뮈의 위대한 소설 《이방인》에 나오는 주인공처럼, 우리는 사회에서 완전히 발을 빼는 게 불가능하다는 것을 알아차리고 있다. 경제학은 다시 사회와 이어져야 하며, 그렇게 할 수 있다.

내가 '우리(we)'라고 말할 때, 이는 단순히 '나(I)'를 의미하는 게 아니라, 수많은 학계 및 전문 경제학자를 뜻한다. 놀랄 것도 없이 2008년 이후 경제학이라는 학문을 재평가했으며, 영국에서는 2016년* 이후 다시 같은 일을 되풀이한 이들 말이다. 경제학 학위 과정을 밟는 학생 대다수는 경제학자로 살지 않을 것이다. 즉, 그들 대부분은 기업이나 공공 서비스 분야에서 일할 것이다. 그들의 주요 업무 가운데 하나는 정책 변화를 비롯한 여타 개입의 효과를 평가하는 작업일 터다. 많은 고용주는 제가 고용한 경제학자의 편협함에 우려를 표명해왔다. 세계 금융 위기 이후 몇 년간 불만은 한결같았다. 즉, 그들은 하나같이 제가 고용한 졸업생에 대해 기술적으로는 대단히 유능하고 모델을 곧잘 조작할 줄 안다고, 그러나 자신이 배운 것을 전혀 실생활 맥락에 적용하지 못하고, 실질적인 데이터 숙련 기능을 갖추고 있지 못하며, 비전문가와 소통할 줄 모르고, 전체적 맥락이나 최근 경제사에 무지하며, 정책과 관련한 새로운 경제학 분야, 특히 행동주의적 연구 결과를 접한 경험이 없다고 아쉬워했다. 학생 중심의 활발한 개혁 운동이 펼쳐졌을 뿐 아니라 경제에 대한 일반 대중의 관심도 드높았다. 대중은 불확실한 시대에 세계를 이해하고자 하는 분명한 열정을 품고 있으며, 여러 사건이 경제학을 심각한 시험에 들게 한다고 느끼고 있다. 대중의 관심은 날로 커지기만 했다. 팬데믹에 따른 국가 봉쇄가 이어지자 어떤 유의 경제 회복이 바람직한지, GDP 성장이 과연 좋은 목표인지 논의하려는 대중의 욕구는 뚜렷해졌다.

따라서 이제 경제학에서 변화를 도모하고자 하는 바람은 그저 비주류적이거나 '이단적인(heterodox)' 어젠다가 아니다. 또한 단지 미래를 위해 교육과정 또는 학문적 연구 의제를 바꾸는 문제에 그치는 것도 아니다. 이는 공공 정책 부문과 자문 회사에서 광범위하게 이루어지는 모종의 영향 평가 작업에 관한 것이기도 하다. 게다가 바람직한 변화를 식별해내

---

* 투표를 통해 브렉시트가 통과된 해.

는 것은 어렵지 않은 일이다. 그런 변화를 구현하는 일이 그보다 더 어려운 거야 피치 못하겠지만. 지난 10년 동안 상당한 진척이 이루어진 것은 사실이나, 아직도 갈 길은 멀다.

우리 방법론 안의 이상함

분명 현실은 어떻게든 경제학자의 이목을 끌기 위해 점점 더 필사적으로 몸부림치고 있는데도, 흔히 경제학은 현실보다는 논리적 엄밀함에 더 신경을 쓰는 것처럼 보인다. 이렇게 된 데에는 이유가 있다. 당신 자신이 경제학과의 학술 세미나에 참여하고 있다고 상상해보라. 여기서의 행동 규약은 동료들을 공격적으로 대하는 사태를 용인하는 듯하다. 머리말에서 지적한 바와 같이, 경제학은 심각한 문화적 문제를 드러내고 있다. 참가자 가운데 한 명이 막 발표된 논문을 묘사하기 위해 자기가 떠올릴 수 있는 가장 타격이 큰 단어를 고르고 있다. 그는 마침내 '주먹구구식(ad hoc)'이라는 단어로 낙착을 본다. 경제 모형을 '주먹구구식'이라고 표현하는 일은 치명적으로 그것을 짓밟는 처사다.

이와 같은 모욕은 무엇을 의미하는가? 경제학자는 모형을 그들의 방법론에서 가장 중요하게 여긴다. 모형은 오직 유관한 세부 사항만 포함함으로써 세상을 이해하려는 시도다. 좋은 모형은 분석과 예측에 쓰이는 강력한 도구다. 1장에서 언급한 대로, 잘 알려진 좋은 모형의 예가 해리 벡(Harry Beck)이 처음 개발한 런던의 지하철 지도다. 하지만 그 지도는 예컨대 여행객이 레스터 스퀘어(Leicester Square)에서 코번트 가든(Covent

Garden)까지 가려 할 경우 흠집투성이 안내도다. 지하철 지도가 시키는 대로라면 여행객은 깊은 에스컬레이터를 두 번 타고 내려가 플랫폼에서 기다린 뒤 기차를 타고 260미터를 이동한 다음 다시 엘리베이터를 타고 올라와야 한다. 하지만 지상에서는 레스터 스퀘어에서 3분만 걸어가면 바로 코번트 가든에 닿을 수 있다. 그럼에도 그 지도는 자체 목적을 위해서는 런던의 지리에 대한 더없이 정확한 표상이며, 지하철을 이용하는 승객에게는 여간 소중한 안내도가 아니다. 논리적으로 정확한 분석, 군더더기 없는 표상, 그리고 순수한 우아함이 어우러져야 비로소 어엿한 모형이 된다.

하지만 많은 경제 모형은 런던 지하철 지도와 같은 표준에 미치지 못한다. 대체로 그들의 실패는 지나친 단순화에 따른 부정확성이 빚어낸 실패다. 경제학자는 논리(logic), 간결함(parsimony), 우아함(elegance)을 가치 있게 여긴다. 때로는 현실보다 더 말이다. 그뿐만 아니라 논리를 표현하기 위해 인상적인 대수학을 동원한 학술 논문을 높이 쳐준다. 나는 잡지 편집자들로부터 말로 풀어놓은 내용을 수식화한 방정식을 몇 개 삽입해 달라고 요청받은 적도 있다. 잘 알려져 있다시피 언어철학자 앨프리드 코집스키(Alfred Korzybski 1933)는 모형을 너무 믿지 말라면서, "지도는 영토가 아니다(The map is not the territory)"라고 경고했다. 모델링이 추구하는 목적은 행복한 중용을 모색하는 일이어야 한다. 예컨대 한편으로 오직 지하철을 통해서만 런던을 돌아다니는 것, 다른 한편으로 그와 정반대 오류, 즉 사용할 수 있는 유일한 지도가 영토 전체인 일종의 보르헤스식 역설(Borgesian paradox) 속에서 그 어떤 분석적 추상화도 없이 서술적 세부 사항을 쌓아가는 것 사이에서 말이다(Borges 1975(1946)).

'미시적 토대'—모든 개인 차원의 행동에 대한 이론적 설명을 의미—없이 경험 법칙에 의해 현실을 수용하는 경제학자는 동료들로부터 '주먹구구식'이라는 비판을 심심찮게 들을 것이다. 대수학 혹은 '수학'은 경험적 연구에 반드시 필요하다. 즉, 그것은 논리를 강화하고 응용 통계 기법을 엄격하게 사용할 수 있도록 거들어준다. 그러나 학계 경제학은 그런 미시적 토대를 구현하는 대수학이나 미적분학으로(사실상 논리적 진술로) 표현된 모형을 지나치게 좋아한다. 학술 잡지에는 결국 저자들이 대수적 모형을 세울 때 가정한 것을 증명하는 것으로 끝나는, 방정식으로 빼곡한 논문이 수도 없이 실린다. 수학의 귀재 폴 로머(Paul Romer)는 수학에 대한 이 같은 과도한 편애를 '수학의 오용(mathiness)'*이라는 말로 나무랐다. 무엇보다 엄격한 미시적 토대에 기초한 것으로 추정되는 많은 모형 역시 '주먹구구'일 수 있다. 즉, 그것들은 논리가 아니라 증거의 관점에서 볼 때 '주먹구구'인 것이다.

올바르게도 이 학문에서 '왕관에 박힌 보석(jewel in the crown)'** 가운데 하나로 간주되는 게임 이론을 예로 들어보자. 게임 이론은 어떻게 할지에 대한 누군가의 결정이 다른 사람들이 어떻게 하는지에 따라 달라지는 전략적 상황에서 사람들이 어떻게 행동하는지, 그리고 사람들의 결정이 시간이 흐르면서 어떤 결과를 낳을 수 있는지를 공식적으로 모델링한다. 게임 이론은 기본적으로 참가자들이 합리적 선택을 한다고 가정한다.

---

* 엄밀한 논의를 위한 도구로서가 아니라 자신의 주장을 엄밀하게 보이도록 치장하기 위해 수학을 오용하는 행태.

** 가장 매력적인 부분.

즉, 그들은 다른 모든 사람도 동일한 행동을 할 거라는 가정에 비추어 어떤 결정이 자신에게 최대의 이득을 안겨줄지 저울질할 것이다. 이것이 내시 균형(Nash equilibrium)* 개념이다. 아무도 다른 행동 방침을 취한다면 더 잘할 수 없다. 우리는 게임 이론을 사업 전략에서 주파수 경매에 이르는 실제 상황에 성공적으로 적용해왔으며 훌륭한 성과를 거두었다.

아리엘 루빈스타인(Ariel Rubinstein)은 그의 학생들, 그가 진행한 강연의 청중, 그리고 그의 웹사이트 설문 조사에 참여한 응답자를 대상으로 특정 게임, 즉 전략적 경연 대회라는 실험을 실시함으로써 모두 1만 3000건 이상의 응답을 얻어냈다. 그의 결론은 사람들이 기실 게임 이론 모형에서 가정하는 대로 행동하지 않는다는 것이다. 이론이 예측한 내시 균형 결과를 드러내는 사람들은 상대적으로 소수다. 다른 이들이 어떻게 반응할지에 대해 눈곱만큼도 고려하지 않은 '순진한(naïve)' 해결책을 모색하는 사람이 더 많다. 많은 사람은 여전히 전략적으로 사고하지만 잘못 계산한다는 기미를 드러낸다. 루빈스타인은 설령 당신이 합리적이고 계산을 할 줄 안다 해도, 다른 사람들 역시 당신과 똑같이 행동하리라는 가정에 입각해 게임을 진행할 경우, 그들이 순진하거나 변덕스럽게 행동하리라고 가정하는 경우보다 실제로 더 불리해질 거라고 밝혔다. 게임 이론에 밝은 사람들은 현실에서는 옳지 않은 내시 균형 답을 고집할 가능성이 더 많다. "소수 학생은 게임 이론 강좌가 제시한 개념을 내면화함으로써, 심지어

---

* 천재적인 미국 수학자 존 내시(John Nash, 1928~2015)가 고안한 게임 이론의 핵심 개념. 각자가 상대방의 대응에 따라 최선의 선택을 하고 자기 선택을 바꾸지 않는 균형 상태를 말한다. 그는 이 개념을 고안한 공로로 1994년 노벨 경제학상을 수상했다.

그렇게 하는 게 정말이지 똑똑하지 않은 상황일 때조차 내시 균형에 입각한 선택을 한다"(Rubinstein 2012, 111). 적어도 그들의 목표가 버는 돈을 극대화하는 것이라면, 그것은 영리한 행동이 못 된다. 게임에 임하는 사람들은 강연장에서든 실생활에서든, 겉보기엔 현명하지 않거나 비이성적인 선택을 완벽하게 합당한 것으로 만들어주는 조화로운 사회관계 같은 다른 목적을 추구할지도 모른다.

'합리적이다(rational)'라는 단어는 모호하다. 경제학자는 그보다 '논리적으로 일관되다(logically consistent)'라는 표현을 쓴다. 보통 사람들은 흔히 '합당하다(reasonable)'라고 말한다. 대니얼 카너먼을 비롯한 여타 인지과학자는 일반적으로 경제적 합리성이 별도로 학습해야 하는 것임을 보여주었다(Kahneman 2011). 스티븐 핑커(Steven Pinker)는 인간이 숫자를 생각하고 계산을 꼼꼼히 하도록 진화하지 않았다고, 그리고 "시장의 논리는 인지적으로 부자연스럽다"(Pinker 2007)고 지적했다. 경제학에서 디폴트(default)* 가정은 인간이 '느리게' 사고하면서 논리적으로 계산한다는 것이다. 하지만 이는 에너지가 많이 들고 피곤한 일이므로, 우리는 그것을 경제화한다(economise).** 이것은 때로 옳을 수도 있으며 합당한 출발점이지만, 주어진 상황에서 검증해볼 필요가 있다. 경우에 따라서는 '주먹구구' 모형이 경험적으로 볼 때 좀더 현실적일 것이다.

---

* 컴퓨터 프로그래밍 용어로, 기대하는 값이 주어지지 않을 때 자동으로 쓰이는 고정값.
** '알뜰하게 행동한다.' 최소 수단으로 최대 목적을 달성함으로써 만족을 극대화한다는 의미에서 최적화하다(optimize)로 대체할 수 있을 듯하다.

더군다나 (기업 이익이나 개인 효용의) 최대화는 목표에 대해 중립적이다. 심지어 많은 이들이 명백히 바람직하지 않다고 여기는 결과를 수반하는 목표에 대해서까지 말이다. 그리하여 흡연·결혼·자녀·범죄와 관련한 사람들의 결정은 다른 모든 소비자 결정과 마찬가지로 전적으로 효용 극대화라는 프리즘을 통해 평가된다. 노벨 경제학상 수상자 게리 베커는 대개 '경제적인' 것으로 간주되지 않는 가정생활과 사회생활에서의 결정에 표준 경제 분석 양식을 적용하는 전통을 시작했다. 경제학자들은 그것을 정상이라 여기며 거기에 익숙해졌다. 하지만 그 밖의 사람들은 그렇지 않다. 〈사이언티픽 아메리칸(Scientific American)〉에 실린 어느 논평이 언급했듯 "나름의 이유가 있는지는 몰라도 이상해 보인다(Though this has method, yet there is madness in it)"*(Bhalla 2013).

당연히 경제학은 심리학자나 인지과학자들이 내놓은 행동주의적 연구 결과를 지속적으로 수용해왔다. 이제는 분명 경제학자들이 인지적으로 현실주의적 선택 양식뿐 아니라 여타 '비경제적' 동기들을 우리 모형에 통합하기 시작해야 할 때다. 여기에는 이타심이나 친사회적 동기(Bowles 2016), 또는 정체성·명예·의무감·애국심 따위의 관념이 포함될 수 있다. 또 다른 사람들은 기본적인 미시경제학 분석에 중요한 도전을 제기한다. 예컨대 사람들은 표준적인 소비자 선택 모형이 상정하는 것과 달리, 선호가 고정되어 있지 않으며, 오히려 사회적 규범이나 광고에 강

---

* 셰익스피어의 《햄릿》에 나오는 대사, "Though this has madness, yet there is method in it"에서 유래한 "There's method in somebody's madness(이상해 보이는 행동에도 나름의 이유가 있다)"라는 표현이 곧잘 쓰이는데, 이에 착안한 말장난이다.

하게 휘둘린다. 이는 개인의 효용 최대화라는 개념 틀을 퍽 의심스럽게 만든다. 개인의 선호가 고정되어 있다고 가정하기 때문이다. 이러한 이론적 세계에서는 광고가 먹혀들지 않고, 충동구매도 일어날 수 없다.

일부 경제학자들은 자신의 연구에서 선택에 미치는 사회적 영향력을 고려하기도 한다. 급증하는 범죄 또는 비만 같은 '비시장적' 현상에 관한 연구를 본인의 연구에 포함시킨 에드워드 글레이저(Edward Glaeser)가 하나의 예다(Glaeser and Scheinkman 2000). 조지 애컬로프(George Akerlof)와 레이철 크랜턴(Rachel Kranton)은 사람들의 의사 결정을 개인적 정체성이라는 창을 통해 바라보았다.

> 미국에서 남녀 흡연율은 20세기 초에는 크게 달랐지만, 1980년대가 되자 그
> 격차가 대폭 줄어들었다. 이제 여성은 남성과 거의 같은 비율로 담배를 피
> 운다. 우리는 이러한 수렴 현상을 상대적 가격과 소득의 변화 같은 표준적
> 경제 논증에 의거해서는 설명할 수 없다. 그러한 변화가 특별히 크지 않았
> 기 때문이다. 하지만 우리는 사람들이 스스로에 대해 어떻게 생각하는지 묻
> 는다면, 다시 말해 성 규범의 변화를 조사한다면 그 현상을 설명할 수 있다.
> 20세기 초 여성은 담배를 피워서는 안 됐다. 부적절한 행동으로 치부되었기
> 때문이다. 그러나 1970년대에 광고 운동은 '자유로운' 여성을 겨냥해 흡연이
> 용인될뿐더러 바람직하다고 속삭였다(Akerlof and Kranton 2010).

대체로 보아 합리적 경제인(economic man)이라는 개념이 특정 환경에서는 맞지 않는다는 것을 드러내는 증거는 압도적이라 할 만큼 많다. 그것은 밀턴 프리드먼(Fridman 1966)이 호모 이코노미쿠스를 방어하기 위해 들여

온 유명한 '마치 ~인 것처럼(as if)'* 방식에서 전혀 타당하지 않다.

물론 많은 경제학자는 사람들이 실제로 어떻게 결정을 내리는지와 더욱 밀접하게 연관된 의사 결정 가정을 그들 모형에 통합하는 것이 대단히 중요함을 인정한다. 바로 이러한 행동경제학 혁명은 관심의 축을 연구 실험실과 세미나실로부터 '권력의 회랑(corridors of power)'**과 정책 이행으로 재빨리 옮아갔다. 경제학자와 경제 정책 입안자들이 상이한 접근법을 수용하고 있음을 보여주는 또 다른 징후는 무작위 대조 실험과 현장 실험을 향한 열띤 관심이다. 흔히 행동경제학 모형과 관련되곤 하는 이 방법은 개발도상국의 원조 프로그램을 평가하는 맥락에서 처음 도입했지만, 이제 다른 정책 분야로까지 빠르게 옮아가고 있다. 이 개념은 참가자들을 대조군과 실험군에 무작위로 할당하는 식으로 적절하게만 이루어진다면, '어떤 것이 효과적인지'에 대한 확고한 증거를 제공해줄 것이다. 정책과 개입의 효과를 평가하는 데 관심이 많은 이들에게, 심리학적 현실주의와 엄격한 방법론의 결합은 논쟁의 여지가 없어 보일 것이다. 이 접근법은 현실주의를 '주먹구구'라고 묘사하지 않도록 허락한다. 비록 그것의 일반화 가능성에 대해서는 이론의 여지가 있지만 말이다(Deaton 2020). 경제학자들은 단 하나의 방법론만으로 우리가 알고자 하는 모든 것을 해결할 수는 없음에도, 모종의 방법론에 대해 지나친 열정을 드러내게 되었는

---

* 합리성 가정은 행위자가 꼭 합리적일 필요는 없고 '마치 ~인 것처럼' 합리적으로 계산해 선택한다고 가정하면 되므로, 행위자가 합리적이라는 가정 아래 모형을 수립한다고 해서 문제 될 건 없다는 주장이다.

** 정치권력의 중심으로 여겨지는 정·관계 고관 등 상층부.

지도 모른다.

그러나 경제학자에게서 흔히 볼 수 있는 환원주의적 습성은 여간해선 사라지지 않는다. 역설적이게, 경제적 조언이 증거에 확실하게 토대를 두어야 한다는 요구가 이러한 환원주의를 더욱 부채질하고 있는 것도 같다. 경제학자들은 모든 사람에게 '어떤 것이 효과적인지' 알려주려는 열망이 강하다. 하지만 안타깝게도 경제적 증거를 해석하는 것은 결코 만만한 일이 아니다. 우리는 일반적으로 엄청난 양의 양방향 피드백과 동시성을 지닌 수백만 가지 변수로 이루어진 복잡다단한 세상에서 소수 변수에 관한 가설을 검증하려 애쓰고 있다. 더러 모호한 성격을 띠는 비교적 소량의 데이터를 주무르면서 말이다. 상관관계가 아니라 인과관계를 규명하는 일은 극도로 어렵다. 좀더 현실적인 경제 모형에서의 가정도, 무작위 대조 실험도 이 경험적 과제의 지독한 어려움을 해소해주지는 못한다. 네이트 실버(Nate Silver)는 그의 베스트셀러 《신호와 소음(The Signal and the Noise)》에서 이렇게 쓰고 있다.

정부는 매년 그야말로 4만 5000가지 경제 지표에 관한 데이터를 생산한다. 민간 데이터 공급자는 400만 개나 되는 통계를 추적한다. 일부 경제학자는 이 모든 데이터를 믹서기에 집어넣고 그 결과로 얻은 죽을 최고급 요리라고 우기고 싶은 유혹에 맥없이 무릎을 꿇는다. 만약 당신이 11개의 아웃풋을 설명하려 애쓰고 있는데, 그러기 위해 400만 개의 인풋 가운데 골라야 하는 통계 모형을 사용하고 있다면, 그 모형이 밝혀야 할 관계 거개는 겉으로만 그럴싸한 비논리적 결과가 될 것이다(Silver 2012).

응용 통계를 전문으로 하는 계량경제학자들은 경제 모형의 과잉 적합(overfitting)* 위험, '소음(잡음) 섞인 데이터'의 특징을 좀더 적절하게 묘사해주는 정확한 비정밀성(accurate imprecision)보다 부정확한 정밀성(inaccurate precision) 쪽으로 기울고 싶은 유혹에 대해 잘 알고 있다. 하지만 인과관계를 찾아냈다고 외치는 것이 경험적 경제학자들에게는 '도달하기 힘든 궁극의 목표'다. 그럼에도 통계적 유의성을 찾아내려는 이들에게 인과관계를 보이는 연구 결과를 얻었다고 주장하고픈 유혹은 거의 떨치기 어려운 수준이다. 비록 이것이 항상 (또는 자주) 의미 있는 것은 아니라는 지적(Leamer 1983; Ziliak and McCloskey 2008), 그리고 연구자들이 스스로 기발한 방법론을 써서 인과관계를 규명했노라고 주장하지만 실은 그렇지 못했던 경우가 허다하다는 지적(Ioannides 2017; Young 2017)이 오랫동안 있어왔음에도 불구하고 말이다. 그런데 불행하게도 사실상 최고 학계 직종의 게이트키퍼 노릇을 하는 소수 경제학회지는 '수학의 오용'을 요구할 뿐 아니라 통계적 유의성을 추구하게끔 부추긴다. 그런가 하면 무작위 대조 실험이라는 새롭고도 유용한 도구가 '엄밀한(hard)' 기법을 향한 지나친 열정의 희생양이 될 위험도 도사리고 있다. 다른 경험적 방법론과 마찬가지로 실험 역시 세상에 대한 우리 인식론의 불확실성에 직면해 응당 겸허히 수행되어야 한다. 일부 경제학자는 무슨 기법을 선택하든, 어떤 정책 수단이 어떤 결과를 낳을지에 대해 확고한 인과 권고안(cause-and-effect recommendation)을 담은 경험적 묘책(silver bullet)을 주장하려는

---

* 모형이 학습 데이터에 과하게 꿰어 맞춰진 상태로, 학습 데이터 이외의 일반 데이터에서는 제대로 작동하지 않는 현상.

열망이 놀랄 만큼 강하다.

옥스팜(Oxfam)*의 던컨 그린(Duncan Green)은 경제적 영향력의 증거를 찾아내려는 정책 입안자들의 욕구를 다룬 진지한 블로그 게시물에서 그 의미에 대해 이렇게 밝혔다.

> 원조 사업은 명시적으로든 암묵적으로든 시종 선형적 변화 모형을 추구한다. '좋은' 자금 지원 신청서에는 명확한 일련의 활동·산물·결과가 담기며, '모니터링, 평가 및 학습' 시스템은 모든 변화를 그 프로젝트의 활동 덕택이라고 여길 수 있기 때문이다. 지극히 선형적인 접근법이다……
> 복잡성을 거부하는 그들은 하는 수 없이 복잡한 시스템 속에서 선형성의 섬들(예컨대 백신이나 모기장)을 찾아내야 한다. (그 섬들이 언제나 관심을 기울이기에 가장 유용하거나 효과적인 장소는 아닐 수도 있지만.) 그게 아니라면 피치 못하게 거짓말을 늘어놓을 수밖에 없다. 복잡한 시스템에서의 작업 행태를 전형적으로 보여주는 '해나가면서 말 지어내기' 경험을, 선형 프로젝트의 시행, '새로운 정책 실시(roll-out)', '모범적 업무 수행' 기타 등등을 버무린 마법의 세계로 탈바꿈시킨 완벽한 프로젝트 보고서를 작성하는 것이다(Oxfam 2013).

하지만 실제로 사회나 경제는 다중적 피드백과 양방향적 인과관계를 지니는 복잡하고 비선형적인 시스템이다(Colander and Kupers 2014). 이 사실은 저소득 국가의 경제 발전을 촉진하기 위한 방법을 모색하는 원조 사업뿐 아니라 다른 모든 응용경제학 분야에도 해당한다.

---

* 　1942년 영국 옥스퍼드에서 발족한 극빈자 구제 기관.

응용경제학은 자꾸만 환원주의와 인과관계 단순화에 기대려 하는데, 나는 이런 경향성을 접하면서 다음과 같은 두 가지 결론에 이르렀다.

첫 번째는 경제학자들이 모형에만 의존하는 경향을 줄이고, 유용해 보인다면 이론적인 '주먹구구'를 받아들일 필요가 있다는 것이다. 우리 모두는 그 학문의 분석적 근육을 사랑하도록 훈련받아왔다. 그리고 당연히 경험적으로 검증해야 하는 이론과 가설을 확보하는 것은 필수적이다. 그럼에도 우리는 경제사, 그리고 인류학이나 사회학 같은 여타 사회과학의 질적 접근법에서 빌려온 내러티브 접근법으로 그 분석을 보완할 필요가 있다. 여러 도구의 결합은 인과 평가에 좀더 강력한 접근법을 더해줄 수 있다.

증거는 데이터와 통계만으로 구성되지 않는다. 꼭 수량화할 수 있는 거야만 하는 것도 아니다. "일화의 복수형은 데이터가 아니다(The plural of anecdote is not data)"라는 말이 있다. 재치 있는 표현이라고 생각한 적이 있지만, 지금은 별로 그렇지 않다.* 통계는 좁은 영역에 초점을 맞출 때는 강력한 위력을 발휘한다. 하지만 우리는 앱을 개발하거나 온라인 데이터를 소비하는 것 같은 무형의 활동이 지니는 가치에 관한 통계는 가지고 있지 않다. 마이클 맨델(Michael Mandel)은 공식 통계를 보면 미국에

---

* 　애초에 UC 버클리 대학의 정치학자였던 레이먼드 울핑거(Raymond Wolfinger, 1931~2015)가 한 말은 "일화의 복수형은 데이터다(The plural of anecdote is data)"였다. 그런데 여러 통계학자가 그에 반발해 "일화의 복수형은 데이터가 아니다"라는 표현을 사용하면서 그 말이 여러 해에 걸쳐 널리 회자되었다. 여기서는 결국 저자가 일화의 증거로서 가치를 인식하게 되었다는 의미.

서 고정식·모바일 브로드밴드(고속 데이터 통신망) 가입과 사용이 폭발한 기간 동안 인터넷 사용이 GDP 성장에 부적(negative)으로 기여한 것처럼 암시되어 있는데, 이는 부조리하다고 지적했다(Mandel 2012). 금융 서비스가 2008년 4분기 때 GDP에 크게 기여했다는 것도 부조리하기는 매한가지다(Coyle 2014). 무형의 것들을 계산에 넣지 않는다는 게 그것들이 귀중하지 않다는 의미는 아니다. 투기 금융을 계산에 넣는다는 것은 그걸 단지 사회적으로 귀중하게 만들어줄 뿐이다. 마찬가지로 사회 자본은 측정하기 어렵지만, 분명 사회적·정치적 결과에 입김을 불어넣는다. 자연은 엄청나지만 대체로 집계되지 않는 서비스를 경제에 제공해준다. 자유나 시민권 같은 가치는 비화폐적일 뿐 아니라 수량화할 수도 없다.

우리 경제학자는 분석과 경험적 측정에서 우리가 지닌 비교우위에 집중해야 하지만, 또한 수량화할 수 없는 것들에 대한 인식을 포함해 그것을 보완할 채비가 돼 있어야 한다. 다니 로드리크(Dani Rodrik)는 그것을 이와 같이 요약했다. "경제학자다운 경제학자가 되려면, 학생일 때는 결코 읽을 필요가 없던 …… 온갖 종류의 책을 읽어야 한다"(Rodrik 2013). 학계 밖에서 젊은 경제학과 졸업생을 직원으로 둔 고용주는 그들이 경제사, 현재의 위기, 정치 상황에 대해 훨씬 더 깊이 천착하기를 간절히 바란다. 정책 제언 및 컨설팅에 종사하거나 금융 고객에게 조언하는 이는 누구라도 자신의 경험에 비추어서 모형 이상의 세계가 존재한다는 것을 알고 있다.

나의 두 번째 결론은 너무나 많은 경제학자가 일반적으로 이뤄지는 경험적 연구를 그리 달가워하지 않거나, 아니면 아마도 충분히 겸손하지 않은 것처럼 보인다는 것이다.

가장 잦은 실수는 특정 반사실(counterfactual),[*] 혹은 대립 가설에 비추어 가설을 검증하는 데 실패한다는 것이다. 이는 학계 연구에서는 발생 빈도가 덜한데, 〈파이낸셜 타임스〉에 실린 글이 잘 요약해놓은 경제 컨설팅 연구가 그 한 가지 예다(Taylor 2013). 이 글은 고급 헤드폰 제작 업체 젠하이저(Sennheiser)가 가짜 가전제품에 맞선 캠페인을 이끌고 있다고 전했다. 이것은 충분히 이해할 만하다. 대변인이 밝힌 대로, 만약 사람들이 진품이라고 생각하면서 값싼 모조품을 구매한다면 그 기업의 명성에 해가 갈 것이다. 젠하이저는 경제 분석에 따르면 모조품은 연간 200만 달러(당해 연도 순이익의 7분의 1에 해당)가 넘는 매출 손실을 발생시키는 것으로 드러났다고 주장했다. 하지만 사실은 그렇지 않았다. 200만 달러라는 수치는 '가짜 헤드폰을 구매한 사람들 모두가 만약 값싼 모조품을 구할 수 없었다면 진품을 구매했을 것'이라는 그릇된 반사실에 기초해 얻은 결과다. 올바른 반사실은 가짜 상품을 구매한 사람들 가운데 거의 아무도 만약 모조품을 구할 수 없었다면 가격이 300달러 정도 되는 진품을 사지 않았으리라는 것이다. 누군가 매출 손실로 고통을 겪는다면, 그것은 바로 젠하이저의 캠페인에 동참해야 하는 저렴한 진품 헤드폰 제조사들이다. 마찬가지로 동네 시장에서 20달러짜리 '루이비통' 핸드백을 구입하는 사람들 가운데는 거의 아무도 그런 짝퉁이 없을 경우 진품을 사는 데 2000달러를 지출하진 않을 것이다. 나는 가짜 소비재를 구매하는 사람들 가운데

---

[*]   '반사실적 조건문'이라고도 하며, 조건문의 전건이 사실과 반대임을 서술할 경우의 표현법. 이를테면 '만약 내가 알고 있었다면(if I had known: 사실은 알고 있지 못했다) ……했을 것이다' 따위.

실제로 자신이 진품을 사고 있다고 여기는 이는 별로 없을 거라고 생각한다. 가격에는 진품임(authenticity)에 대한 정보가 포함되어 있으며, 대다수 사람은 그 사실을 똑똑히 알고 있다.

내가 이 예를 통해 하려는 말은 경제학자들이 늘 반사실에 대해 명확히 해야 한다는 것이다. 이는 값싼 모조 소비재를 시장에 들여오는 데 따른 효과 평가를 포함하는 비즈니스 경제학 및 경쟁 분석에서 대단히 중요하다. 그리고 나는 이제 모든 계량경제학 강좌가 그 내용을 가르쳤으면 한다. 반사실, 또는 대립 가설을 명시적으로 고려할 때조차, 많은 경제학자는 정책과 '추상적 시장 상황 모형'을 비교하는 함정(1장에서 언급한 대로 로널드 코스가 명료하게 기술한)에 빠질 것이다. "……만약 저마다 다소간의 실패 요소를 포함하는 사회 상황 가운데서 선택하고 있다는 사실을 깨닫지 못한다면, 우리는 큰 전진을 이루지 못할 것이다." 다시 말해, 정책을 평가하려면 필히 현실적인 반사실들을 비교해보아야 한다. 그렇지 않으면 평가는 코스가 비판한 이른바 '칠판 경제학(blackboard economics)'*에 그치고 말 것이다(Williams and Coase 1964).

인과관계와 통계적 유의성을 과도하게 주장하거나 결과의 통계적 힘을 무시하는 것을 포함해, 경제학이 수행하는 경험적 연구가 형편없음을 말해주는 사례는 당혹스러울 정도로 많다. 젊은 경제학자들에게 가르치는 계량경제학은 늘 확률 이론에는 강했지만, 대체로 실제 데이터를 다루는 데 도사린 위험에 그들을 대비시키는 데는 약했다. 그러나 이런 상황도 점차 변하고 있는 것 같다. 내가 보기에 이제 계량경제학이 데이터

---

* 칠판을 빼곡히 채운 수학 방정식으로 이루어진 경제학.

를 다운로드하고 통계 패키지에 반영하는 일은 무척 쉬워졌는데, 그런 데이터의 인식론적 위상에 대한 관심은 여전히 태부족이지만 말이다. 베이즈식 추론(Bayesian inference)*은 불확실성에 직면했을 때 실용적 도구로서 유용함에도 불구하고, (알게 모르게 바뀌고 있긴 하나) 여전히 거의 가르쳐지지 않고 있다. 경제학 연구에서는 기존 결과의 재현 사례가 드물고, 부정적인 결과를 발표하는 일도 없다. 이는 물론 최근의 '피-해킹(p-hacking)'** 논쟁이 보여주는 바와 같이 다른 학문 분야에도 영향을 끼치고 있다(Fanelli 2010; Head et al. 2015). 우리에게도 곧 닥칠지 모를 문제다.

고용주들이 경제학 학위 제도와 관련해 개선되기를 바라온 사항 중 하나는 신중한 계량경제학에서 통계를 사용하는 것뿐 아니라 실질적으로 통계를 수집하고 이해하는 데 좀더 잘 대비되도록 경제학도들을 가르쳐주었으면 하는 것이다. 이는 지난 10년 동안 교수 영역에서 상당한 개선이 이루어진 부분이기도 하다. 그러나 여전히 남아 있는 심각한 문제는 많은 경제학자가 놀라울 정도로 통계에 대해 무관심하다는 사실이다. 즉, 통계가 어떻게 구성 및 조정되는지, 그것이 어떻게 그들이 지지하는 결론에 제약을 가할 수 있는지에 대해서 말이다. 게다가 여전히 너무나 기계적으로 배운 계량경제학에 기반해 강력한 주장을 펼치는 데 대해 경악할

---

* 영국의 수학자 T. 베이즈(T. Bayes)가 정립한 통계적 추론의 하나로, 추론 대상의 사전 확률과 추가 정보를 통해 사후 확률을 추론하는 방법.

** 통계적으로 유의하지 않은 결과를 억지로 유의하게 만드는 것으로, 유의한 통계 수준을 얻기 위해 데이터 획득 과정에서 임의로 멈추거나 데이터 분석 방법을 임의로 다양화하거나 데이터 구조를 변화시키는 등의 행위가 포함된다.

만치 무신경하다는 것 역시 심각한 문제다. 세미나 참가자들은 인과성에 관한 주장을 규명하는 계량경제학 기법의 시시콜콜한 사항에 강박적으로 집착한다. 나의 한 동료는 그것을, 논문 저자가 어떻게 진짜 인과관계를 '식별했는지(identified)' 파고드는 '식별 경찰(identification police)'이라고 비꼰다. 논란의 여지가 있긴 하겠지만, 나는 인과관계가 계량경제학적으로 규명될 수 있다고는 믿지 않는다. 언제나 다른 출처에서 나온 지식이 필요하기 때문이다. 이 같은 실질적 데이터 처리 이슈는 빅데이터 시대에 한층 더 중요해질 것이다(Athey 2017).

내친김에 좀더 위험을 무릅쓰자면, 내가 보기에 거시경제학자들은 그러한 경험적 이슈를 충분히 진지하게 받아들이지 않는다는 점에서 가장 문제가 많은 집단인 것 같다. 거시경제학자들이 부단히 데이터를 교묘하게 사용하고 곧잘 다룬다는 점을 감안하건대, 이는 지극히 통념에 반하는 주장처럼 들린다. 어쨌거나 그들의 업무는 경제 전반의 행위를 분석하고 그 미래 경로를 예측하는 것이니 말이다. 나의 우려는 다음과 같다. 첫째, 자신이 다운로드하고 사용하는 통계에 깃든 심각한 불확실성에 대해 고심하는 이들이 거의 없다는 것이다. 둘째, 많은 사람이 경제 전반에 걸친 현상, 구체적인 역사적·지리적 맥락에서 상호 작용하는 수많은 기업과 소비자가 내린 선택을 모두 합한 결과, 사회적·정치적 관계 등에 대해 확정적 결론을 도출하는 일이 얼마나 어려운지 깊이 고민하지 않는다는 것이다. 금융 위기의 직접적 여파로 경제학자들이 좀더 겸손해져야 한다고 촉구하는 목소리가 경제학자들 사이에서 쏟아져나왔다. 데이비드 콜랜더(David Colander)는 2011년 '겸손한 경제학자 육성'이라는 제목의 윤리 강령을 미국 사회과학협의회(Allied Social Science Associations, ASSA) 회의에 제안했다(Colander 2011). 콜랜더는 이렇게 썼다.

> 1927년 라이어널 로빈스(Lionel Robbins)가 주장했다. "정밀한 경제학자가 이
> 단계에서 주장할 수 있는 것은 대체로 엉터리 정밀함이다. 현재 지식 상태
> 에서 경제학이 꽤나 정확하다고 주장하는 사람은 오갈 데 없는 사기꾼이다."
> 그간 경제학은 분명 발전해왔으며, 이는 오늘날에도 여전히 해당하는 말이
> 다. 그러나 경제학자는 너무 흔하게도 일반인 및 정책 입안자들로 하여금 우
> 리의 정책 제안이 중립적이고 객관적인 관찰자가 해줄 법한 제안보다 훨씬
> 더 과학적 기반에 근거해 있다고 믿도록 만든다.

하지만 일반적으로 거시경제학자들은 더러 강력한 주장을 펼치기 위해
오늘날 온라인상에서 쉽게 접근 가능한, 상관관계 및 자기 상관관계를 지
니고 집적도가 높은 제한된 범위의 데이터를 써먹곤 하는데, 그럴 때 그
데이터가 어떻게 구성되는지에 대해서는 깊이 따져보지 않는다. 실제로
카르멘 라인하트와 케네스 로고프(Carmen Reinhart and Kenneth Rogoff 2009)
는 새로운 중요한 데이터 세트, 즉 역사적인 정부 부채 데이터베이스를
수집하는 데서 이례적이었다. 그 데이터에 대한 그들의 해석을 두고 여러
분의 견해는 저마다 다르겠지만 말이다.[1] 거시경제학적 통계가 어떻게 수
집 및 조정되는지 조목조목 따지려고 시간을 들이는 경제학자는 거의 없
다. 그리고 예컨대 우리가 '경제' 내에 존재한다고 여기는 것을 기술하는
생산 범위(production boundary)의 정의, 혹은 가전제품 등의 재화 가격 변
화를 측정하는 데서의 질 보정(quality adjustment) 같은 개념적 이슈를 고
려하려고 시간을 할애하는 경제학자도 드물다. 세상에 '실질 GDP(real

GDP)* 따윈 없다. 관측 가능한 현상이 아니라 구성된 현상이니까. 경제에는 실재하는 사건들이 있다. 특정 가구가 소득 중 얼마를 소비할 수 있는가, 그리고 그들이 물건에 치르는 가격은 얼마인가 같은 것들이다. 하지만 이는 대규모 조사를 통한 미시경제학적 분석(그 자체의 편향과 불확실성을 내포한다)의 영역이다. 모든 집합적 거시경제학 변수는 개념(idea)이다. 전 연방준비제도이사회 의장 앨런 그린스펀(Alan Greenspan)은 산업 수준의 세세한 통계에 관심이 남달랐던 것으로 유명하다. 세부 사항에 대한 그의 관심은 꽤나 특이한 것이었다. 그러나 세계 금융 위기 이후 거시 모델링과 예측에서 진정한 개선이 적잖이 이루어졌음에도, 거시경제학자들은 계속해서 강력한 주장을 펼치고 격렬한 논쟁에 뛰어들었다. 즉, 긴축 정책은 올바른 정책이다, 천만에 완전히 잘못된 정책이다. 통화 정책은 현대 통화 이론(modern monetary theory, MMT)에 따라 운영해야 한다(Kelton 2020), 뭔 소리냐 MMT는 일관성 없고 섣부른 정책이다(Rogoff 2019).

더군다나 이런 집합적 거시 통계를 기반으로 경쟁하는 이론들을 서로 구별하는 것은 거의 불가능하다. 내가 보기에 기존 데이터에 대한 계량경제학적 조작도, 상이한 이론에 대한 더 많은 논쟁도 필시 이런 문제를 해결해주진 못할 것 같다. 거시경제학은 본질적으로 어렵다. 나는 거시경제학이 혁신, 금융·건설·에너지 같은 중요한 시장에서의 제도적 구

---

* 가격의 기준이 되는 기준 연도를 정한 뒤, 기준 연도의 재화와 서비스 가격을 바탕으로 특정 연도의 GDP를 산정하는 방식이다. 물가 변동에 따른 가격 변화분을 덜어냄으로써 순수한 생산량 증감 정도를 확인할 수 있다. 반면 특정 연도의 GDP를 당해 연도의 시장 가격으로 측정한 것은 명목 GDP(nominal GDP)다.

조, 가전제품·주택 등 주요 재화 시장에서의 품질 변화, 지역적 차이, 데이터 세트라는 인위적 구조물 등을 고려하지 않으면, 다시 말해 좀 덜 집합적이 되지 않으면, 더 이상 진척을 이룰 수 없을 거라 생각한다. 아마 여기에는 거시경제학 박사 학위 논문을 쓴 나 자신의 경험이 투영되어 있을 것이다. 나는 그 경험을 통해 모든 산업은 경기 변동 과정에서 서로 생판 다르게 움직이며, 따라서 상이한 이론을 필요로 한다는 것을, 거시경제적 결과는 집합에 의한 인위적 구조물이라는 것을 깨달았다. 또한 내가 이후에 영국 경제 예측 모형을 실행해본 경험, 그리고 모든 예측자가 유의미한 결과를 얻기 위해 저질러야 하는 조작 및 수정에 대해 알게 된 경험 역시 그 깨달음에 한몫했다. 경제 전반을 이해하려 할 때면, 사회과학에서 복잡성을 다루기 위해 설계한 행위자 기반 모델링 같은 대안적 접근법을 진지하게 모색해야 한다. 비록 그것이 지금껏 크게 성공한 것 같아 보이진 않지만 말이다(Axtell and Epstein 1996; Farmer and Foley 2009). 표준적 거시경제학은 이제 한계에 다다랐다. 그런데 에드워드 리머(Edward Leamer)는 그에 대해 나보다 한층 더 비관적이다. "거시경제학에서 인과관계에 대한 우리의 이해는 사실상 전무하다시피 하며, 앞으로도 사정은 크게 나아지지 않을 것이다. 뭐 다들 알고 있는 사실 아닌가?"(Leamer 2010).

경제학 전반을 좀더 근거에 기반한 경험과학으로 전환하려는 계획에 대해 크게 실망할 필요는 없다. 그렇지만 우리는 충분한 데이터를 가지고 있지도 않고, 그것을 대단히 신중하게 해석하지도 않는다. 게다가 우리는 스스로의 지식에 대해 과신하는 경향마저 있다.

우리는 이론화에 충분한 정보를 제공하기 위해 증거를 사용하는 것도 아니다. 과학적 방법론은 연역적 추론과 귀납적 추론의 조합이자 이론과 데이터 간의 이중주다. 생물학은 수십 년에 걸친 세심한 관찰과 데이터 수집을 통해, 귀납적 추론이 그와 관련된 생물학적 과정에 대한 연역적 사고와 결합하도록 허락함으로써 명실상부한 과학으로 자리 잡았다. 하지만 경제학에서 우리는 과학적 진보에 소용되는 연역과 귀납 간의 상호 작용 습성을 기르지 못한 것 같다. 상황 변화를 보여주는 희망적 조짐이 아예 없는 것은 아니지만, 사람들과 이야기를 나누고, 기업 및 인터뷰 관리자를 방문하고, 새로운 데이터를 수집하고, 본인 자신의 조사를 실시하고, 역사에 관한 책을 탐독하는 경제학자도 그리 많지 않다. 강력한 인과론적 결론을 얻으려는 경제학자들의 열망이 터무니없이 큰지라, 심지어 새로운 계량경제학 기법조차 현실에 대한 연역적 접근을 강요하는 또다른 방법으로 전락할 소지가 있다.

이상한 나라의 정책

이 모든 것이 정책을 수립하고 그 효과를 측정하는 일의 현실성에 주는 함의는 무엇인가? 1장에서 주장한 바와 같이, 실제로 경제학자는 정책 변화나 심지어 정책 논쟁에 대응해 자신의 행동을 (너무나 자주) 바꾸는 지각 있는 존재를 포함해, 사회과학의 일부로서 경제학이 낳는 결과를 무시하는 경향이 있다. 물론 경제학자는 이 점에 대해 알고 있다. 우리에게는 앞서 설명한 굿하트의 법칙(어떤 변수를 표적 삼으면 그와 관련한 행동이 달라진다)이 있다. 그런가 하면 거시경제학적 맥락에서 루커스 비판(Lucas Critique)도 있다. 새로운 기술이나 상이한 노동법 등 경제에서 구조적 변화가 발생할 때면, 역사적 관련성은 미래를 위한 지침이 되어주지 못한다고 밝힌다. 하지만 우리는 너무나도 흔하게 그것이 지니는 함의를 무시하곤 한다. 스스로가 자신이 평가하고 있는 맥락 밖에 서 있을 수 있다고, 즉 외부자 맥락에 놓여 있다고 자신하기 때문이다.

우리가 평가하는 것 바깥에 선 관점을 취하려는 습성은 흔히 객관적이거나 '실증적인(positive)' 평가로부터 지극히 주관적이고 '규범적인(normative)' 결론으로 옮겨가는 경향을 감춰주기도 한다. 밀턴 프리드먼은 실증경제학과 규범경제학을 구분한 저명 논문*에서, 객관적 결론이 목표가 될 수 있고 또 되어야 한다고 단호하게 주장했다. 그가 말했다.

> 사심 없는 시민들이 드러내는 경제 정책에 관한 견해차는 대개 기본 가치관이 근원적으로 다르기 때문이라기보다 취해진 조치의 경제적 결과에 대한 예측이 서로 다르기 때문이다. 이런 견해차는 원칙적으로 실증경제학의 발전을 통해 해소할 수 있다. ……'올바른' 경제 정책에 대한 공감대는 엄밀한 규범경제학의 발전보다, 널리 수용되고 또 그럴 만한 가치가 있는 결론을 도출하는 실증경제학의 발전에 의존한다(Friedman 1966).

하지만 그의 주장과 달리 경제적 조언은 흔히 가치관을 끌어들이곤 한다. 앞서 언급한 바와 같이, 가장 기본적인 수준에서 경제학자는 모종의 행동주의적 반응을 그들 평가에 포함하는 작업을 간과할 수 있다. 안타깝게도 현실은 앨리스가 이상한 나라에서 자신이 하고 있음을 발견한 크로

---

* 〈실증경제학의 방법론(The Methodology of Positive Economics)〉.

케(croquet)*와 같다. 결국 나무망치는 홍학으로 나무 공은 고슴도치로 변하는데, 두 생명체는 반발한다. 앨리스는 정책경제학자로서 그녀가 행한 개입의 대상이 고정된 방식으로 반응할 거라고 기대한다. 그러나 그렇지 않다. 그들은 서로에게 영향을 받으며, 그들 결정이 시간의 흐름에 따라 어떤 경로를 밟을지는 예측이 불가능하다. 그레고리 베이트슨(Gregory Bateson)은 사회과학에서 벌이는 경기란 규칙을 발견하는 일이라고 말했다(Bateson 2000). 그 규칙은 혼란스러울 정도로 자기 참조적(즉, 반사적)이지만, 몇몇 기타 사회과학에서와 달리 많은 경제학자는 그런 특성을 제대로 고려하지 않는다.

나는 1장에서 이런 유의 실수 가운데 몇 가지를 언급한 바 있다. 나의 첫 번째 통찰은 영국 경쟁위원회(Competition Commission)가 2003년 실시한 '보증 연장 서비스(extended warranty)'** 시장 조사에 참가했을 때 얻은 것이다. 제조사의 전자 제품 보증을 연장하는 이러한 계약 시장(우리는 이 시장이 비경합적임을 알게 되었다)은 사람들이 고장에 대비해 드는 국내 보험을 대신해 생겨났다. 1997년 영국 재무부는 당시 부가가치세(판매세)율과 맞추기 위해 이 가전제품 보험에 적용되는 세율을 17.5퍼센트로 인상했다. 공정한 경쟁의 장을 마련하려는 취지였다. 하지만 소매업체들은 과세 당국으로부터 그들이 납부한 부가가치세의 상당액을 회수할 수 있었다. 따라서 가장 큰 세탁기·냉장고 소매업체는 보험보다 서비스 계약인 (비과세) '보증 연장 서비스 계약'이라는 아이디어를 생각해냈다. 이는 이윤율

---

*   잔디 구장에서 나무망치로 나무 공을 치며 하는 구기.

**   출고 시 정해진 무상 보증 기간 종료 후의 유상 보증 서비스.

이 17.5퍼센트나 된다는 것을 시사했다. 세금 인상을 사정(査定)하는 관리가 소매업체들이 그들의 제안을 바꿀지도 모른다는 점을 미처 고려하지 못한 결과, 소비자 후생에는 하등 도움이 되지 않는 연간 160억 파운드의 시장이 탄생했다(Competition Commission 2003).

비슷한 평가 오류가 무작위 대조 실험에서도 발생할 수 있다는 사실에 유의할 필요가 있다. 무작위 대조 실험에서는 피험자에게 '(충분한 설명에 의한) 피험자 동의(informed consent)'—학계의 연구 윤리 요건 덕분에 일반적으로 실시하고 있다—를 제공하도록 요청할 때마다 평가 오류가 발생한다. 당신은 실험군에 속해 있는지 대조군에 속해 있는지 알지 못하는 경우에조차 스스로가 실험에서 평가받는 피험자임을 의식하면 행동을 달리함으로써 결과를 편향되게 만들 소지가 있다. 따라서 무작위 대조 실험은 만약 실험 진행자가 결과를 낳는 원인 요소를 떼어내는 것을 목표로 삼을 경우, 피험자에게 '피험자 동의'를 구해선 안 된다. 하지만 이는 분명 문제가 있는 방식이다. 물론 자연스러운 현장 실험은 이런 편향에 좌우되지 않는다.

하지만 정책이나 개입에 대한 개인의 행동주의적 반응을 고려할 때조차 집단적 반응, 즉 사회적 반응은 본질적으로 예측이 불가능하다. 개인들은 외부자인 정책 입안자에게뿐 아니라 서로에게 반응한다. 이렇듯 상호 주고받는 영향은 사전에 예측할 수 없다. 이게 바로 경제를 역동적 복잡계(complex system)라고 묘사하는 것의 의미다. 폴 오머로드(Paul Ormerod)가 수년 동안 지적해온 대로, 우리는 일반론적으로는 예측할 수 있지만, 세부 사항에 대해서는 전혀 그럴 수 없다. 즉, 우리는 기상학자나 지진학자처럼, 그저 전형적인 패턴, 또는 아마 매우 단기간의 추세에 대해서만 말할 수 있을까 말까다(Ormerod 1999). 이는 다시 한번 경제 모형만으로는 결코 정책 입안자들이 필요로 하는 조언을 제공해줄 수 없다는 것, 경제 모형은 다른 유의 증거·경험 그리고 집단적 영향력의 예술인 정치에 의해 보완되어야 한다는 것을 보여준다.

　관찰하기와 참여하기 간의 불가피한 긴장은 모든 사회과학에서 흔하게 나타난다. 하지만 경제학자는 여타 사회과학자보다 그 긴장에 훨씬 더 주의를 기울이지 않는 것 같다. 경제학자의 외부자 관점은 현실 차원에서 문제가 된다. 도덕 차원에서도 마찬가지다. 우리가 정책 영역에서 경제학을 활용하는 것은 공익에 이바지하려는 목적에서다. 우리는 사회 후생 개념을 염두에 두고 있다. 어김없이 불편부당한 관찰자 관점에 서는 것, 그리고 정책 개입이 후생(복지)에 안겨주는 효과를 객관적으로 평가하려 애쓰는 것을 목표로 삼는 게 과연 온당한 일인가? 이는 유명한 존 롤스(John Rowls 1971)의 '무지의 베일(veil of ignorance)'*, 또는 애덤 스미스의 '공평한 구경꾼(impartial spectator)' 등 자유주의적 정의론의 변함없는 주제다. 그와 동시에 우리는 경제학자와 정책 제언자 자체도 스스로의 효용을 극대화하고 인센티브에 반응하는 일개 개인에 불과하다는 것을 알고 있다. 이것이 바로 공공 선택 이론(public choice theory)과 신공공 관리론(Lapuente and Van de Walle 2020)이 의사 결정자의 개인적 인센티브와 이해를 강조하게 된 이유다.

---

* 　'무지의 장막'이라고도 옮기며, 모든 사람이 자기가 사회에서 어떤 위치를 차지할지 모르는 상태를 말한다. 이런 상태에 놓이면 모두가 평등한 사회에 대해 합의할 수 있을 거라는 주장이다.

공익 기여와 관련한 이 같은 너저분한 현실주의와 이상주의 간 모순적 혼합은 왜 시민과 일부 정책 입안자 사이에서 정책을 향한 냉소주의가 피어나는지 설명하는 데 기여할 수 있다. 세상을 형성하는 경제학의 위력을 보여주는 또 한 가지 예에서는, 신공공 관리론 같은 이론이 그 공급자들 사이에서의 공공 서비스 윤리를, 그에 따라 공공 서비스에 대한 시민의 신뢰를 유감스러울 만큼 약화해왔음을 드러내는 몇몇 증거가 존재한다. 공공 부문 종사자들이 이론에 의해 결정된 정책 틀 속에서 작업하며 이론이 상정한 대로 이기적 행위자처럼 행동하게 되었음을 보여주는 몇 가지(하지만 엇갈리는) 증거도 존재한다(Corduneanu, Dudau, and Kominis 2020). 앞에서 나는 경제학이 좀더 현실주의적이거나 증거에 기반한 것이 되려면 효용·소득·이윤의 극대화뿐만 아니라 다른 동기를 통합해야 한다고 주장했다. 정체성과 사회 규범을 고려한다면 공공 부문에서의, 그리고 시장에 대한 불안도가 '지나친' 그 외 영역에서의 민간 위탁이나 '성과 연계 급여'에 관해 경제학이 조언해주는 내용이 달라졌을 것이다. 시장 경제가 도덕적 한계를 침범했다고 주장한 마이클 샌델 같은 저자들은 특히 시장 중심 정책이 가치관을 더 나쁜 쪽으로 바꿔놓았다는 견해를 제시함으로써 사람들로부터 깊은 공감을 샀다(Besley 2013).

영향 평가에서 사회 후생 평가로 전환하는 일은 더 큰 긴장감을 수반한다. 논리적 일관성은 목표에 대해서는 중립적이지만, 정책 세계에서 영향에 대한 모든 평가는 모종의 목표와 관련된 공익에 대한 평가여야 한다. 정책 평가에서는 객관적인 것으로 간주되는 경제적 영향의 측정이 가치 판단으로 곧장 넘어가는 경우가 수두룩하다. 또한 이는 많은 사람이 위기 이후 미처 돌아가는 시장 철학에 주의를 기울이는 데 기여했다. 혼히 경제학자는 이를테면 소비자가 실제로 알베르 카뮈의 소설(최근에는 《페스트》가 인기를 끌긴 했지만)보다 댄 브라운(Dan Brown)의 소설에 더 많은 돈을 쓴다는 관찰 결과를 내놓는 데서, 브라운의 작품이 본질적으로 카뮈의 작품보다 우월하다는 추론을 내놓는 데로 옮겨가는 듯하다. 물론 댄 브라운의 소설은 대중적 즐거움 측면에서는 카뮈의 소설보다 낫지만, 문학적 수준이라는 차원에서는 그만 못하다.

앤드루 겔먼(Andrew Gelman)은 이처럼 실증적인 것에서 규범적인 것으로의 전환은 대개 암묵적으로 이루어지지만, 경제학자들 사이에 널리 퍼져 있는 경향이라고 주장한다. 그는 괴짜 경제학 블로그(Freakonomics blog)*에 실린 한 가지 예를 인용한다. 〈어벤저스(The Avengers)〉는 박스오피스에서 2위 영화보다 2억 달러나 더 많은 수익을 거둬들였으므로 최우수 영화임이 틀림없는데, 〈아르고(Argo)〉**의 오스카 최우수상 수상은 그 사실을 무시했다고 불평한 내용이다. 겔먼은 다음과 같이 말한다.

1. 한편으로 당신은 순전히 서술적인 관점에 서 있다. 즉, 화성에서 온 개인으로서 경제학자는 과학자가 시험관에서 세포 배양에 대해 연구하는 것과 같은 방식으로, 즉 객관적으로 인간 사회를 바라보는 것이다. 소비자 주권에서 핵심은 다소 맘 상한 어조로 누구든 다르게 생각할 수 있다고 외치는 것이다. 평균적인 티켓 구매자보다 더 잘 안다고 생각하는 잘나디잘난 당신은 대체 누구인가?

---

*   경제학자들이 일반적으로 잘 다루지 않는 주제를 탐구한다.

** 2012년 개봉된 미국의 정치 스릴러 영화.

2. 그와 동시에 우리는 도덕적 교훈도 얻는다. 〈어벤저스〉는 가장 많은 돈을 벌어들였기 때문에 가장 좋은 영화다. '영화 산업에서 최고로 중요한 것'은 '영화 티켓을 구매하는 사람들의 의견'이다(Gelman 2013).

나는 이런 전환이 얼마나 만연한지 잘 알지 못한다. 하지만 가장 인기 있는 것이 (언제나) 가장 좋은 것은 아니라는 점, 자신의 선택을 통해 가장 인기 있는 것을 규정하는 사람들조차 그렇게 생각하지 않는다는 점은 분명하다.

덧붙이자면, 경제학자는 우리의 권고가 실증경제학 영역을 고수하고 있다고 믿는 편을 선호하면서 대체로 분명하게 규범적인 이런 유의 판단을 내리는 데 대해 더없이 불편해한다. 반면 행동경제학은 본질상 개입주의적(paternalistic)이다. 이것은 사람들이 '비합리적'이거나 '편향된' 결정을 내린다는 해석 때문인데, 이는 '합리적' 결정이 더 낫다는 것을 암시한다. 예컨대 경제학은 합리적 소비자라면 응당 연이율(annual percentage rate, APR)을 보면서 대출 비용을 비교할 거라고 예측한다. 하지만 만약 누구든 신용카드로 돈을 빌리지 못하는 상황에 내몰리면 급여 담보 대출(payday loan)*을 받는 일도 마다않는다. 이는 행동경제학이 금융 규제 및 소비자 규제로부터 사회 정책에 이르는 여러 정책에서 좀더 효과적인 것으로 밝혀질 수도 있음을 의미한다. 그러나 사람들이 자신에게 더 나은—비록 그들 각자의 기준에 따른 것이긴 하지만—선택을 하도록 그들을 '부드럽

---

* 초고금리 소액 대출.

게 자극(nudge)'하기 위한 '선택 설계(choice architecture)'* 개념은 피치 못하게 경제학자들을 개입주의자로, 심지어 마케터와 광고업자들이 어떻게 소비자를 조종하는지 보여주는 밴스 패커드(Vance Packard)의 《숨은 설득자(Hidden Persuaders)**》(1957)에 상당하는 정책통(policy wonk)으로 바꿔놓는다. 이는 경제 분석가들이 행동주의적 '편향'에 취약하지 않다면 사람들의 '진짜' 선호가 무엇인지 안다는 것을 의미한다(Sudgen 2020).

나는 경제학자로서 우리 관점과 관련해 다음의 세 가지 모호성, 즉 모순점에 대해 기술했다. 우리는 모형의 내부에 있는가, 외부에 있는가? 우리는 공명정대한 관찰자인가, 이기적인 행위자인가? 개입주의적인 경제학자가 최선의 것을 알고 있는가, 아니면 소비자가 왕인가?

모호성(ambiguity)이 중요한 것은 경제학자들이 공공 정책 분야에서 스스로를 기술 관료적 전문가로, 즉 '무엇이 효과적인지' 찾아내고 진리를 추구하기 위해 고생스레 뛰어다니는 존재로 자처하기 때문이다. 2019년 노벨 경제학상을 통해 인정받은 무작위 대조 실험 같은 흥미진진한 새로운 기법은 이제 문자 그대로 사회에 관해 실험을 진행하는 객관적 과학자로서 경제학자의 자기인식을 장려한다. 아브히지트 바네르지(Abhijit Banerjee)와 에스테르 뒤플로는 노벨 경제학상 수상 이후 출간한 책《힘든 시대를 위한 좋은 경제학(Good Economics for Hard Times)》(2019)(대단히 논쟁

---

* 건강에 좋은 과일을 고르도록 유도하고자 눈에 확 띄는 장소, 속이 잘 보이는 철망 소쿠리에 과일을 담아놓는 예에서 보듯, 선택지 제시 방법을 달리함으로써 선택에 영향을 미치는 관행을 뜻한다.

** '숨은 설득자'는 교묘하고 악랄한 상업 광고업자를 뜻한다.

적인 이민 정책을 다루었다)에서 이렇게 말했다. "이것은 이념을 내려놓고 모든 경제학자가 최근 연구에 기반해 동의하는 것들을 옹호해야 할 긴박한 필요성을 강조한다." 그들은 다시 한번 불편부당함의 가능성을 주장하고 있다.

하지만 성공적인 경험적 미시경제학 프로젝트는 경제학을 정치적 영역으로, 즉 규범적 선택의 영역으로 더욱 확실하게 몰아가고 있다.

예컨대 무작위 대조 실험 또는 계량경제학적 평가는 이따금 정치적으로 수용 가능한 개념에 반하는 결론을 내놓을 것이다. 시카고 대학 소속 연구자들이 시카고 학생들의 시험 점수에 가장 큰 영향을 미치는 유인이 무엇인지 알아보고자 연구를 실시했다. 그에 따르면, 단연 최대 효과를 거둔 유인은 교사들에게 선불로 제가 가르치는 학생들의 결과에 따라 거액의 보너스를 지급한 조치였다. 손실 회피(loss aversion)의 위력에 떠밀린 교사들은 그 돈을 계속 유지하기 위해 기어코 해당 결과를 얻어내려는 결의를 다졌다(Fryer et al. 2012). 공공 부문에서 사전 보너스는 정치적으로 어떻게 작용할까? 이는 물론 수사적 질문이다. 무작위 대조 실험의 연구 결과는 올바른 행동 방침에 대한 정치적·문화적 신념과 충돌할 수도 있다. 어쩌면 경제적 효율성이 모든 맥락에서 사회적 목적은 아닐 것이다. 따라서 좋은 결과에 대한 다른 사람들의 생각은 심지어 가장 균형 잡히고 가장 개방적인 경제학자의 생각과도 다를 수 있다.

오늘날과 같은 중차대한 시기에 '포스트 세계 금융 위기(post-GFC)', 탈세계화(deglobalisation)*, 현재 진행형인 팬데믹을 특징으로 하는 서방 경

---

* 국가 간 경제적 통합이나 상호 의존성의 약화.

제에서, 기술 관료를 자처하는 경제학자들이 정치적 입장을 취하고 있다는 것은 더없이 자명하다. 악명 높게도 영국의 저명 정치인 마이클 고브(Michael Gove)가 2016년 브렉시트 국민투표에서 "우리나라 사람들은 전문가라면 넌더리를 낸다"는 포퓰리즘적 입장을 표명한 것이 하나의 예다. 최소한 그들이 동의하지 않는 결론을 내놓는 전문가들 말이다. 어떤 이들은 자신의 태도가 치명적 결과를 낳을 수 있음에도, 심지어 백신이나 코로나 치료법 따위의 주제에 관한 의학적 전문 지식마저 불신한다. 불편부당하고 과학적인 경제학자에게는 어떤 희망이 있을까? 포퓰리즘이 만연할 때 전문 지식은 불가피하게 정치색을 띠게 된다(Moore 2017).

결론

나는 경제학자들이 카뮈의 이방인과 동일한 실수를 저지르고 있다는 지적으로 이 장을 시작했다. 즉, 우리가 연구하는 사회와 동떨어져 있거나 유리되는 일은 불가능하다. 첨예하게 양극화한 사회에서 이방인 관점은 지속 가능하지 않게 된다. 한마디로 국가경제학이 되살아났다. 그것은 분명 '분배와 관련한(distributional)' 변화를 수용할 수 있게 해줄 그 어떤 밀물(rising tide)*도 없는, 침체의 늪에 빠진 무성장의 경제 체제에서 부활했다. 그리고 국가경제학이 귀환한 까닭은, 지난 수십 년 동안 경험적 미시경제 연구를 통해 경제학이 진정한 발전을 이룩함에 따라 '객관적' 경제

---

*   경기 회복을 분명하게 말해주는 증거.

학자의 효율성 기준에 비춰 평가된 '효과적인 것'과 '사람들이 믿거나 원하는 것'(설사 그것이 합리적이 않고 심지어 타당하지 않다 해도)이 충돌하는 사례가 더 많아질 것이기 때문이다.

쉬어가는 페이지

2장의 토대가 되어준 강연은 적어도 청중 가운데 한 명인 유명한 영국의 거시경제학자를 화나게 만들었다. 이튿날 그가 내게 이렇게 시작되는 이 메일을 보냈다. "어젯밤 당신의 강연은 아무리 좋게 말해도 너절하고 불쾌한 것이었다고 생각합니다. 특히 난해한 전문 용어로 범벅된 강연은 우리 전문가 집단의 절반을 비판하는 데 눈곱만큼도 도움이 되지 않습니다." 그리고 자신은 세계 금융 위기를 내다보았노라며 이렇게 말을 이어갔다. "나는 2004년 9월에 …… 처음으로 저축 과잉(savings-glut)* 개념에 대해 언급한 글을 썼습니다. 금융 위기가 불가피하다는 것을 쉽게 볼 수 있도록 해주는 개념이죠. 다른 여러 경제학자는 그 위기가 미국의 가계 대출에서 비롯되었다고 올바르게 예측했습니다. 거시경제학에 대해 다음

---

* 투자보다 저축의 규모가 지나치게 큰 현상.

번 의견을 밝히기 전에 이 자료들을 읽으면서 연구해보시길 당신께 제안합니다."

일부 경제학자들이 위기를 예측한 것은 분명 사실이다. 그러한 예지력을 확실하게 주장할 수 있었던 사람들은 세계가 나중에 알게 되리라는 것을 분명히 했는지라, 2008년 이전에 전문가 집단의 주류적 견해는 그렇지 않았다고 말해야 옳지만 말이다. 나는 내게 이메일을 보낸 그 경제학자의 반응이 너무 센 데 충격을 받았지만, 그렇다고 내 생각을 바꿀 만큼은 아니었다. 거시경제학은 정말이지 까다롭다. 게다가 모형이 세계 금융 위기 이후, 가령 금융 시장 '마찰(friction)', 이질성(heterogeneity)—즉, 여러 기업 또는 개인 간의 차이—을 더함으로써, 그리고 불확실성에 대해 좀더 진솔해짐으로써 여러모로 개선을 이루었음에도 불구하고, 나는 그 지배적 전략이 경제 전반을 모델링하고 미래를 예측하는 데서 설득력을 지닌다곤 생각지 않는다.

어째서일까? 위에서 개괄한 대로 중요한 두 가지 이유 때문이다. 첫째, 무엇보다 거시경제학적 데이터가 턱없이 부족하다. 세계 금융 위기 이후 나 자신의 연구는 경제 통계(특히 디지털 활동을 측정하는 방법)에 집중했고, 따라서 나는 데이터에 대해 그 어느 때보다 훨씬 더 깊이 고심했다. 거시경제학 모형에서는 GDP·인플레이션·실업 같은 변수와 관련한 수치들이 분기가 달라져도 상대적으로 거의 변하지 않고, 서로 강한 상관성을 띠는 게 보통이다. 설사 당신이 '인플레이션'을 고유하게 정의할 수 있는 지표로 받아들인다 하더라도(게다가 인플레이션은 실제로 그렇지도 않다), 그것을 측정하는 데서는 오차 범위가 크다. 이런 맥락에서 원인과 결과, 변수 간의 안정적 관련성을 밝히기란 불가능하다고 나는 믿는다. 다른 종류의 증거와 방법론에 기반을 둔 강력하게 견지되는 사전 이론, 또는 역사적 내러티브 등 모형 밖에서 온 정보에도 주의를 기울여야 하는 것이다.

둘째, 집합(aggregation)의 적절한 수준이 무엇인지, 즉 어떻게 개인이나 기업의 행동(경제 이론이 다루는 것)에서 그것들의 집합으로 옮아가야 하는지가 명확하지 않다는 것이다. 국가 정책을 시행하는 각국 정부는 정치적 이유에서 국가 차원의 거시 경제 통계를 가지고 있다. 하지만 정치적 경계는 자연적인 경제적 경계와 거의 일치하지 않을 것이다. 도시 지역들, 또는 국경 간 공급망이 적절한 분석 차원이 될 수도 있다. 그리고 어쨌든 집단적·사회적 결과는 집합적 결과와 다를지도 모른다. 팬데믹과 국가 봉쇄 경험은 우리가 지독한 불확실성에 시달리고 있음을 더없이 잘 보여준다. 2020년 중반, 사람들이 소비를 재개할지 여부가 사람들이 소비를 재개할지 여부에 달려 있으리라는 인식을 감안할 때, 가능한 회복의 '형태'가 어떨지—즉 V, U, W, L, 심지어 제곱근 기호인 $\sqrt{}$ 형태일지—에 대한 논의가 활발하게 이루어졌다. 확신(confidence)이 회복의 경로를 좌우할 것이다.

나는 많은 거시경제학자가 내 의견에 동조하지 않는다는 것을, (위에서 언급한) 내게 이메일을 보내온 경제학자만큼이나 강하게 동조하지 않는다는 것을 잘 알고 있다. 내가 몇 년 뒤 어느 행사에서 우연히 마주쳤을 때, 그는 마치 아무 일도 없었다는 듯이 내게 유쾌하게 말을 걸어왔다. 그는 내게 이메일을 보낸 사실을 잊어먹은 걸까? 아니면 그냥 나라는 인간 자체를 잊어먹은 걸까?

하지만 세계 금융 위기 이후 점차 시간이 흘러가면서 나는 거시경제학의 단점에 대한 생각보다는 디지털 경제에 대한 나 자신의 연구에 더욱 마음을 빼앗겼다. 직업 이력에도 변화가 생겼다. 2014년 맨체스터 대학의 경제학과 교수로 자리 잡음과 동시에 정책과 컨설팅에서 학문의 세계로 옮아온 것이다. 거기서 나는 공공 정책 경제학에 관한 강좌를 개설했고, 그 강좌는 훗날 출간한 책《시장, 국가, 그리고 국민(Markets, State, and People)》(2020)의 토대가 되어주었다. 나는 몇 년 만에 처음으로 경제학자들은 무엇을 '사회 후생'이라고 생각하는지, 어떻게 하면 사회 전체가 잘살 수 있는지 곰곰이 궁리하기 시작했다. 다음 장에서 기술하겠지만, 이질문에 대해 깊이 생각해보지 않은 경제학자는 비단 나 하나만이 아니었다. 수십 년 동안 그 문제에 천착한 이는 거의 없었다. 3장은 2017년 봄옥스퍼드 대학교 올 솔스 칼리지(All Souls College, Oxford)에서의 세미나 발표, 그리고 2017년 9월 '경제 방법론을 위한 국제 네트워크(International Network for Economic Method)' 회의를 기반으로 앞서 언급한 바 있는 실증경제학과 규범경제학으로 다시 돌아간다. 나는 이 내용을 나중에 학술 논문으로 정리해 발표했다(Coyle 2019a). 3장은 1장과 2장의 주제 가운데, 특히 합리적 선택과 호모 이코노미쿠스에 대한 내용을 좀더 깊이 파고든 결과다. 거기에는 내가 AI 기업 딥마인드(DeepMind)의 '윤리학과 사회(Ethics and Society)' 그룹에서 (무급) 연구원으로 2년 남짓 근무하는 동안 겪은 경험도 담겨 있다.

따라서 내가 3장에서 던지는 주된 질문은 이와 같다. 특히 디지털 전환이 경제의 성격을 몰라볼 정도로 바꿔놓고 있는 시대에, 우리는 전문가로서 우리의 정책적 제언이 상황을 개선하고 있는지 그렇지 못한지를 어떻게 판단할 수 있는가?

호모 이코노미쿠스, AI, 쥐와 인간

야생 세계의 합리성

세 가지 유형의 실험을 예로 들어보자.

인공지능 기업 딥마인드는 AI 에이전트―컴퓨터의 의사 결정 규칙―들이 사과 따기 게임에서 희소 자원을 놓고 서로 경쟁하도록 설정했다(Leibo et al. 2017a, b). 이 게임 '개더링(Gathering)'은 에이전트들이 사과를 모으기 위해 협동할 것인지, 아니면 무임승차할 것인지(즉, 다른 에이전트들이 진즉 따서 모아놓은 사과를 그저 먹을 것인지) 탐구하는 작업을 목적으로 했다. 이 AI들은 심층 강화 학습(deep reinforcement learning)을 사용했는데, 이는 알고리즘 에이전트가 "환경과의 시행착오적 상호 작용을 통해 장기간에 걸쳐 누적된 보상을 극대화하는 법을 배워야 한다"는 의미다. 다시 말해, 그 컴퓨터 에이전트는 특정한 감각적 인풋―어떤 게임에서 스크린상의 화소(pixel) 위치 같은─을 통해 스스로 학습하며, 다음번에 무슨 일이 벌어질지에 대한 그 자신의 경험을 제 점수에 더한다. AI 에이전트들은 호모 이코노미쿠스처럼, 즉 '제약 조건하의 최적화'에 관한 고전적 경제 모형에서의 합리적 행위자처럼 의사 결정하도록 고안되었다. 다시 말해, 사과를 모을 때마다 얻는 점수를 최대화하고, 시간이 가면서 게임이 진행되는 동안 서로 상호 작용하는 합리적 행위자처럼 말이다. 각 에이전트는 그들이 반응해야 하는 환경의 일부를 이루었다. 사과가 풍부할 때는 모든 게 조화로웠다. 하지만 사과가 희귀해지자 AI들은 점차 거칠어졌고, 결국에 가서는 서로를 공격하기 시작했다. 사과를 쟁취하기 위한 전쟁이었다. 자원을 향한 경쟁이 치열할수록 AI는 한층 더 공격적으로 변했다.

여러분은 AI 에이전트들이 신고전주의 경제학의 호모 이코노미쿠스 개념처럼 치밀하게 계산된 이기심에 따라 행동하도록 프로그래밍되면, 이런 일이 반드시 일어날 거라고 결론지을지도 모른다. 경제학자들은 이런 개념을 분석의 초기 기준점으로 삼는 게 습관화되어 있지만, 많은 비판론자는 이 가정이 비현실적이자 비도덕적이라고 본다. 실제로 인간이 종종 이타심이나 타인을 향한 관심을 드러낸다고 말하는 것은 분명 옳다. 볼스(Bowles 2004)의 주장에 따르면, 경제적 의사 결정에 대한 설명은 그 결정이 경험적으로 조금밖에 타당하지 않을 경우 합리적 계산보다 경험 법칙을 쓰는 사람들을 포함해야 한다. 주로 경험에 기반을 두고 있는, 확대일로의 행동경제학과 심리학 문헌은 인간이 결정을 내리는 방법과 관련해 좀더 폭넓은 관점을 지지한다. 이것은 현실주의의 문제다. 즉, AI 게임과 달리 경제에서의 만인에 대한 만인의 투쟁이 아닌 것이다. 그리고 실제로 응용경제학에서는, 여전히 호모 이코노미쿠스가 가장 일반적인 출발점으로 남아 있긴 하지만 그(호모 이코노미쿠스)의 대안적 가정들이 널리 쓰이기 시작했다(Pesendorfer 2006).

　컴퓨터의 인공 세계와 오프라인의 인간 세계 말고, 세 번째 범주의 실험은 자원 희소 상황에서 여러 생명체의 행동을 관찰했다. 더러 쥐나 비둘기 등 이 실험의 피험자는 동료와 나누거나, 심지어 스스로 대가를 치르더라도 부정행위를 처벌하는 것 같은 감정적 반응을 보이기도 한다. 하지만 박테리아와 균류에서 흰목꼬리감기원숭이에 이르는 여러 독립체는 주로 이기적이고 타산적인 존재처럼 행동하는 듯하다. 정확히 경제 모형의 행위자나 AI 게임의 에이전트처럼 말이다. 예컨대 그들은 기꺼이 매몰 비용을 단념하고, 확률을 정확하게 계산하며, 오이와 포도의 일관된 교환율을 염두에 두는 듯싶다. 하나같이 '제약 조건하의 최적화' 경제 모형이 예측할 법한 선택들이다(De Waal 2006; Hammerstein and Noë 2016; Herbranson and Schroeder 2010; Hurley and Nudds 2006). 이처럼 '생물학적 시장(biological market)'에서 이루어지는 모종의 거래는 주류 경제학 모형과 상당히 일치하는 것으로 보인다.

　우리는 이 세 가지 유형의 실험 결과를 어떻게 받아들여야 하는가? 당연히 이것은 쥐가 우리 인간보다 더 합리적이라거나, AI와 비교할 때 우리 인간이 다정하긴 하지만 미덥지 못하다는 의미는 아니다. 이런 식의 대조가 인지 능력에 관한 것이 될 수는 없다. 균류와 박테리아는 뉴런이 없기 때문이다. 이는 상이한 유형의 생물체 마음속에서 일어나는 '딥 플러밍(deep plumbing)', 즉 알고리즘의 유사성이나 차이점에 관한 문제도 아니다. 행동의 유사성과 차이점은 내부가 아니라 외부 세계, 즉 자원 제약 조건에 영향받는 개별 독립체에 의한 분화 및 교환 등의 진화 과정이 이루어지는 맥락(context)과 관련되어야 한다.

개별 인간의 선택은 환경적 맥락뿐 아니라 사회적 맥락을 지닌다. 인간의 의사 결정은 여타 수많은 생물학적 피조물, 또는 AI 에이전트보다 훨씬 더 복잡한 사회적 맥락에서 이루어진다. 그리고 레이보 등(Leibo et al 2017a, b)이 결론 내린 바와 같이 "협력(cooperation)과 배신(defection) 정책을 효과적으로 이행하는 방법 학습의 복잡성은 서로 동일하지 않을지도 모른다. 둘 중 한쪽이 다른 쪽보다 학습하기가 훨씬 더 쉬울 수 있다". 맞는 말이다. 협력은 많은 계산 자원을 필요로 하는 것으로 드러났다. 그에 비하면 이기심의 극대화는 식은 죽 먹기다. 게다가 자원이 희소해지면 협력의 비용은 더욱 커진다. 맥락이 모든 것을 결정한다.

이런 결론은 경제학에서 낯선 게 아니다. 오래전 베커(Becker 1962)는 개인의 선택이 임의적으로든 한결같이든 완전히 '비합리적'일 때조차, 제약 조건의 지배를 받는 합리적 선택의 결과인 듯 보이는 시장 결과가 발생한다는 것을 보여주었다. 시장 결과는 개인의 심리나 선호에 관해 그 어느 것도 가정할 필요가 없는, 맥락의 산물이다. 좀더 광범위하게, 경제학자는 적어도 역사학과 지리학의 형태로 맥락에 다시금 관심을 기울이기 시작했다. 심리학과 인지과학뿐 아니라 역사학, 지리학, 정보 이론, 진화생물학, 복잡계 과학, 국가경제학 등 다양한 학문 간 경계에서 갖가지 흥미로운 연구가 진행되고 있다. 하지만 행동경제학에 대한 엄청난 관심은, 만약 우리가 생물학적 시장 이론과 정보 이론이 제공하는 통찰(즉, 중요한 것은 인지가 아니라 맥락이다)을 지나치게 진지하게 받아들인다면 '레드 헤링(red herring)'*으로 드러날지도 모른다. 우리는 그럴 게 아니라 의사 결정에 영향을 미치는 유관 맥락들을 알아내려고 노력해야 한다.

우리가 경제학에서 인간의 의사 결정에 대해 배워야 할 것은 아직도 산더미같이 쌓여 있다.

분리 프로토콜: '존재'와 '당위'

실험 결과는 관찰된 선택을 기술하고 모델링하는 방법을 다루는 사실적이거나 경험적인 문제다. 즉 '당위(ought)'라기보다 '존재(is)'에 관한 문제다. 호모 이코노미쿠스에 기반한 가정의 윤리는 어떤가? 일부 비판론자는 타산적이고 이기적으로 행동한다는 가정은 사람들로 하여금 비윤리적으로 행동하도록 부추길 거라고 주장한다. 그 가정이 그 같은 행동을 정당화하고 그런 행동이 받아들여질 수 있다는 사회적 신호를 보낸다는 것이다. 이 책의 마지막 장은 공공 선택 이론에서 영감을 받은 신공공 관리론 정책의 채택 탓에 공공 서비스의 내재적 동기가 훼손될지도 모를 가능성에 주목했다. 볼스(Bowles 2016)와 샌델(Sandel 2012)은 이기심 가정에 기반을 둔 정책의 예들을 제시했다. 사람들로 하여금 그런 가정에 기반하지 않았을 경우보다 더 이기적으로 행동하도록 내모는 정책들 말이다. 잘 알려진 예는 유치원에서 자녀를 늦게 데려가는 부모에게 부과한 벌금 이야

---

* 중요한 주장으로부터 관심을 딴 데로 돌려 본질을 흐리기 위해 제시하는 그릇된 주장이나 예시를 뜻한다.

기다. 벌금 부과 조치는 사람들로 하여금 부가적 돌봄에 대해 돈을 지불하고 있다고 여기도록 만들었을 뿐 늦게 데려가는 행동 자체를 그만두게 만들지는 못했다.

행동경제학의 인기가 증명하는 의사 결정 심리학에 대한 활발한 관심과는 대조적으로, 이러한 비판적 입장은 경제학자들로부터 거의 아무런 반응도 이끌어내지 못했다. 그 이유는 우리 가운데 너무나 많은 이들이 윤리 문제에 직업적 관심을 기울이지 않기 때문이다. 즉, 우리는 '존재'와 '당위'가 별개의 문제이며, 경제학은 '존재'를 다루는 학문이고 '당위'를 감당하는 것은 철학의 몫이라 여긴다.

하지만 윤리적 문제에 관심을 기울이는 경제학 분야도 분명 존재한다. 경제적 결과 및 선택이 사회에 안겨주는 이득을 연구하는 후생경제학(welfare economics)은 필연적으로 정책 평가를 뒷받침하며, (비용 편익 분석 또는 경쟁 평가 같은) 실용적 맥락에서 널리 쓰이고 있다. 그럼에도 경제학자들은 최근 그 분야에 도통 관심을 보이지 않았다. 실제로 경제학은 지난 80여 년 동안 줄기차게 '존재'와 '당위', 즉 '실증'경제학과 '규범'경제학을 엄밀히 분리하자고 외쳐왔다. 하지만 그보다 더 오래된 전통을 대변해온 피구(Pigou 1908)는 "윤리학과 경제학은 상호 의존적"이라고 밝혔다. 마찬가지로 애덤 스미스도 그 둘을 연관 지었다. 그는 인간 본성에 대해 현실적 입장에 서긴 했지만, 모든 사람은 "제 자신의 이익이 사회의 번영과 결부되어 있다"는 점을 인정한다고 주장했다(Smith 2000(1759); Rothschild 2001도 참조). 하지만 이 전통에서 벗어난 것으로, 라이어널 로빈스가 대표하는 실증주의 운동은 경제학이 개인 간 후생 비교를 배제하도록 이끌었다. 만약 우리가 서로 다른 사람들이 경험하는 손실과 이득을 비교할 수 없다면, 정책적 선택이 사회 후생에 어떤 의미를 안겨주는지 제대로 논평하는 일은 불가능해진다.

로빈스(Robbins 1932)는 유명한 에세이 〈경제학의 본질과 의의(The Nature and Significance of Economic Science)〉에서 경제학과 윤리학은 "서로 다른 차원"에 놓여 있다며 이렇게 주장했다. "경제학은 목적에 대해 중립적이다. 그리고 궁극적인 가치 판단의 타당성과 관련해 의견을 표명할 수 없다." 그때 이후 경제학은 목적이 아니라 수단에 대해 의견을 표명하는 것을 그 역할로 삼는다는 개념을 고수해왔다. 엄격한 분리 프로토콜이 존재한다는 것이다. 가치 판단은 선출된 정치인 같은 다른 사람들 몫으로 넘겨주어야 한다. 밀턴 프리드먼(Friedman 1953, 146)은 또 하나의 유명한 에세이에서 한층 더 노골적으로 그 바통을 이어받았다.

실증경제학은 원칙적으로 다른 어떤 특정한 윤리적 입장이나 규범적 판단과도 독립적이다. ……그것의 과업은 환경 변화의 결과를 정확히 예측하는 데 쓰일 수 있는 일반화 시스템을 제공하는 것이다. 실증경제학의 성과는 그 것이 낳은 예측의 정확성, 범위, 그리고 경험과의 일치성 등에 의해 판단되어야 한다. 한마디로 실증경제학은 정확히 물리학과 같은 의미에서 '객관적' 과학이다. 아니 '객관적' 과학이 될 수 있다.

많은 경제학자는 시종 경제학을 주로 '실증주의적' 통찰에 기여하는 것으로 바라본다. 비록 숱한 정책 선택에 가치 판단이 담겨 있다는 데 동의하더라도 말이다. 전문가적 제언에서 개인적 윤리를 떼어놓으려 안간힘 쓰는 데는 다소간 칭찬할 만한 구석이 있다. 누구라도 분명 우리 전문가들이 가능한 한 객관적이고 공정해지려고 노력하길 바란다. 그리고 응용 미시경제학이라는 번창하는 영역에서 경제학자들은 실제로 정책 선택을 위한 증거 기반을 점점 더 많이 구축할 수 있는 능력을 갖추었다.

하지만 분리 프로토콜은 실제로 경제학을 정책 선택에 적용하는 수많은 경우에서 결과—사회 후생의 이익이나 손실—의 평가 방법에 의문을 제기한다(Hausman and McPherson 2006). 그 프로토콜은 일반적으로 파레토 기준(Pareto criterion)이라 알려진 것으로 표현된다. 즉, 어떤 정책은 아무도 더 못살게 만들지 않음과 동시에 적어도 한 사람 이상을 더 잘살게 해주어야 비로소 사회 후생을 증진시켰다고 말할 수 있다는 것이다. 이는 이례적이리만치 제한적이라 경제학자들은 〔칼도(Kaldor 1939)와 힉스(Hicks 1939)를 따라서〕 종종 정책은 그 승자가 패자에게 (적어도 이론상으로라도) 보상해줄 수 있다면 후생을 개선한 거라고 주장했을 정도다. 이는 때로 '잠재적 파레토 개선 기준(potential Pareto improvement criterion)'이라 불린다. 하지만 얼마 지나지 않아 스키톱스키(Scitovszky 1941), 그리고 그 뒤를 이은 저자들(Baumol 1952; Roberts 1980)은 당신이 승자와 패자 중 어느 쪽 관점을 취하느냐에 따라 그 정책도, 그와 정반대 정책도 파레토 기준에 부합할 수 있음을 실제로 증명해 보였다. 보몰(W. J. Baumol)은 이렇게 말했다.

칼도-힉스 보상(Kaldor-Hicks compensation) 제안은 개인들 간 효용 비교 문제를 해결해주지 못했다. 그것은 그저 효용을 화폐라는 측정봉(measuring rod)—즉, 우리 손안에서 구부러지고 늘어나고, 결국에 가서 못 쓰게 되는 측정봉—에 맡겼을 뿐이다(Baumol 1952, 89).

경제학은 승자와 패자가 생기는 상황—사실 거의 모든 정책적 맥락이 그렇다—을 경제학 영역 밖에 놓인 것으로 간주함으로써, 사회 후생을 평가하는 스스로의 능력을 약화시켰다.

물론 사회를 위한 집합적 결과를 계산하기 위해 개인들의 이득과 손실을 모두 집계하는 것은 간단한 작업이 아니다. 후생경제학자들은 그 어떤 집합도 자원 분배에 대한 암묵적 가치 판단을 수반한다는 점을 오랫동안 지적해왔다(Graaff 1957). 우리는 집합을 시도할 때 소득 분포상 저마다 다른 지점에 위치한 이들에 대해 어떻게 가중치를 부여해야 하는가? 모두에게 똑같은 가중치를 두어야 하는가, 아니면 가장 가난한 이들을 위한 개선에 더 많이 치중해야 하는가? 원칙적으로 사회 후생 함수(social welfare function, SWF) 개념(Bergson 1938; Samuelson 1983)은 명시적으로 분배에 관한 윤리적 판단을 재도입했다. 정책 입안자는 목적 함수—즉, 동일한 결과? 아니면 최빈층을 위한 상황 개선?〔최소 극대화 기준(maximin criterion)〕*—그리고 적절한 가중치를 부여받은 개인 효용의 집합을 구체적으로 명시할 수 있다. 하지만 케네스 애로(Kenneth Arrow 1950)는 그의 유명한 '(불)가능성 정리〔(Im)possibility Theorem〕'**에 의거해, 개인들의 효용을 꾸준히 더함으로써, 파레토 기준, 그리고 얼핏 합리적으로 보이는

---

* 공공 정책의 목표는 사회 최빈층의 복지를 늘리는 것이 되어야 한다는 원칙. 이는 공리주의처럼 모든 사람의 효용을 극대화하는 게 아니라 최저 효용을 극대화해야 한다는 롤스의 주장이다.

** 케네스 애로는 사회 구성원의 선호를 합리적이고 민주적으로 반영하는 이상적 사회 의사 결정, 즉 사회 후생 함수의 5대 조건을 모두 만족시키는 집단 의사 결정 방법이란 존재하지 않음을 증명했다.

그 밖의 몇 가지 가정을 모두 충족하는 사회 후생을 계산해내는 방법이란 없다고 밝혔다. 애로의 정리는 정말이지 사회에서 이해 충돌과 딜레마는 피할 도리가 없다는 명백한 진실에 대한 공식적 선언이다. 이 '불가능성'은 사회 후생 함수 면에서 가치 판단을 내리고자 노력하는 것, 그리고 개인 간 후생 비교 가능성을 배제하는 것 간 충돌이 빚어낸 결과다. 실생활에서 파레토 개선의 범위는 정말이지 협소하다.

경제학과 학생들은 좀처럼 이런 딜레마를 다루지 않는다. 애로는 숭배의 어조로 언급된 다음 슬그머니 뒷전으로 밀려나 있을 따름이다. 젊은 경제학자들은 모종의 가정 아래 경쟁 시장의 균형이 파레토 효율(Pareto efficiency)*을 지닌다고, 모종의 초기 자원 할당을 고려할 때 파레토 효율적 결과는 시장 교환을 통해 달성될 수 있다고 배운다. 이는 각각 제1 후생 정리, 제2 후생 정리라고 알려져 있다. 필요한 가정에는, 이를테면 합리적이고 이기적인 선택, 완전한 정보, 고정된 선호, 그리고 (오염 같은) 외부 효과 또는 (영토의 방어나 깨끗한 공기 같은) 공공재의 부재 따위가 포함된다. 이들은 '자유 시장'에서 어떤 유의 정책이나 정부 개입이 필요한지 분석하기 위한 흥미롭고도 유용한 개념 틀을 형성하지만, 확실히 타당하지는 않다. 가정과 현실의 괴리를 낳는 가장 주된 이유는 아마도 개인과 사회의 간극 때문일 것이다. 예컨대 '수확 체증의 법칙(increasing returns to scale)'**이 특징적인 어느 산업에서, 개별 기업의 생산 결정은 그 산업에 속

---

*   파레토 최적(Pareto optimality)과 같은 개념으로, 한정된 자원이 가장 효율적으로 분배된 상태.

**   전통 경제학에서 통용되는 '수확 체감의 법칙(diminishing returns to scale)'과 상반

한 다른 모든 기업에 영향을 미칠 것이다. 또는 장차 구매하게 될지도 모를 여러 재화에 대한 나의 선호는 분명 고정적인 게 아니다. 만약 내 선호가 고정되어 있다면 애플(Apple)은 결코 힘들게 아이폰을 생산하거나 그것을 광고하지 않았을 것이다.

이 후생 정리들은 경제의 사회적 측면을 설명하는 데 실패했음에도, 경쟁 시장 개념을 강력한 기준으로 만들어놓았다. 이는 1970년대와 1980년대의 사건들, 정치 발전, 그리고 경제사상들 간의 공진화에 의해 정책 선택에 확고하게 자리 잡았다. 마거릿 대처와 로널드 레이건은 그들의 정부 철학에 자유 시장 경제학 버전을 심어놓았다. 1970년대의 거시경제학 실패, 그리고 1989년의 중앙 계획 경제 붕괴는 이러한 공공 정책의 변화를 정당화하는 것처럼 보인다. 이제 학계 경제학은 앞서 기술한 바와 같이 합리적 기대, 공공 선택, 그리고 실물 경기 변동 이론 등을 끌어안으면서 한 걸음 더 나아갔다.

그리고 나서 많은 정책 분석에서의 가정은 정부가 오직 구체적이고 확인된 시장 실패를 바로잡기 위해서만 개입해야 한다는 쪽으로 기울었다. 실제로 공공 선택 문헌에서는 '정부 실패'가 정책 입안자에게 적어도 시장 실패와 똑같이 중요한 위험으로 언급되었다(Le Grand 1991). 하지만 보몰(Baumol 1952, 165)이 지적한 것처럼 시장이 가장 잘 알고 있다는 결론은 전적으로 후생 정리들의 가정, 즉 개인 간의 상호 의존성을 배제하는 가정에서 비롯되었다. 그 추론은 완전히 순환적이다. 만약 개인들이 독립적으로 행동한다고 가정하면, 독립적인 행동이 최선의 결과를 낳는다. 만

되는 현상으로, 투입된 생산 요소가 늘어날수록 산출량이 기하급수적으로 불어나는 현상.

약 그렇지 않다고 가정하면, 무엇이 사회 전체에 최선의 결과인지 분석하는 것은 한층 더 까다로운 일이 된다.

하지만 분리 프로토콜은 여전히 맹위를 떨치고 있다. 일반적으로 경제학자는 공공 정책이나 사회적 결과에 관심 있는 경제학자의 과업을 기술적인(technical) 것으로 여긴다. 즉, 데이터를 살펴보면서 관련한 시장 실패와 그에 따른 적절한 해결책을 찾아내는 일 말이다. 가치 판단은 철학자나 정치인의 몫으로 넘길 수 있다. 이것은 어느 정도까지는 괜찮다. 부득이하게 윤리적 기준에 기반을 두는 선호되는 결과를 고려할 때, 경제학은 분명 그 결과를 어떻게 획득할 수 있을지 분석하는 이론적·경험적 도구를 제공해준다.

경제학은 공적 추론에서 분명하게 '공평한 구경꾼'의 관점을 취하면서 다른 사람의 관점을 고려하는 스미스[Smith 2000(1759)]에서 센(Sen 2009)에 이르는 전통을 가지고 있다. 따라서 대다수 경제학자는 본인의 것을 포함한 모든 가치 판단을 '존재'에 대한 분석과 분리하려는 자신들의 관례를 편안하게 여기며, 실제로 대다수가 그러한 분리를 훌륭하다고 말한다.

경제 정책에 주는 함의

그럼에도 경제학자는 규범적 이슈와 불가분의 관계에 놓여 있다. 초록 들판에 새로운 철로 노선을 깔지(비용 편익 분석), 또는 기업 제품의 안전 기준을 규제할지(규제 정책), 또는 어느 기업이 다른 기업을 인수하려 할 때 그런 사적인 거래를 막아야 할지(경쟁 정책) 등의 이슈와 말이다. 경제학자 역시 그들 자신의 가치관과 견해를 갖게 마련이다. 분리 프로토콜은 정확히 자원의 할당과 집단적 이용의 조직 방법을 근본 과제로 삼는 공공 정책의 질문에 관한 경제적 분석을 심각하게 방해한다.

규범적 가치를 이른바 실증적 방식으로 사용하는 한 가지 예가 정부에서 널리 쓰이는 비용 편익 분석이다. 이는 모종의 개입이 낳는 모든 비용과 편익을 될수록 경쟁 시장 가격을 써서 계산한 화폐적 관점으로 전환하고자 노력한다. 비록 실제로는 달러나 파운드 가치를 부과하기 위해 다양한 방법론을 사용하는 일이 허다하지만. 하버거(Harberger 1971)는 시장 가격의 사용에 찬성하면서, 그것은 사람들이 가치 있게 여길 법한 모종의 차원들을 배제한다고 밝혔다.

> 이런 요소들─여기에는 분명 모종의 프로젝트나 프로그램에 따른 소득 분배적, 국가 방위적 측면 그리고 아마 국가의 자연적 아름다움 측면도 포함될 것이다─은 대단히 중요할지 모르고, 어떤 정책 결정을 좌우하는 주요인일 수도 있다. 그럼에도 그것들은 전문적인 경제학자와 나머지 인간을 구분 짓는 전문 지식 패키지 안에 들어 있지 않다.

그러므로 여기서도 분리 프로토콜에 대한 호소를 엿볼 수 있다. 비용 편익 분석의 관행이 발전함에 따라, 이를테면 환경적 외부 효과 같은 정책의 '좀더 넓은 효과'를 고려하려는 노력이 이어졌다. 계속해서 개정되고 있는 영국 재무부의 그린북은 환경에 미치는 영향에서 좀더 넓은 정책의 야망에 이르는 계산상의 비시장적·사회적 측면을 점차 강조해왔다. 오늘날의 예로는 돈을 더 부유한 지역에 투자하면 경제적 수익이 더 높아질―비용 편익 평가가 좀더 정적(positive)이 될―것임에도, 이른바 '뒤떨어진(left behind)' 지역이라 표현되는 장소에 돈을 더 많이 쏟아붓는 조치를 꼽을 수 있다.

비용 편익 분석은 특히 환경주의자들로부터 비판을 받아왔다. 본시 '값을 매길 수 없을 만큼 소중한(priceless)' 내재적 가치에 화폐 수치를 부과하려 애썼다는 이유에서다(Kelman 1981). 경제학자들은 그 기법을 더욱 정교화하는 식으로 그 비판에 화답했다(Drèze and Stern 1987; Dietz and Hepburn 2013). 하지만 그 기법은 화폐 지표를 공통 잣대로 사용함으로써 모든 정책 결정에서의 규범적 판단을 그야말로 명시적이라기보다 암묵적으로 만들어버렸다. 비용 편익의 분배 문제는 똑바로 다뤄지지 않은 채 정치적 의사 결정권자들의 손으로 넘어간다. 무엇보다 그 기법은 개인적 비용 편익의 가치를 모두 합한 값과 사회적 비용 편익 간에는 아무런 차이가 없다고 가정한다. 상호 작용과 사회적 영향은 고려하지 않는 것이다.

여타 수많은 응용경제학 영역도 후생 평가를 포함하지만, 그중 한 가지 영역은 파레토 기준을 적용함으로써 좌절을 겪었다. 즉, 우리 전문가 집단은 자원 분배에 무관심한 사회 웰빙 척도를 채택함으로써 스스로의 손을 결박해왔다. 만약 어떤 정책을 실시한 결과, 많은 가난한 사람은 더 잘살게 되지만 단 한 사람의 부자가 더 못살게 될 경우, 우리가 경제학에서 사용하는 공식적 파레토 후생 기준에 따르면 그 개입은 실패다. 이는 더없이 바람직하지 않기에, 실제 정책 제언은 상식에 기반한 공식적 후생 분석 기구보다 우위에 있다. 그러나 우리는 혼란에 빠진다. 그렇다면 어떤 정책이 좋은 아이디어인지 아닌지를 어떻게 결정할 수 있단 말인가?

경제가 경제학에 던지는 숙제

우리는 경제가 변화하는 방식 때문에 후생경제학의 공백을 메울 필요가 있다. 기술은 언제나 사회적이었다. 전기 같은 오래된 기술조차 생산성이 높아지기까지 반세기가 걸렸다. 여러 가지 상호 보완적 투자가 이루어져야 하고, 일터와 가정의 조직도 재정비해야 했기 때문이다(David 1990). 많은 나라는 여전히 관련 기술의 사용을 위한 정치적·사회적 상황이 삐끗할 때면, 안정적으로 전기를 공급하는 데 차질을 빚는다.

최근의 기술 혁신은 예컨대 디지털 시장의 네트워크 효과, 규모의 경제(economies of scale),* 데이터 축적과 사용에서의 외부 효과, 혹은 경제 지형의 집적 효과(agglomeration effect) 같은 형태를 띠는 사회적 스필오버(spillover)**의 크기와 중요성을 한층 키워주었다. 사적 이해와 집단적 이해가 서로 갈리면 그 결과로 시장 실패가 더 잦아진다. 디지털 기술과 유전공학, 또는 신소재 기술 같은 최첨단 기술에서의 복잡한 재화와 서비스는 대규모 협력적 활동, 광범위한 통신과 지식, 유·무형 인프라에 대한 대대적 투자를 수반한다. 새로운 재화와 서비스는 흔히 비경합적이다. (즉, 그것들은 고갈되는 일 없이 한 번에 한 사람 이상이 사용할 수 있다.) 따라서 고전적인 공공재의 정의를 충족시킨다. 공공재는 사전적 자금 조달이 요구되므로 흔

---

* 생산 요소 투입량의 증대에 따른 생산비 절감 또는 수익 향상.

** 숙련 기술과 역량이 서로 영향을 주고받음으로써 고도로 숙련된 전문 인력이 한데 모여 전체적으로 일대 변혁을 이끌어내는 현상. 일출(溢出) 효과, 누출 효과, 유출 효과라고도 한다.

히 공적 제공을 필요로 한다. 하지만 일단 비용을 지불하고 나면 그것을 이용하는 데 드는 추가(한계) 비용이 없으므로 이용 대금을 얻어내는 것은 실질적으로 어려울 수 있고 경제적으로도 비효율적일 것이다.

오늘날 지식 경제에서는 외부 효과, 비경합적 재화, 수확 체증이 널리 만연한 현상이다. 급격한 기술 변화 및 새로운 재화와 서비스의 급속한 확산을 특징으로 하는 오늘날과 같은 시대에는, 개인의 선호를 바꿔주는 요소가 그저 유행이나 사회적 영향력 또는 학습에 그치던 안정적인 시대에 비해 선호가 고정될 가능성이 한층 더 낮다. 공공재 연구, 기술적 표준, 숙련 기능 등의 측면에서 정부의 조정은 시장이 출현하는 데 필수적이다. 지난 30년 동안의 정치 논쟁에서 드러난 '국가' 대 '시장' 이분법은 현대 경제에 따른 유효한 경험적 접근법이 아니다. 국가 없는 시장도, 시장 없는 국가도 결코 존재한 적이 없긴 했지만, 그들의 상호 의존성은 경제적 복잡성 수준이 날로 높아짐에 따라 그 어느 때보다 크게 증가했다. 시장이 실패하는 상황은 정확히 정부 역시 실패하는 상황이다. 왜냐하면 그것이 바로 사적 이해와 집단적 이해가 가장 크게 벌어지는 상황이기 때문이다.

오늘날 같은 디지털 경제는 후생경제학을 뒷받침하는 정리들이 가정하는 개인 간 분리 가능성과 실제 경제에서 접하는 개인 간 상호 의존성 사이의 간극을 점점 더 넓게 벌려놓고 있다. 앳킨슨(Atkinson 2001, 193)은 1960년대에 학생들은 경제학이 점차 가치 진술(value statement)에 몰두해 왔음에도, 후생경제학 공부를 접했다며 이렇게 지적했다. "오늘날 경제학에서 후생 진술이 만연한데도 우리는 더 이상 그것을 비판적 분석의 대상으로 삼지 않는다." 앵거스 디턴(Angus Deaton)도 아마르티아 센과 최근에 나눈 대화에서 이 점을 누차 지적했다(Sen, Deaton, and Besley 2020). 그는 적어도 일부 고전적 교과서(Little 1950; Graaff 1971; Sen 2017(1970))에서 이 문제를 강조했던 1970년대 이후로는 후생경제학에 아무런 진전이 없었다고 주장했다. "만약 당신이 우리의 현주소를 살펴본다면, 대다수 경제학과들—최고 학부들을 포함해—이 후생경제학을 가르치고 있지 않음을 깨닫게 될 것이다. 그 학문은 이제 완전히 종적을 감추었다"(Sen, Deaton, and Besley 2020, 16). 앳킨슨은 경제학자들이 그들 모형이 낳는 도덕적 결과를 분명하게 고려해야 한다고 요청했다. 공공 정책 선택에 대한 경제 분석은 궁극적으로 기술 관료적이지 않고 그렇게 될 수도 없다. 개인적 이해와 집단적 이해가 엇갈리는 일이 빈번해지면, 상이한 개인이나 집단 간의 이해 충돌과 경제 후생 결과 사이의 비교가 불가피하다. 파레토 기준은 실질적인 도움이 되지 않는다.

지난 10~20년 동안 주류 경제학 발전은 그 전문가 집단이 이 문제를 점차 인식하고 있음을 말해주는 신호일지도 모른다. 제도경제학이 하나의 예다. 제도란 정의상 한 개인 이상을 아우르며, 시간과 공간에 따라 달라진다. 정부, 공공 단체, 대학, 기업, 협동조합, 자선 단체, 종교 집단, 노동조합, 가정은 자원의 배분 및 사용에 관한 집단적 의사 결정에 이르는 수단이다. 제도는 (현대 경제 모형의 표준적 특징인) 정보 비대칭성과 거래 비용에 의해서 영향을 받을 뿐 아니라, (현대 경제 모형의 표준적 특징이 아닌) 사회적 선호의 형성에 의해서도 영향을 받는다(Bowles 2004).

또한 상호 의존성은 게임 이론에서 인정하는 정의에 따르면, 전략적으로 다른 사람들과 상호 작용하는 의사 결정권자에 대한 분석이며, 이는 경제학에서 큰 영향력을 발휘한다. 시장 설계 영역도 이와 흡사하게 본시 상호 의존적 결정과 관련이 있다. 디지털 시장과 금융 시장 등의 맥락에서는 다른 개인들의 존재와 정체성을 중시하는 네트워크 이론이 널리 쓰이고 있다. 환경경제학은 온라인 플랫폼 같은 디지털 시장에 대한 연구와 마찬가지로, 외부 효과에 초점을 맞춘다. 현대 성장 이론에 따르면, 성장은 지식 스필오버(knowledge spillover)에 의존한다. 다시 말해, 사람들은 서로를 통해 배운다. 복잡계 과학의 경제적 적용(Colander and Kupers 2014)과 진화 이론(Lo 2017)에 대한 관심도 나날이 늘고 있다.

후생경제학과 좀더 구체적으로 연관되는 것으로, 후생에 대한 '잠재 가능성 접근(capabilities approach)'*이 개발경제학이라는 맥락(Dasgupta 2007; Sen 2017; 1970)에서뿐 아니라 경제 진보를 평가하는 방법에 관한 좀더 폭넓은 논쟁에서(Fitoussi, Sen, and Stiglitz 2009) 정책적 영향력을 발휘해왔다. 최근에는 유럽위원회와 경제협력개발기구(OECD) 같은 공식 기구를 포함해 정책 입안과 정책 캠페인을 다루는 세계, 그리고 'GDP를 넘어(beyond GDP)',** 즉 시장 결과 그 이상의 것을 측정하는 척도에 대한 관심이 급증했다. 하지만 1980년대 이후 자유 시장 정치의 유산과 기술관료주의적 본능은 많은 경제 정책 분석을 이 최근의 사고보다 더 협소한 접근법에 오도 가도 못 하게 가둬두고 있다. 지난 몇십 년 동안 학생이었던 경

---

* 아마르티아 센이 제시한 개념으로 '역량 접근'이라고도 한다. 그는 공리주의적 효용만 따지는 주류 경제학을 비판하고 경제학이 윤리학의 기원을 회복해야 한다고, 발전이란 자본의 축적만이 아니라 인간의 자유와 잠재 가능성의 확대까지 포괄한다고 주장했다.

** 오늘날 세계는 경제 발전 등 양적 성장의 지표로 통용되어온 GDP의 한계를 극복하기 위해 사회 후생, 삶의 질 등 질적 성장을 고려하는 'GDP를 넘어'에 점차 관심을 기울이고 있다.

제 정책 입안자들은 자유 시장 프레이밍을 굳건히 내면화했다. 이것이 지속될 수 있었던 까닭은 연구자들이 후생경제학 개념 틀에 대해 깊이 숙고하지 않았고, 이는 피치 못하게 그들 연구 결과의 적용에 영향을 미치고 있기 때문이다. 최근 몇십 년 동안 개인주의보다 상호 의존성을 점점 더 통합하는 등 경제 연구가 적잖은 변화를 겪어왔지만, 후생경제학은 그 흐름을 제대로 따라잡지 못했다. 경제학자들이 후생경제학의 토대—사회 전반을 위한 결과와 분배의 문제—를 재검토해보지 않는 한, 오늘날의 정책적 질문에 답하는 우리 능력은 한계를 드러낼 수밖에 없다. 이 장 앞머리에 소개한 실험들은 우리가 경제적 결정의 '존재'를 이해하고자 할 때 맥락을 살피는 일이 얼마나 중요한지 잘 보여주었다. 이제 분리 프로토콜을 내던지고, 맥락이 어떻게 '당위'에도 영향을 미치는지에 대해, 그리고 우리는 과연 어떤 유의 사회에서 살고 싶은지에 대해 올바로 사고해야 할 때가 왔다.

쉬어가는 페이지

내가 3장에서 명시적으로 논의하지 않은 내용은 변화하는 정치 환경이다. 2016년 영국에서는 '떠나자(Leave)' 캠페인 주동자들이 브렉시트 국민투표에서 승리했고, 미국에서는 도널드 트럼프가 대통령 선거에서 이겼으며, 서방 국가들에서는 포퓰리즘 정당이 비록 선거에 패배한 곳일지라도 상당한 득표율을 보여주었다. 이런 유의 정치적 변화에는 늘 그렇듯이 단 한 가지 원인만 있지 않다. 그러나 경제적 불이익이 거기서 큰 몫을 차지했다는 것만큼은 분명하다. 여러 투표에 관한 연구들은 경제적으로 번창하는 거대 도시 중심지에 비해 이른바 '뒤떨어진' 지역들과 포퓰리스트 득표율 사이의 상관관계를 지도화했다. '뒤떨어진' 지역의 등장은 1980년대의 제조업 퇴조가 빚어낸 결과였다. 1980년대에 소득과 부의 불평등이 몰라볼 정도로 확대되었음에도, 그로부터 한참이 지나서까지 그 문제에 대한 정책적 관심은 소홀하기 그지없었다. 신문 머리기사를 도배한 '점령하라' 운동이 펼쳐지고, 토마 피케티(Thomas Piketty)가 쓴 《21세기 자본 (Capital)》(2014)이 날개 돋친 듯 팔려나가고, '뒤떨어짐'이 야기하는 사회적 비용에 대한 인식이 증가하고, 그에 따라 앤 케이스(Anne Case)와 앵거스 디턴이 《절망의 죽음과 자본주의의 미래(Deaths of Despair and the Future of Capitalism)》(2020)*에서 그 문제를 위엄 있게 증명해 보인 뒤까지도 말이다. 거시경제학 통계가 뭐라고 떠들어대든 숱한 서민들의 삶은 좀처럼 나아지지 않았다.

불평등은 경제적 현상임과 동시에 정치적 현상이다. 상이한 OECD 경제체들은 새로운 '파괴적 기술(disruptive technology)',** 인구 노령화, 무역과 고용에 영향을 끼치는 공급망의 세계화 같은 유사한 추세에 직면했음에도 경험한 불평등 정도가 저마다 달랐다. 과거와 현재의 정치에 따라 각국의 노동법, 노동조합의 역할, 사회적 동반자 관계, 과세 정책, 그리고 여타 제도적 특성이 모두 제각각이었기 때문이다.

하지만 경제적 변화는 모든 곳에서 비슷한 결과를 낳았다. 진즉부터 러스트 벨트(rust belt)***의 일부였던 지역들은 훨씬 더 불리한 위치로 전락했다. 새로운 지식 기반 기술이 장기간에 걸친 정규 교육〔경제학 전문 용어로

---

* 여기서 절망의 죽음, 즉 절망사(絶望死)란 미국의 저소득·저학력 백인층에서 나타나는 현상으로 자살, 약물 중독, 알코올 중독 등에 따른 일어나지 말았어야 할 안타까운 죽음을 지칭한다.

** 실리콘밸리에서 유행하는 신조어로, 업계를 뿌리째 재편하고 시장을 대부분 점유하게 될 새로운 제품이나 서비스를 말한다.

*** 미국 북동부의 사양화한 공업 지대로, 자동차 산업의 중심지 디트로이트, 미국 철강 산업의 메카 피츠버그 등이 대표적이다.

는 '숙련 편향적 기술 발전(skill-biased technical change)'과 충분한 비공식적 노하우〔역시 전문 용어로 말하자면 성문화한(codified) 지식이 아닌 암묵적(tacit) 지식〕*의 교환을 통해 습득되는 그런 유의 숙련 기능을 요구하기 때문이다. 이런 특성은 여러 유형에 걸친 사람들 간의 지리적 분류로 이어졌다. 고학력 지식 노동자들은 샌프란시스코나 실리콘밸리 같은 특정 대도시 중심지, 또는 베를린·런던·파리 같은 수도 지역에 점점 더 모여 살게 되었다. 앨프리드 마셜〔Alfred Marshall 2013(개정판)〕이 1890년 출간한 《경제학의 원리(Principles of Economics)》에서 '집적 경제(agglomeration economies)'라고 알려진 현상, 즉 제조업체나 직종 등 경제 주체들이 특정 공간에 함께 군집을 이루는 데서 얻는 경제적 이득을 규명한 이래, 경제 지형의 불균형은 점차 또렷해졌다. 이는 어쨌든 산업혁명기에 빅토리아 시대(Victorian) 대도시들이 부상한 이유를 설명해준다. 디지털 기술과 경제 성장에서 지식 기반 활동 또는 무중량(weightless) 활동**(Coyle 1997)으로의 전반적 이동은 집적 경제를 강화했으며, 그에 따라 불평등의 지리적 차원을 더욱 넓혀놓았다(Autor 2019; Moretti 2012). 팬데믹은 필시 이런 추세를 중단하거나 심지어 거꾸로 돌려놓을 테지만, 지금의 우리로선 얼마나 오랫동안 그럴 것인지 알 도리가 없다.

---

* 암묵적 지식은 헝가리 출신의 영국 철학자 마이클 폴라니(Michael Polanyi, 1891~1976)가 지어낸 표현으로, 언어 등의 형식을 갖추어 표현될 수 없는, 경험과 학습에 의해 몸에 밴 지식을 말한다.

** 무중량 경제란 그 가치가 물리적 최종 생산물에 있지 않은 경제 활동, 혹은 가치 창조가 비물질화한 생산물에 점점 더 의존하는 경제를 뜻한다.

더군다나 디지털 부문 자체는 엄청난 부를 극소수 사람들 수중에 몰아주었다. 일부 논평가들은 적절하게도 1920년대의 대호황 시대(Gilded Age)와 그로부터 100년 뒤인 2020년대를 비교했다. 극명한 대조를 이루기 때문이다. 샌프란시스코는 빈부 격차를 상징적으로 보여준다. 백만장자와 억만장자가 활보하는 같은 길 아래쪽에 절망 상태에 빠진 거대한 노숙자 무리가 허우적거리고 있다. 부자들은 자신이 타고 가는 우버, 아니면 멘로파크(Menlo Park)나 마운틴뷰(Mountain View)로 이동하는 임원용 셔틀의 창문을 통해 극빈자와 중독자들을 내다본다(Chan 2017; Solnit 2014). 오늘날에는 기술이 낳은 부와 권력에 관한 정책적 논쟁이 활발하게 벌어지고 있으며, 그 상당수가 디지털 시장이 소수 거인 기업에 장악당한 현실에 주목한다. 최대 디지털 기업—알파벳/구글, 아마존, 애플, 페이스북, 마이크로소프트—은 코로나19 팬데믹이 더 많은 활동을 온라인으로 옮아가도록 내몬 결과, 한층 더 즐거운 비명을 지르게 되었다.

디지털이 우리의 경제적·사회적 삶을 어떻게 재편하고 있느냐는 1990년대 이후 내가 꾸준히 주력해온 문제다. 실제로 그에 대해 지속적 관심을 불러일으킨 계기는 다름 아니라 내가 1994년 〈인디펜던트(The Independent)〉에서 신입 기자로 근무한 경험이었다. 기술주 시장 버블은 아직 발생하지 않았으므로, 경제부 데스크의 고위직 가운데는 아무도 유니팜(Unipalm)이라는 케임브리지의 작은 기술 기업이 주식 시장 신규 상장을 통해 부상하는 상황을 다루는 데 관심이 없었다. 유니팜은 영국 최초의 상업용 인터넷 서비스 제공 업체였다. 나는 그것이 무엇인지 확실히 알지 못했지만, 의무감에 그 회사의 홍보 기업이 투자자와 금융 담당 기자들을 대상으로 순회 행사를 치르기 위해 대여한 호텔의 스위트룸을 찾아갔다. 프레젠테이션의 하이라이트는 샌프란시스코의 금문교를 오가는 차량들을 보여주는 웹캠(webcam)으로, 실시간 풍경이 우리 눈앞에서 생중계되었다. 지금 이 말이 따분하게 들린다면, 이것이 새로운 월드와이드 웹(World Wide Web, WWW)에 연결된 케임브리지 대학 커피 기계의 웹캠이 인기 있는 현상으로 부상한 것과 같은 시대였음을 기억하라.[1] 어쨌거나 나는 순간적으로 이것이 범상치 않은 일이 되리라 직감했다. 그리고 감명을 받았다. 실제로 기술주에 돈을 투자할 만큼은 아니었지만 말이다. 대신 나는 그에 관한 책을 집필했다.

그때 이후 약 20년간 나의 직업 이력이 이리저리 바뀌는 동안에도 디지털은 시종 내 작업의 구심점으로 남아 있었다. 나는 거기에 관한 글을 썼고, 컨설턴트로서 기술경제학 관련 작업을 진행했으며, 규제자로서 그 시장을 분석했고, 이제는 그에 대해 연구하고 있는 것이다. 2018년 케임브리지 대학의 취임 기념 공개 강연에서 발표한 자료[2]를 토대로 한 4장에서는 3장의 논의를 이어간다. 디지털화는 어떻게 후생경제학을 재고해보도록 이끄는지, 그리고 우리는 사회가 더 잘살게 되고 있는지 여부를 어떻게 판가름하는지에 관한 논의가 그것이다. 4장은 후생경제학과 규범적 고려 사항, GDP와 사회 후생을 분리하는 원인으로서의 디지털 현상에 관한 3장의 논의를 계속하면서, 진보를 측정하는 방법에 대한 논쟁도 아우를 것이다. 그뿐만 아니라 다음과 같은 새로운 질문도 다룰 참이다. 테크놀로지는 경제 정책의 효과성을 재고하도록 강제하는가? 디지털 세상에서 정부와 시장은 어떤 관계를 맺고 있는가?

톱니바퀴와 괴물

공공 정책에 관심이 있는 이라면 누구라도, 거의 명시적으로 다루어본 적 없는 다음과 같은 근원적 질문에 대해 고민할 것이다. 정책이 사태를 더 나아지게 만들었다는 것은 과연 무슨 의미인가? 정책이 이루어야 하는 결과는 무엇인가? 그리고 무엇이 어떤 특정 결과를 다른 것보다 더 낫게 만들어주는가? 이런 질문은 상대적으로 협의(狹義)의 조건에 비추어 답할 수 있다. 즉, 경쟁 정책은 경쟁을 증진시키거나 유지해야 한다, 통화 정책은 안정적인 인플레이션을 달성해야 한다 등등. 하지만 이는 그저 그러한 협의의 목표가 적절한 목표라고 가정함으로써 우리를 그 문제에서 한 발 더 멀어지게 만들 뿐이다. 정책은 어떻게 사회를 전체적으로 더 잘살도록 만들어주는가? 그리고 우리는 그것을 어떻게 알아볼 수 있는가?

언제나 공공 정책 논쟁의 중심에 서는 경제학에서, 기계 은유는 우리의 언어와 사고에 깊이 뿌리박혀 있다(Lakoff and Johnson 1980). 20세기

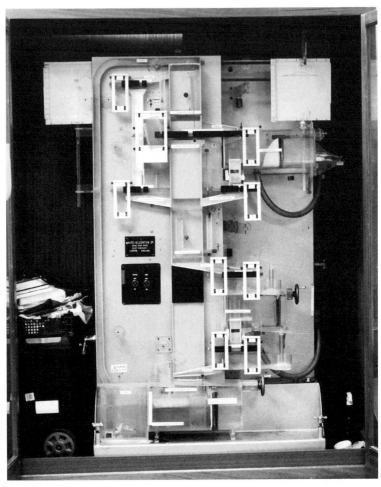

그림 2 케임브리지 대학 경제학부 미드 룸(Meade Room)에 있는 필립스 기계. 저자가 찍은 사진.

에는 그것을 충분히 문자 그대로 받아들였다. 예컨대 이제 불과 몇 개밖에 남아 있지 않은 필립스 기계(Phillips Machine)(그림 2)는 그야말로 파이프와 톱니바퀴들이 빚어내는 기계적 관계로 짜인 경제 전체를 나타내는 데 쓰였다. 이것이 적절한 경제 모형이라고 생각했다니 얼마나 순진했던가. 우리는 이제 불확실성, 마찰, 기대, 충격, 행동주의적 편향을 통합한 (은유적) 모형에 힘입어 그 정도로까지 어리석지는 않다. 그렇지만 기계 은유는 여전히 경제 정책에 심대한 영향을 끼치고 있다. 우리는 정책 지렛대(policy lever: 정책 수단), 연동 장치(linkage: 연결), 원인과 결과(cause and effect)에 대해 말한다. 경제학자는 자신들의 학문에 대해 돌아보라고 요청하면, 흔히 스스로를 엔지니어(Roth 2002), 또는 배관공(Duflo 2017)에 비유하려 애쓰곤 한다.

말할 나위 없이 세계는 기계가 아니며, 우리 역시 그런 모형이 가정하고 있는 기계 속 톱니바퀴가 아니다. 역설적이게도 기술 변혁이 추동하는 부단한 경제적·사회적·정치적 변화는 점점 더 기계가 이끌어가는 우리 세계를 점점 덜 기계적이도록, 덜 예측 가능하도록 만들어주고 있다. 중세 지도에서처럼, 현재의 지식 영역 밖에 존재하는 미지의 영역에는 괴물들이 살아가고 있다. 보스턴 다이내믹스(Boston Dynamics)*가 만들어내는 끔찍한 로봇들은 새로운 괴물을 상징적으로 보여준다.[1]

일상생활, 사업과 소비, 사회적 관계와 정치에서의 디지털적 전환은 우리에게 두 가지 질문을 던진다. 첫째는 낯익지만 새로운 답을 요구하는 질문이다. 우리는 어떤 유의 사회를 원하는가? 그리고 어떻게 그런 사회로의 진전을 측정할 수 있는가? 둘째, 이처럼 단순한 인과적 설명을 쾌히 받아들이기 힘든 비선형적이고 복잡한 세상에서, 어떻게 하면 정책이 진보를 이루는 데서 효과를 발휘할 수 있는가?

---

* 1992년 설립된 미국의 로봇공학 스타트업.

디지털 세상에서는 무엇을 진보로 간주하는가

이 이야기는 디지털 기술에서 시작한다. 분명 그 결과를 쉽게 가늠할 수는 없지만, 디지털 기술은 경제 전반에 널리 쓰이는 '범용 기술(general purpose technology, GPT)*의 일례로서 경제와 사회에 중요한 적응 및 대응을 강제하고 혁신을 촉발하며 행동을 변화시킨다. 인공지능 또는 기계 학습 시스템의 사용 증가는 이런 추세를 가속화하는 듯하다. 신기술이 경제적·사회적 삶의 구석구석에 미치는 효과는 경제를 측정하고 분류하는 현행 개념 틀, 특히 경제 진보를 간략히 보여주는 지표인 GDP에 대한 재평가를 요구한다. 거대한 기술 주도 변화의 증거는 우리의 일상 도처에서 찾아볼 수 있다. 그런데도 표준적 경제 통계는 그에 대해 거의 말해주지 않는다. 일단 한 가지 이유에서 진보의 척도로서 GDP 성장에 대해 의문을 제기하면, 그 유용성을 의심받는 다른 이유들도 덩달아 불거진다. GDP 성장은 소득 분배를 반영하지 못하고 소중한 무급 노동을 누락시키며 환경을 무시한다. 그것의 부적절성은 기술 관료적 경제학자들이 너무나 많은 시민의 삶을 개선하는 데 실패했음을 보여주는 상징으로 떠올랐다. 표준적 정책 성공의 측정 기준(metrics)은 꽤나 오랫동안 중요한 일부 현상을 비가시적인 것으로 만들었다. 전문 지식은 다른 사람들의 삶에 대한 권한을 요청하는 것이다. 따라서 만약 전문 지식이 제 구실을 못 하면, 놀랄 것도 없지만 사람들은 그것이 본인에게 부과한 제약에 도전하려 들

---

* 인쇄술, 증기 기관, 전기 등 세계 경제 성장에 모태가 된 기술로서 일반 가정의 생활 양식뿐 아니라 기업의 사업 경영 방식에도 일대 변화를 가져오는 근원적 기술.

것이다. 이를테면 반(反)엘리트주의자에게 투표하는 식으로 말이다.*

테크놀로지가 가져온 모종의 구조적 변화는 우리의 진보 관찰 도구
인 통계적 렌즈를 낡은 것으로 만들어버렸다. 이제 진보를 측정하기 위해
서는 새로운 개념 틀이 필요하다. 중요한 경제적·사회적 변화라는 맥락
에서 측정을 살펴보면, 낯익지만 종종 잊히곤 하는 한 가지 교훈이 떠오
른다. 통계는 현실의 근본적 특징을 일부 반영하지만, 결코 가치와 무관
하지 않다는 것 말이다(Porter 1995; Desrosières 2002). 그리고 3장에서 논의한
바와 같이 가치 중립적인 기술적 노하우에 대한 주장에도 불구하고, 오늘
날 정부에 미치는 경제학자들의 영향력도 결코 가치 중립적이지 않다.

내가 10대이던 1970년대에는 인터넷과 웹도, 이동전화 통신도, 개인
용 컴퓨터와 태블릿과 스마트폰도 없었다. 검색, 음악이나 영화 스트리밍,
이메일, 문자 메시지 같은 서비스도 없었다. 전화기는 보통 차가운 홀(중앙
난방이 보편화하지 않았을 때라)의 벽에 매달려 있었으며, 전화선을 이웃과 공유
하는 일도 흔했다. 대안으로 카세트테이프를 사용할 수 있었지만, 여전히
레코드판이 대세였다. 은행 업무를 보려면 시내 중심가로 나가서 길게 줄
을 서야 했다. 자동차는 유독한 유연 휘발유를 사용했고 연소 효율이 떨어
졌으며, 내장형 GPS나 에어컨은커녕 라디오나 자동식 창문도, 오늘날과
같은 안전장치도 없었다. MRI 스캐너를 발명하기 전이었으며, 오늘날의

---

* 마이클 샌델의 2020년 저작 《공정하다는 착각(The Tyranny of Merit)》은 얼핏 공
정해 보이는 능력주의로 인한 승자들의 오만과 패자들의 굴욕감이 어떻게 포퓰리즘에 불
을 지피고, 도널드 트럼프 대통령 같은 반엘리트주의적 포퓰리스트의 부상에 기여했는지
를 흥미롭게 파헤친다.

암 치료제도 아직 개발되지 않았다. 백내장이나 정맥류 수술은 그저 간단한 외래 수술에 그치는 게 아니었다. 인터넷이나 의학·제약의 진보 같은 더없이 소중한 혁신뿐 아니라 나날의 삶에서 개선을 증진하는 요소는 숱하게 많아졌다. 바람과 비를 확실하게 막아주는 섬유로 만든 아웃도어 장비 및 의복, 일회용 콘택트렌즈, 웬만해선 올이 풀리지 않는 팬티스타킹, 원할 때 TV 프로그램을 찾아볼 수 있는 환경, 에너지 효율적인 전구……. 2008년의 스마트폰 보급, 3G 무선 네트워크와 시장 설계가 내장된 알고리즘의 결합은 유독 혁신적이었다. 택시에서 숙박업, 소매업에 이르는 모든 산업이 그때 이후 '파괴적 혁신(disruptive innovation)'의 길을 걸었다.

기업이 사용하는 장비와 기업의 운영 방식에서도 마찬가지로 의미 있는 혁신이 광범위하게 이루어졌다. 생산 과정의 자동화와 전체 공급망에 걸친 '적기 공급 생산(just-in-time production)'* 시스템의 확대가 그러한 예다. 과거의 중요한 기술도 다를 바 없었지만 디지털 기술, 그리고 오늘날의 AI 기술은 경제를 송두리째 재편하고 있다. 1980년대 이후 정보통신 기술의 발전이 없었더라면 다국적 기업의 경제 세계화는 한층 더뎠을 테고, 수많은 중간 관리자의 '직급 간소화(delayering)' 또는 감축, 그리고 아웃소싱 같은 형태의 기업 재구조화도 없었을 것이다. 또한 우리는 디지털 플랫폼 같은 비즈니스 모형 혁신, 주문형(on-demand) 서비스와 전자 상거래, 소셜 미디어도 보지 못했을 것이다.

대량 생산 경제는 1960년대에 절정에 달했으며, 그 전환점은 1970년대의 경제 위기와 더불어 명백해졌다. 1980년대 중반 폴 로머는 경제 성

---

* 무재고 생산.

장에서 지식이 담당하는 역할을 파헤친 연구를 출간하기 시작했고(그 연구를 수행한 공로로 2018년 노벨 경제학상을 수상했다), 거기서 지식이 경제 현상을 어떻게 변화시키는지 규명했다(Romer 1986a, b). 지식 경제에서 성장은 흡사 언덕 아래로 굴러가면서 점차 몸집을 불리는 눈덩이와 같다. '수확 체증의 법칙'은 정보 기술이나 생명공학 기술 같은 선도적 부문에서 널리 확산한 현상이다. 정책이나 기타 결정에서의 작은 변화가 결과에서 엄청나게 큰 차이를 불러오는 것이다. 디지털 플랫폼처럼 작게 시작한 뭔가가 그야말로 삽시간에 터무니없이 커지는 티핑 포인트가 존재한다. 또한 경로 의존성(path dependency)*과 잠금 효과(lock-in effect)** 같은 현상도 나타난다. 즉, 일단 변화의 방향이 정해지면, 특히 기술적 표준을 뿌리내리거나 대규모 소비자 기반을 구축하는 등의 상황에서, 궤도를 변경하는 일이 거의 불가능해진다는 것이다.

아이디어에 기반한 더 많은 무형의 재화와 서비스―이를테면 소프트웨어―는 비경합적이며, 따라서 최초 사용자에게 제약을 가하지 않으면서 많은 사용자가 거의 무상으로 복제해 사용할 수 있다. 데이터도 그와 흡사해서, 되풀이 사용해도 고갈되지 않는다. 이런 특성이 데이터를 기술적 의미에서 공공재로 만들어준다. 물론 암호화 같은 기술이나 법률을 통해 그것을 사용하지 못하도록 사람들을 배제할 수는 있지만 말이다. 특허나 저작권을 위시한 지식재산권 법이 무형 재화의 광범위한 사용에

---

* 기존의 제도나 관행을 쉽게 바꾸지 못하는 현상.
** 기존 제품을 사용하던 소비자가 더 좋은 신제품이 나오더라도 내내 기존의 재화나 서비스에 머물러 있는 현상. 고착 효과, 자물쇠 효과, 그냥 낙인 효과라고도 한다.

제동을 걸기 위해 널리 시행되고 있다.[2]

　일반적으로 더 많은 재화가 외부 효과 및 상보성을 띠게 되었다. 즉, 이것들은 개인적으로 생산·소비될 때보다 집단적으로 생산·소비될 때 그 재화를 더욱 유용하거나 가치 있도록 만들어주는 특성이다. 우리의 데이터를 모은 다음 우리에게 손해를 끼치면서 그것을 이용해 돈을 버는 거대 디지털 기업, 그들을 향한 우려에 대한 한 가지 반응은, 데이터 수집자들이 우리에게 돈을 지불하도록 해야 한다는 제안이다. 사적 데이터를 제공하는 것도 일종의 노동이며, 따라서 보상받아야 마땅하다는 논지다(Arrietta-Ibarra et al. 2018). 하지만 일개 개인의 관심은 그렇게까지 큰 가치가 없다. 개인주의적 해법은 사회적 가치를 모아내지 못한다. 디지털 기업은 마케팅을 위해서든 광고주에게 팔아넘기기 위해서든 우리의 개인 데이터를 한데 종합함으로써 사회적 가치를 얼마간 이끌어낸다.

　하지만 데이터가 개별 기업의 서버에 갇혀 있거나 사적 속성을 띠면, 모든 가능한 사회적 가치는 구체화되지 못한다. 전체는 개인보다 더 값어치 있으며, 서로 연결된 여러 유형의 데이터가 훨씬 더 가치를 띠기 때문이다(Coyle et al. 2020). 우리는 개별 디지털 공급 업체가 각각 자체적으로 보유한 데이터만 사용하는 경우보다, 기계 학습이 수많은 사람의 식품 쇼핑 습관, 건강 상태, 웹 검색, 운동 일정에 관한 데이터를 통합함으로써 규칙성을 발견할 경우 더 많은 이득을 볼 수 있다. 사람들은 데이터 커먼즈(data commons)에 대해 언급하지만, 커먼즈*는 경합적으로 사용되며(즉, 한 번에 딱 한 사람만 사용할 수 있으며) 비배제적인(즉, 사람들이 거기에 접근하지 못하

---

* 　공동체에서의 공유 자산, 공통의 부, 공통재, 공유재, 공유 활동을 지칭한다.

도록 막을 수 없는) 그런 유의 재화다. 반면 데이터는 비경합적으로 사용되고 배제적이다. 실제로 일부 디지털 시장에서, 이런 비경합성은 더 많은 다른 사용자들이 존재할 때 발생하는 네트워크 효과로 인해 대폭 강화됨으로써 나의 개인적 이득을 한층 키워준다. 구글 웨이즈(Waze) 같은 앱이 한 가지 예다. 웨이즈는 실시간 교통 정보를 통합해 길을 안내해주는데, 그 정보의 상당수가 다른 웨이즈 사용자들이 제공한 것이다. 우리 가운데 더 많은 이들이 그 데이터를 사용하고 그것을 생산하면 더 좋은 결과를 얻는다. 소셜 미디어와 검색도 또 다른 좋은 예다. 데이터가 많아지면 흔히 의미 있는 패턴을 찾아내는 데, 또는 디지털 플랫폼에서 구매자와 판매자를 매칭하는 데 더욱 유리하다.

이런 특성은 조립 라인에서 거의 비슷한 물품을 쏟아내는 대량 생산과는 정반대다. 우리는 디지털 경제에서도 '규모의 경제' 효과를 톡톡히 보지만, 거기서는 다양성과 개인화 또한 점차 증가한다. 이를테면 사람들은 에어비앤비(Airbnb), 오픈테이블(Opentable), 우버, 아마존 마켓플레이스(Amazon Marketplace) 같은 디지털 매칭 플랫폼을 통해 지극히 특수한 개인적 욕구나 선호를 만족시킬 수 있는 것이다. 돈이 오가지 않는 경우도 더러 있다. 앞서 기술한 앨빈 로스의 유명한 신장 거래, 그리고 원치 않는 상품을 교환하거나 장비 또는 강아지를 공유하는 오늘날의 수많은 비영리 공유 경제 플랫폼이 그러한 예다.

인쇄술에서 전기에 이르는 과거의 주요 혁신 사례처럼, 이 같은 현상은 어마어마한 가치를 창출하고 있다. 하지만 그것이 현행 경제 통계 개념 틀에서는 거의 보이지 않는다 해도 과언이 아니다. 현재 새로운 기술의 진보는 경제학자를 괴롭히는 역설을 드러낸다. 이른바 '생산성 수수께끼(productivity puzzle)*라는 현상이다. 노동 생산성(Labour productivity)—노동시간당 GDP—또는 추가적 자본이나 노동 등 물적 생산 요소의 투입으로 설명되지 않는 GDP 증가를 측정하는 총요소 생산성(multifactor productivity)**은 2000년대 중반 이후 나아질 줄을 모른다. 일부 경제학자, 특히 로버트 고든(Robert Gordon 2016)은 디지털 기술을 과대 선전(hype)이라고 치부하면서 생산성 수수께끼 역설은 없다고 잘라 말했다. 많은 과대 광고가 존재한다는 거야 의심할 나위 없지만, (나를 비롯한) 여러 경제학자는 표준적 경제 통계가 어떻게 점점 더 무중량인 0과 1의 경제를 반영하는지, 또는 반영하지 않는지 좀더 잘 이해하기 위해 그 통계를 파헤치고 있다.

정치적 셈법

경제 정책 제안을 평가하는 데 흔히 쓰이는 표준적 진보 척도는 GDP다. 좀더 엄밀히 말해 전반적인 물가 수준의 인상에 따라 조정되는 '실질 GDP'다. 경제 규모를 재는 이 척도는 숱한 결함을 안고 있는데, 이는 그것을 처음 고안한 이래 70년 동안 수없이 반복된 지적이다. 여기가 그 모

---

* 혁신 경제에서 핵심적 역할을 하는 기술 발전의 주도국이 정작 그에 따른 성장세를 보이지 않는 현상.

** '다요소 생산성'이라고도 하며, 노동 생산성이나 자본 생산성 같은 단일 요소 생산성(partial factor productivity)과 구분해, 자본·노동·에너지·원자재·서비스 등 측정 가능한 모든 요소를 투입했을 때의 산출량 변화율을 의미한다.

든 것을 풀어놓는 자리는 아니지만 핵심 요점만 말하자면, 그 경제 개념이 전시(戰時)에 생겨났다는 사실은 그것이 분명한 경제 후생의 척도가 아닌 정의(定義)로 구체화되었다는 의미다. 많은 나라에서 평균 1인당 GDP 성장과 생활 수준이 침체되거나 하락한 수많은 사람의 경험 사이에는 10년 이상의 괴리가 존재했다. 따라서 한편으로 비판론자들은 신문 머리기사 수치가 소득 분배를 제대로 반영하지 못하는 등의 단점을 들면서, GDP 성장은 경제 후생의 이익을 과장한다고 주장한다. 다른 한편으로 기술 부문과 금융 시장에 몸담은 또 다른 일군의 비판론자들은 GDP와 생산성 수치가 디지털 변화의 이득을 포착하지 못하며, 따라서 과소평가되고 있다고 믿는다. 1940년대의 개념 틀이 2018년의 경제 구조에 적합지 않다는 거야 두말할 나위가 없다. 그러나 무엇이 그것을 대체할 수 있는 일련의 관례가 될지는 도무지 분명치 않다(Coyle 2017).

　하지만 GDP 비판론자들 가운데 일부조차 실질 GDP를 뭔가의 척도로 여기는 잘못을 저지르고 있다. 음, 실질(real)이라……. 하지만 천만의 말씀이다. 그것은 어디까지나 개념이다. 토머스 셸링(Thomas Schelling)이 쓴 대로 "이른바 '실질'량(real magnitude)이 완전히 실제적인(real) 것은 아니다. 오직 화폐량만이 실제적이다. '실질'량은 가상적인 것이다"(Schelling 1958).

　경제 진보를 측정하는 데서 주된 난제 가운데 하나는 어떻게 이러한 크고 작은 지속적 혁신을 제대로 고려할 수 있는가다. 잘 알려져 있다시피 슘페터(Schumpeter 1994)의 주장대로, 대다수 기업이 경쟁사와 다투는 것은 가격이 아니라 혁신 때문이므로 혁신은 자본주의의 경제적 속성을 이룬다. 늘 새로운 제품이 발명됨으로써, 분명 삶의 질을 (심지어 삶의 양도) 변화시키고 있다. 하지만 우리가 "1978년 평균 소득은 2018년의 화폐 가치로 3만 달러와 동일했다" 같은 말을 할 때, 이는 1978년의 평균인이 1978년에 이용 가능한 제품에 오늘날의 3만 달러를 소비할 수 있다는 의미다.[3] 물가지수 개념은 그것이 소비자 효용(선호의 만족)을 일정하게 유지해주는 물가 변동을 측정하는 것으로, 이는 동일한 일련의 재화와 서비스를 비교한다는 걸 암시한다. 안타깝게도 1978년에 아이폰의 가격은 없었으며, 1978년의 평균인은 아이폰을 사기 위해 의류비나 버스 요금을 절약할 수도 없었다. 실제로 통계청은 가격 지표에 새 재화는 포함하고 옛 재화는 배제하기 위해 다채로운 실용적 기법을 활용하고 있다.

재화가 중요하고도 흥미로운 혁신이 아니라 그저 점진적으로 개선되는 경우에조차 문제가 있다. 판매 가격과 판매 수량이라는 두 가지 지표가 관찰되지만, 한 가지 지표가 더 달라지고 있다. 바로 품질(quality) 지표다. 만약 당신이 당신 돈으로 빵을 덜 사게 된다면(제빵 기능 보유자의 사워도 (sourdough)* 선택지는 무시한다), 빵 가격이 오른 게 분명하다. 그 반대도 마찬가지다. 하지만 우리는 자동차의 크기나 무게가 가격을 평가하는 유일한 기준이 되길 원치 않는다. 관련한 기술 개선은 자동차가 제공하는 수송 서비스의 특성을 더 좋은 쪽으로 바꿔놓았다. 물가지수는 당신이 주어진 액수의 돈으로 훨씬 더 좋은 자동차, 컴퓨터, 또는 세탁기를 구매한다는 사실을 어떻게 반영할 수 있는가? 통계학자는 원칙적으로는 ('헤도닉 (hedonic)' 회귀 분석을 이용해) 품질 개선의 가치를 평가할 수 있지만, 실질적으로 그것은 컴퓨터 같은 오직 일부 제품에만 국한된다.

---

*   시큼한 맛이 나는 빵 반죽.

이런 근원적 난제에도 불구하고, 실질 GDP의 성장은 진보를 개괄적으로 보여주는 썩 괜찮은 그림이다. 경제사가들은 1000년치 GDP 통계를 확보함으로써, 생활 수준 곡선이 수백 년 동안 완만하게, 그리고 르네상스 기간 동안에는 그보다 좀더 빠르게 상승하다 18세기 말 이후 기하급수적 진보와 더불어 수직 상승했음을 보여주었다. 이것이 바로 성장의 '하키 스틱(hockey stick)'이라고 알려진 도해다. 기대 수명, 영아 사망률, 건강 지표에 관한 통계는 진보가 꾸준히 이루어졌음을 말해준다. (이론상 한정 없이 증가할 수 있는 통계 개념과 달리, 생물학적 제약을 고려할 때 선형적이긴 하지만 말이다.)

그러나 경제 진보가 근본적으로 혁신의 문제라는 사실은 통계가 결코 이야기의 전모를 담아낼 수 없음을 시사한다. 개선된 의료 혹은 온라인 영상 통화를 통해 타국에 사는 손자손녀와 공짜로 대화할 수 있는 환경에서 누리는 삶의 질 향상을 전적으로 금전적 측면에서만 포착하는 것은 어불성설이다. 또는 그와 반대로 한때 청정했던 자연에서 종들이 사라지거나 독성 물질에 의해 해양이 오염되는 현상 따위에서 비롯되는 삶의 질 손실 역시 마찬가지다. 지금과는 근본적으로 다른 유의 셈법이 요구되는 것이다. 존 힉스가 주장했다. "경제학은 사실에 대해 연구하고 그로부터 결론을 도출할 수 있는 방식으로 그 사실을 정리하고자 한다. ……올바른 방식으로 정리된 사실은 스스로 말을 한다. 즉, 이미 자명한 사실이기에 긴 설명이 필요 없다. 만약 그렇지 않으면 그것들은 완전히 죽은 것이다"(Hicks 1942). 나는 3장에서 이와 달리 증거와 가치를 분리할 수 있다는 발상은 전적으로 잘못이라고 주장했다. 이는 경제 데이터, 통계에도 정확히 들어맞는 말이다. '데이터'라는 용어는 '주어진 것'이라는 의미의 라틴어에서 유래했지만, 실제로 그것은 주어지지 않는다. 만들어질 뿐이다. "수량적 기록은 우리가 더 멀리 보도록 도와줄 수 있지만, 그것은 어디까지나 수치가 무엇을 드러내고 무엇을 감추는지 우리가 기억하는 경우에 한한다"(Rosenthal 2018). 우리는 우리가 보는 것을 측정할 뿐 아니라 우리가 측정하는 것을 본다.

확실히 데이터는 실제 행동 및 그 결과와 관련이 있다. 하지만 데이터는 분석적 개념, 정의, 분류에 영향을 미치는 정치적 선택의 역사적 결과에 의해 특정 방식으로 구성된다(Porter 1995; Tooze 2001). 이는 단순한 상대주의가 아니다. 전통적 정의의 존재 자체가 사회를 이루는 많은 개인들 행동의 중심으로 작용하기 때문이다. 이는 1장에서 기술한 자기 참조적 현상의 또 한 가지 예다. 알랭 데스로지에르(Alain Desrosières 2002)가 언급한 바와 같이 "사물을 정의하는 관습은 실제로 현실을 만들어낸다". 따라서 통계는 결과를 변화시킬 수 있고, 정치적 도전으로 이어질 소지가 있으며, 궁극적으로는 심지어 데이터를 정의하고 그에 따라 생성하는 데 필요한 일련의 관습과 새로운 개념 틀을 낳을 수 있다.

한 가지 예를 들어보자. 인플레이션을 정의하고 측정하는 것은 언제나 가장 격앙된 통계적 논쟁 가운데 하나다. 그것이 상이한 사회 집단 사이의 자원 분배에 곧바로 영향을 끼치기 때문이다. 앞서 언급한 것처럼 소비자 습관과 재화 및 서비스의 특성이 시간의 흐름에 따라 크게 변화할 때면 물가지수를 작성하는 데 진정한 기술적·개념적 어려움이 따른다. 하지만 이는 또한 국가경제학 문제이기도 하다. 사학자 토머스 스테이플포드(Thomas Stapleford)가 미국 사례에서 추적했듯 '객관적(objective)' 생활비지수의 모색은 정치적인 것을 탈정치화하고, 사회적 가치를 '기술적(technical)'으로 분배하려는 시도였다(Stapleford 2009). 노동조합의 임금 인상 요구를 받아들여야 하는가? 연금 수령자는 더 많은 사회 보장 연금을 누려야 하는가? 경제학이 구축한 물가지수는 얼핏 사심 없고 객관적인 답을 제공해주는 것처럼 보일 수 있다. 다시 말해, 규범적인 것을 실증적인 것인 양 위장할 수 있다.

실제 통계가 사실상 정치적 논쟁에서 한편 또는 다른 편을 만족시키지 못할 경우, 이따금 방법론을 재검토해보라는 의뢰가 이루어진다. 가장 잘 알려진 사례가 미국의 보스킨 위원회(Boskin Commission)였다. 그 위원회가 1996년 제출한 보고서 '좀더 정확한 생활비 측정을 위하여(Toward a More Accurate Measure of the Cost of Living)'는 특히 품질 개선과 혁신에 대해 살펴본 뒤, 소비자물가지수가 측정한 인플레이션율이 연간 약 0.8~1.6퍼센트 정도 과장되었다고 결론 내렸다. 이는 더 저렴해지고 개선된 새로운 제품들로 갈아탈 수 있게 되면서, 노동자의 임금 인상폭이 더 낮아지고 연금 수령자가 받는 연금 인상폭이 더 적어져도 그들이 동일한 생활 수준을 유지할 수 있음을 시사했다. 그 보고서는 즉시 정치적 문서로 간주되었다. 한 저명 논객이 "그 위원회의 연구 결과는 저소득층-중산층 가구에 해를 끼치는 경제 어젠다의 은폐 수단으로 악용되고 있다"고 적은 다음 이렇게 덧붙였다. "소비자물가지수를 개정하면 공화당원은 적자 감축의 책임에서 놓여날 테고 기업의 이익도 증진될 것이다. 하지만 이는 미국의 노동자와 노인을 희생하면서 진행될 터다"(Palley 1997).

자원 분배를 둘러싼 이와 비슷한 논쟁이 최근 영국에서 진행 중이다. 특정 가격과 부가 혜택 지불금을 상향 조정하기 위해 소비자물가지수가 아니라 소매물가지수를 사용하는 것과 관련한 논쟁이다. 두 가지 통계는 구성 방식의 차이 때문에 꾸준히 사이가 벌어졌다. 경제학자들은 소비자물가지수가 더 정확한 척도라고 믿지만, 소매물가지수는 전통에 의해, 〔물가지수 연계 채권(index-linked gilt)에 대한 지불 같은〕 몇몇 경우에서는 계약에 의해 도입되고 있다. 영국 재무장관들은 전에 빠르게 증가하는 소매물가지수가 상향 조정한 일부 부가 혜택 지불금을 소비자물가지수 연동으로 전환함으로써 약간의 지출을 절감함과 동시에, 맥주 세금 및 학자금 대출 금리 같은 수입은 소매물가지수와 연계된 상태를 유지했다. 이 논쟁은 통계 세계에서 벌어지는 논쟁만큼이나 불꽃 튄다. 그리고 거기에는 반드시 승자와 패자가 있다.

기술적으로 보이는 통계 개념에 내재된 이해 충돌의 또 한 가지 사례는 할인율(discount rate)의 선택이다. 이 금리는 미래의 이자와 현재의 이자를 싸움 붙인다. 즉, 할인율이 높을수록 현재가 미래보다 우세하다. 할인 개념은 18세기 초 정치 논쟁에 명시적으로 도입되었다. 연합법(Act of Union) 조항에 의거해 잉글랜드가 스코틀랜드 경제를 구제하기 위해 지불한 총액 '이퀴벌런트(Eqivalent)'를 산정하는 맥락에서였다. 윌리엄 데링거(William Deringer)는 이렇게 썼다. "그것은 한 인간의 일생 이후 일어나는 그 어떤 일에든 거의 아무런 가치를 두지 않았다. 이 독특한 주장은 미래가 자신에게 어떤 가치가 있는지에 대한 많은 영국인의 직관과 정면으로 충돌했다"(Delinger 2018). 할인된 현금 흐름을 계산하는 방법에 관한 논쟁은 휘그당원(Whig)과 토리당원(Tory) 간에 펼쳐지는 정치 투쟁의 전선들 가운데 하나로서 더없이 치열해졌다. 늘 회의적인 데이비드 흄이 지적했다시피 "이 주제에 관해 논리적으로 추론해본 적이 있는 사람은 누구라도 항상 자신의 이론을, 그것이 무엇이든 사실과 계산에 의해 증명해왔다" (Hume 1784, 328).

2007년 기후 변화를 다룬 《스턴 리뷰(Stern Review)》 출간 이후 할인 정치와 관련한 좀더 최근 징후가 뒤따랐다. 《스턴 리뷰》는 더 높게 추정된 미래 비용은 좀더 시급한 현재의 실천을 정당하게 만든다는 결론과 더불어, 미래의 기후 변화 피해 비용을 추산하는 데서 이제껏 일반적이었던 것보다 훨씬 더 낮은 할인율을 도입했다. 스턴은 모두가 동등하게 관심을 받을 가치가 있으므로 미래 세대의 웰빙을 할인하는 데는 어떠한 도덕적 기초도 없다는 이유를 명시적으로 내세우면서, 1.4퍼센트 비율을 사용했다. 더없이 기술적으로 보이는 이후 논쟁에서 일부 다른 경제학자는 좀더 전형적인 6퍼센트 비율을 지지했다. 이는 그들이 현세대의 웰빙에 더 많은 무게를 두고 있다는 것을 뜻한다. 만약 우리가 사회의 포괄적 대차대조표에 자연 자산을 포함함으로써 경제적 측정 틀에서 지속 가능성을 구현하고자 한다면, 할인율을 통한 미래의 가격 책정은 피할 수 없는 도덕적 선택이다.

내가 이런 예들, 즉 GDP, 인플레이션, 할인율을 통해 말하려는 요지는 통계적 개념이 '분배와 관련한' 함의를 지닌다는 것이다. 그 개념들은 그저 기술적인 데 그치는 게 아니다. 경제 측정의 창시자 가운데 한 명인 윌리엄 페티(William Petty)는 적절하게도 통계를 '정치적 산술(political arithmetick)'이라고 불렀다. 앞 장에서 언급한 분리 프로토콜은 경제적 이론이나 분석이 효과를 나타내기 한참 전인 경제 데이터의 수집 단계에서 이미 결렬된다. 객관성에 대한 요구는 경제학이 정책 수립에서 영향력을 떨치도록 만드는 데 기여했다. 모든 중앙 정부 부처에는 경제학자들이 포진해 있다. 중앙은행은 말할 것도 없고 막강한 경제 규제 기관들에 말이다. 기업도 정부에 로비를 벌이기 위해 경제학자를 고용한다. 따라서 사실상 현대 자본주의는 경제학자들 간에 이루어지는 대화의 결과로서 조직된다. 세계 금융 위기 이후, 그리고 팬데믹 이후 심각한 경제적 불평등이 만천하에 까발려진 오늘날의 우리 경제를 돌아보면, 그 결과는 과히 좋지 않다.

경제학의 영향력이 지난 수십 년 동안은 아니었지만, 이제 도전받고 있다는 사실에는 의심의 여지가 없다. "우리나라 사람들은 전문가라면 넌더리를 낸다"는 마이클 고브의 악명 높은 말은 경제학자의 전문 지식이 아니라 가치에 대해 표현한 것이었다. 다른 많은 사람도 그의 비판에 가세함으로써 경제학자를 뒤흔들어놓았다. 어느 저명 집단이 소셜 미디어와 그 너머 세계에 우리가 진짜로 하는 일이 정녕 유용하다는 것을 납득시키려는 노력의 일환으로 #경제학자들이진짜로하는일(#whateconomistsreallydo)이라는 해시태그를 시작했을 정도다.

우리가 진보의 개념, 그리고 그것을 측정하는 방법으로부터 시작해야 한다는 것은 두말할 나위가 없다. 현행 경제 통계가 우리의 전망과 정책적 실천 둘 다를 제약해왔으니 말이다.

이는 부분적으로 그 통계들의 연식 탓이다. 산업 및 직업의 분류는 제조업에 대해 놀랄 정도의 세밀함을 부여한다. 하지만 그것은 오늘날 선진 경제의 80퍼센트를 차지하는 서비스에 관해서는 거의 아무 역할도 하지 못하고 있다. 노동력 통계는 전일제 정규직 일자리가 표준이라는 가정에 입각해 있기에, 노동 시장의 비정규직화(casualisation) 현상을 거지반 놓치고 있다. 상이한 집단 간의 소득 분배나 서로 다른 지역의 부와 관련해 정치인이며 논객들이 쉽사리 사용할 수 있는 통계는 턱없이 부족했다.

합의된 정의를 사용해야 하는 공식 통계가 경제 구조상의 변화를 그때그때 반영하지 못하는 것은 부득이하다. 1885년 《영국의 연례 통계 초록(Annual Abstract of Statistics for the United Kingdom)》은 여러 시장 도시의 작물 가격, 그리고 특정 종자나 가축의 수입 및 수출 같은 농업 세목에는 100쪽 넘게 할애하고 있다. 반면 그 문서에서 산업혁명의 상징물인 광산, 부설된 철로, 방적 공장, 운하 등을 다룬 부분은 10쪽에 불과하다. 이때는 찰스 디킨스가 세상을 떠난 뒤였고, 윌리엄 블레이크(William Blake)가 "음침한 사탄의 맷돌들(dark satanic mills)"에 대해 쓴 때로부터 80년이 흐른 후였다.* 하지만 나라가 어떻게 달라지고 있는지 죄다 감감무소식이었던 것은 아니다. 그 간극을 메워준 것은 의회 보고서 블루북(Blue Book)**이었다. 미국에서 진보의 측정과 관련한 최근 역사에서, 엘리 쿡(Eli Cook)은 이 특별(ad hoc) 조사들을 "도덕적 통계(moral statistics)"(Cook 2017)라고 표현했다. 그러나 이런 조사는 정책 변화의 기조를 형성할 수는 있지만, 정규적이고 관료화한 공식 통계와 같은 방식으로 일상적 정책의 발판이 되어주지는 못한다.

　　나는 공동 저자들과 함께 진행한 디지털 경제의 몇몇 측면에 관한 연구에서, 통신 서비스의 품질 보정 가격, 데이터 용량 보정 가격, 기업의 클라우드 컴퓨팅 사용의 범위와 가격, 디지털 혁신에 힘입어 시장 활동에

---

*　　윌리엄 블레이크가 예언서 《밀턴(Milton)》에 실은 시 〈예루살렘(Jerusalem)〉에 나오는 구절이다. 원제목은 〈아득한 옛날 저들의 발길은(And did those feet in ancient time)〉이다. 이 시는 산업혁명에 반대하는 의미를 담고 있으며, "음침한 사탄의 맷돌들"은 '제분 공장'을 뜻한다.

**　　미국에서, 법률 관련 저술에서 인용할 때 쓰는 표준 양식 지침서의 하나.

서 무급의 가정 활동으로 옮아가는 현상, 공유 경제, 그리고 대형 제조업체처럼 보이지만 혁신과 서비스가 주 무기인 기업들의 위탁 생산 이용 등에 대해 살펴보았다. 모든 경우에서 수집할 수 있는 기초 데이터의 부재가 심각한 걸림돌로 작용했다. 공적 통계학자들은 그 격차를 메우기 위해 점차 그들 조사와 다른 형태의 데이터 수집을 조정하고 있다.

하지만 측정과 관련해서는 얼마나 많은 사람이 비디오게임 산업에 고용되어 있는지, 또는 거래 가운데 어느 정도 비율이 비트코인으로 이루어지고 있는지 알아야 할 필요를 따라잡지 못하는 것, 그 이상의 과제가 있다. 경제 통계는 세계를 하나의 철학적 틀에 꿰어 맞춘다. 현행 '국민 계정 체계(System of National Accounts, SNA)'[*]는 '20세기의 가장 위대한 발명품 가운데 하나'로 손꼽혔다. GDP〔아니, 더 정확히 말하면 그 전신인 GNP(국민총생산)〕 개념의 창안은 심지어 제2차 세계대전 당시 연합국에 각국의 생산 능력 및 소비 수요에 대해 좀더 정확한 추정치를 제공함으로써 그들을 승리로 이끈 공로를 인정받기까지 했다(Lacey 2011). 이 개념 틀은 케인스식 거시경제학—앞서 언급한 파이프와 밸브로 이루어진 필립스 기계 같은 물리적 형태를 띠는 모형—과 더불어 공진화해왔다. 그 주안점은 당기 소득·소비·투자·무역의 흐름이고, 그 철학적 토대는 공리주의다. 자산, 예금 스톡은 수동적인 저장고에 지나지 않는다. 자연은 대체로

---

[*]   국민 경제 전체를 종합적으로 분석하기 위해 모든 경제 주체의 경제 활동 결과 및 국민 경제 전체의 자산과 부채 상황을 정리한 회계 기준 및 체계. 1968년 유엔이 국제적으로 통일된 국민 통계를 작성하기 위해 마련했다. GDP가 바로 이 국민 계정 체계 내의 국민소득 통계에 포함되어 있는 항목이다.

고려되지 않는다. 이를테면 여성이 전시 노동력을 떠나거나 1960년대 중반부터 다시 유급 노동력으로 합류하는 형태의 사회적 변화 및 고등 교육의 확대 등도 고려되지 않는다. 혁신도 마찬가지다. 좋은 쪽의 변화든 나쁜 쪽의 변화든 모든 변화는 국민 계정 체계라는 틀에 무리하게 끼여들어가거나 눈에 보이지 않게 되었다.

경제적·사회적 진보를 표현하는 대안적 개념 틀이나 체계를 탐색하는 작업이 시작되었다. 아마르티아 센의 '잠재 가능성 접근'이 경제학에서 상당한 관심을 끌고 있다. 2009년 '경제 성과 및 사회 진보의 평가에 관한 위원회(Commission on the Measurement of Economic Performance and Social Progress)', 즉 일명 '센-스티글리츠-피투시 위원회(Sen-Stiglitz-Fitoussi Commission)'는 단일 지표(GDP)에서 계기판(dashboard)으로 이동할 것을 권고했다. 그들이 제출한 보고서에 그 계기판이 무엇으로 이루어져 있는지 구체적으로 명시되진 않았지만, 그 위원회는 통계 및 정책 공동체가 'GDP 너머(beyond GDP)'의 삶에 대해서도 생각해보도록 안내하는 유의미한 작업에 불을 댕겼다. 많은 나라가 오늘날 웰빙을 측정·보고하고 있다. 또한 환경 계정(environmental accounts)*이나 좀더 광의의 웰빙 개념 틀 따위를 갖추고 있다. 하지만 이들은 나라별로 커다란 차이가 있을 뿐만 아니라 폭넓은 공감대를 얻을 수 있는 탄탄한 이론적 구조도 마련되어 있지 않다. 따라서 사람들이 흔히 희망할 법한 것보다 덜 쓰이고 있는 실정

---

* 환경 선진국들이 1980년대부터 환경과 경제를 종합적으로 분석하기 위한 정책 평가 수단으로 개발해왔다. 환경과 경제의 상호 작용과 경제 활동에 따른 파급 효과를 분석함으로써 지속 가능한 발전에 대한 정책 평가 수단 역할을 한다.

이다. (또한 계기판은 운전자를 전제로 한다는 데 주목하라. 여전히 모형 외부적이고 상의 하달식 관점을 취하는 은유인 것이다.) 정책도 정치인도 아직껏 주로는 전통적인 측정 기준에 의해─즉, 적어도 언론에 의해, 그것도 아니면 불만 품은 유권자에 의해─성과를 평가받는다.

잠재 가능성에 통계적 형식을 부여하려면 다양한 유형의 자산에 대한 접근 척도가 필요하다. 이 분야에서 초기 작업은 유관 자산을 금융 자산, 유형 자산(물적 자산), 자연 자산, 인적 자산, 사회 자산, 무형 자산 등 여러 범주로 분류하는 것이다. 그러나 서로 다른 집단, 장소, 또는 개인에 의한 접근 척도를 포함해 모든 광범위한 개념을 계산에 넣고 분명하게 정의하기까지는 갈 길이 멀다. 몇 가지 난제도 도사리고 있다. 무엇보다 자산에 초점을 맞추는 것은 지속 가능성을 내포한다. 현재 자산의 가치를 평가하려면 그것의 미래 사용에 대해 생각해야 하기 때문이다. 이는 통계로 담아내기가 쉽지 않다.

하지만 방대한 사회과학 문헌은 우리에게 이들 자산은 경제적·사회적 결과를 결정하는 데 중요하다고 말해준다. 이를테면 사회 자본은 폭염 기간 동안 취약한 개인들에게는 삶과 죽음을 가르는 의미가 될 수도 있다(Klinenberg 2002). 한 개인의 사회적 네트워크는 그들이 일자리를 구할 가능성에 영향을 끼친다(Granovetter 1973). 기업의 주식 시장 가치, 그리고 그에 따른 투자 및 활동 기회는 평판 같은 무형 자본에 따라 달라진다. '고객 호감도'는 많은 대차대조표에서 중요한 자산이 된다(Haskel and Westlake 2018). 경제학자들은 '제도(institution)'라 부르는 것─즉, '경제에서 집단적 규칙과 규범의 형태'를 줄여 쓴 말─이 발전과 성장에 필수 요소라고 믿는다(Acemoglu and Robinson 2012). 하지만 이런 개념은 측정할 수 있을 만큼 충분히 엄밀하게 정의되어 있지 않고, 따라서 경험적 사회 과학에 도전을 제기한다. 경제적 결과를 결정하는 데 중요한 역할을 하는 듯 보이는 온갖 유형의 부(富)에서도 그와 동일한 저마다 다른 수준의 측정 격차가 존재한다. 만약 우리가 이론을 진지하게 받아들이고, 정책 입안자들이 확실히 본인의 결정에 영향을 받는 이들에게 더 나은 결과를 안겨주기 위해 그 이론에 따라 행동한다면, 그 결정을 뒷받침해주는 (혹은 뒷받침해주지 않는) 증거가 필요하다. 그런데 이는 개념을 분명하게 정의하고 통계를 개발한다는 것을 의미한다.

웰빙을 측정하는 다른 접근법들도 생각해볼 수 있다. 오늘날 설문 조사나 일기 기법, 그리고 웰빙의 결정 요인에 관한 계량경제학 연구의 결과물을 통해 웰빙, 또는 '행복'을 직접적으로 측정하는 것과 관련한 문헌은 꽤나 많다. 여기에는 분명한 결과들도 일부 들어 있다. 즉, 사람들은 통근하길 싫어하고, 섹스하길 좋아한다. 그리고 행복의 연령 프로파일(age profile)* 분포 또는 고등 교육의 영향과 관련해 그보다 덜 분명한 연구 결과도 얼마간 있다(Clark et al. 2018에 요약). 경제학에서 관심이 증가하는 주제는 궁극적 자원 제약 조건인 시간의 사용이다. 디지털 기술이 가능케 한 시간 재할당으로 촉발된 시간의 사용 말이다. 시간은 틀림없이 경제의 80퍼센트를 구성하는 서비스의 생산성을 측정하는 데서 '산출'보다 더 나은 기준이다. 즉, 때로는 (버스로 이동하기처럼) 시간 단축이 서비스를 개선하는 쪽인 반면, 때로는 (집중 치료실에서 제공하는 간호처럼) 시간 연장이 서비스를 개선하는 편이다(Coyle and Nakamura 2019).

---

* 어떤 지표가 연령에 따라 어떻게 움직이는지를 나타낸다.

괴물의 출현

내가 제기한 문제들 가운데 하나는, 변화하는 경제에서 진보가 이루어졌는지 여부를 우리가 어떻게 판가름할 수 있느냐다. 또 하나는 경제의 구조적 변화가 경제 분석에 어떤 도전을 제기하느냐.

금융 위기와 그것이 짙게 드리운 불쾌한 유산 탓에 경제학을 향한 의구심은 전혀 놀랍지 않은 일이 되었다. 팬데믹 이후 경제는 훨씬 더 약화함으로써, 일부 사람들을 부채 부담, 실업, 푸드 뱅크(food bank)로 내몰 것이다. 불과 10여 년 만에 발생한 두 차례의 경제적 재앙은 다음 질문을 더욱 다급하게 만들어준다. 우리가 경제 진보라고 말할 때 그것은 무슨 의미인가? 그리고 그 경제 진보를 성취하거나 성취하지 못하게 만드는 데서 경제학자들이 맡은 역할은 무엇인가? 그런가 하면 한층 더 중요한 도전들이 서서히 부상하고 있다. 그중 하나가 탈세계화 과정이요, 또 하나가 기후 변화와 생물 다양성 상실의 효과를 완화하는 것이다.

그리고 그다음의 경제적 난제에 대한 관심이 증가하고 있다. 바로 아직껏 영향받지 않은 경제 부문을 향해 밀려들고 있는 자동화 물결이다. 여기서는 법률이나 회계 업무 같은 전문직 서비스도 예외가 아니다. 디지털 기술, 로봇공학, AI의 진보는 서로 합세해 노동의 형태를 바꿔놓음으로써 정형화된 업무는 자동화하고, 인간을 위한 직종은 비정형화 업무로 탈바꿈하도록 요청한다. 지금 단계에서 이런 변화가 정확히 어떤 모습을 띨지 예측하는 것은 불가능하지만, 미지 영역에서 괴물들이 몸집을 키우고 있다는 사실만큼은 분명하다. 과연 '로봇'이 20년 내로 모든 직종의 절반을 대체하게 될까?(Frey and Osborne 2017) 로봇의 주인은 점점 더 부유해지는 반면, 더 많은 사람은 보수가 형편없으며 불안정하고 위태로운 직종으로 내몰리게 될까?

이런 질문은 전문가로서 경제학자에게 꽤나 어려운 도전을 제기한다. 앞의 장들에서 이미 기술한 대로, 지난 수십 년 동안 경제 연구는 상당한 진척을 보여왔다. 그러나 우리는 여전히 이런 종류의 새로운 경제를 모델링할 수 있는 만족할 만한 도구를 마련하지 못한 상태다. 그뿐만 아니라 분명 차세대 경제학자들에게 달라진 디지털 경제를 분석하고 관리하는 법을 제대로 가르치고 있지도 못하다. 전형적인 경제 접근법에 요청되는 중요한 변화 가운데 하나는 분석적 모형에서 벗어나는 일이다. 불확실성, 불완전한 정보, '행동주의적' 가정과 마찰 같은 오늘날의 도구 세트를 가지고도, 기계 속 톱니바퀴의 관점에 선 사고는 여전히 그늘을 드리운다. 우리는 방정식으로 표현할 수 있는 단 한 가지 최선의 답이 있었으면 하고 바란다. 그러나 디지털 경제의 특성은 흔히 그 결과가 자기실현적(또는 자기 회피적)이니만큼 쉽게 가늠하기 어렵다. 1장에서 강조한 바와 같이 이는 변함없는 사실이다. 예컨대 경기 침체는 일종의 자기실현적 예언이다(Farmer 2010; Shiller 2019). 되먹임 고리의 쇄도 동학(avalanche dynamics)을 무시했다는 이유로 경제학을 단선적으로 사고하는 학문이라고 몰아붙이는 처사는 불공정하다. 팬데믹 경험은 정책 입안자를 포함해 많은 사람이 기하급수적 동학을 이해하는 데 상당히 고전하고 있다는 것을 잘 보여준다.

비선형적 현상이 얼마나 직관에 반하는지 말해주는 한 가지 예는 놀랍게도 'Y2K', 즉 밀레니엄 버그(Millennium Bug)에 관한 논쟁이 최근 되살아난 일이었다. 2000년이 다가오면서, 컴퓨터계는 메모리 공간을 아끼기 위해 연도를 그해의 마지막 두 숫자로만 부호화했다는 사실을 깨닫기 시작했다. 많은 컴퓨터 시스템은 2000년을 1900년으로 해석할 테고, 이는 위험 소지가 큰 예상치 못한 결과를 초래할 수 있었다. 이러한 특징이 시간 경과에 따라 상이한 고고학적 코드층을 축적해온 숱한 시스템 전반의 수많은 소프트웨어에 반영되어 있었기 때문이다. 1999년 연말이 다가오자, 제야의 종이 울림과 동시에 이를테면 하늘에서 비행기가 추락할 거라고 아우성치는 신문 머리기사가 연일 지면을 도배했다. 이윽고 시계가 12시를 알리자 〈올드 랭 사인(Auld Lang Syne)〉*이 울려 퍼지기 시작했다. 하지만 아무 일도 일어나지 않았다.** 그렇다면 그 온갖 호들갑은 정녕 과대 선전이었단 말인가? 주도적인 친(親)브렉시트 정치인 제이컵 리스모그(Jacob Rees-Mogg)는 과연 그렇다고 생각했으며, 2018년 트위터를 통해 Y2K와 관련해 참사가 일어나지 않은 것처럼, 브렉시트로 인해 벼랑 끝에 몰리는 재앙도 결코 발생하지 않으리라 장담했다. 이에 소프트웨어 엔지니어들은 분통을 터뜨렸다. Y2K 참사가 벌어지지 않은 것은 저절로 그리된 게 아니라, 그들이 그 시스템을 재부호화하는 데 꼬박 2년을 쏟아부은 덕이었기 때문이다. 재난은 모두가 흡사 그 일이 일어날 것처럼 행동하면, 그저 자기 회피적이 될 따름이다. 즉, 예상과 달리 일어나지 않는다.

---

* 우정을 기리는 오래된 스코틀랜드 노래로, 새해로 넘어가는 밤 자정에 부른다. 우리나라 졸업식에서 흔히 들을 수 있는 "오랫동안 사귀었던 정든 내 친구여……"로 시작되는 〈석별의 정〉이 그 번안곡이다.
** 고작 일어난 일이라곤 비디오테이프를 빌린 고객의 연체료가 수백만 원 발생하는 등 사소한 오류뿐이었다고 한다.

정책에 대한 상이한 접근법을 요구하는 또 하나의 사례는 '문을 닫아 줘요(Close the Door)' 캠페인이다. 여러분은 한겨울에 시내 중심가를 따라 걷노라면 많은 가게들이 문을 활짝 열어놓는 바람에 입구에서 열기가 뿜어져 나오는 상황과 마주할 것이다. 환경적 측면에서나 그 가게의 에너지 요금 측면에서나 바람직하지 않은 상황이다. 그런데 그들은 왜 계속 그렇게 할까? 그것은 다른 모든 경쟁 가게의 문이 열려 있을 때, 유유히 걸어 다니는 쇼핑객들이 제 가게를 그냥 지나칠지도 모른다는 두려움이 전기세를 절감하거나 탄소 배출량을 줄이고자 하는 바람을 능가하기 때문이다. 다른 가게들이 일제히 문을 닫지 않는 한 어떤 가게도 문을 닫을 수 없다. 이는 고전적 상호 조정(co-ordination) 문제다. 이 캠페인은 행동의 상호 조정을 겨냥하지만, 모든 시내 중심가에서 문 닫는 가게 수가 결정적 크기에 도달할 때까지는 성공할 수 없다. 그 행동을 금지하는 규정도 같은 결과를 얻어낼 테고, 한층 효과적일 것이다. 개별 가게들이 문을 열어두는 원래 상태로 돌아갈 수는 없을 테니 말이다. 그러나 내가 화이트홀의 유관 부서에서 경제 분석가들에게 이 점을 이해시키려 노력했을 때, 그들은 그저 어리둥절한 표정을 지었을 뿐이다. 상호 조정 정책은 그들의 분석적 병기고에 들어 있는 표준적 무기가 아니었던 것이다. 하지만 신기술이 새로운 제품을 쏟아내고 있는 이때, 거대한 신규 시장을 창출하는 식으로 투자자와 기업을 정렬하는 기술적 표준을 마련하는 작업은 반드시 필요하다. 협력 정책은 더없이 강력할 수 있다. 이를테면 유럽연합이 1987년 이동전화 통신을 위해 도입한 GSM[Global System for Mobile communication(s)]* 표

---

* 세계 무선 통신 시스템.

준은 10년 만에 통일 표준을 기반으로 한 대규모의 세계적 네트워크 설비 및 전화기 시장을 낳았다. 만약 그렇게 하지 않았다면 세계는 서로 분열된 채 경쟁하는 표준들의 각축장이 되었을 것이다. 결국에 가서는 하나의 표준이 우세해지겠지만, 그것은 네트워크 구축 비용의 측면에서, 그리고 개발도상국 경제에 휴대폰이 보급됨에 따라 촉발된 온갖 진보의 측면에서, 적잖은 기회비용을 쏟아부은 뒤 거둬들인 결과일 것이다. 우리는 이제 자율 주행 차량으로부터 데이터, '스마트한' 도시 네트워크에 이르는 여러 분야의 혁신을 위해 새로운 표준을 마련해야 한다.

대다수 경제학자는 동의하며 고개를 주억거릴 테지만, 일반적으로 분석적이고 거의 기계적인 방법 이외의 다른 접근법으로 정책을 사고하는 데는 굼뜨기 한량없다. 위험한 개는 아기를 무참히 공격하므로 그런 개들을 금지시켜라. 그렇다면 위험한 개에 대한 정의는 무엇인가? 관련 품종의 목록을 작성하라. 이 같은 접근법에는 핏불테리어(pit bull terrier)를 키우는 이가 그 정의를 피해가기 위해 이종교배할 가능성에 대한 인식이 없다. 과세되는 구체적 부가 혜택, 금괴, 또는 고급 포도주의 목록을 정리하라. 그러면 금융 부문은 다른 형태로 사람들에게 급여를 지급하는 쪽으로 옮아갈 것이다. 어쩌면 이 대목에서 우리는 경제학자보다는 정치인을 탓해야 할지도 모른다. 좌우지간 2장에서 논의한 대로, 전통적 정책 수립에서는 사람들이 그들의 행동을 제약할 의도를 지닌 정책 변화에 맞서서 어떻게('합리적'으로든 '행동주의적'으로든) 행동을 조정하는지에 대한 인식이 결여되어 있다. 이는 흔히 '의도치 않은 결과'라 불리는데, 그 결과는 비록 의도치 않은 것일지 몰라도, 꼭 '예측 불가능한' 것은 아니다. 지금과 같은 자기실현적 역학, 심지어 수행적 결과(1장 참조)의 세계에서, 경제 전문가들이 사회 밖에 서서 자애로운 객관성을 지닌 채 내려다보거나 레버를 당길 수 있다는 발상은 살아남기 어렵다.

정책 설계 과정에는 대체로 통용되는 4단계 알고리즘이 있다. 즉, 문제를 명시하라, 증거를 수집하고 분석하라, 문제를 해결할 수 있는 정책을 설계하라, 적절한 규제 또는 법률을 도입하라. 이 알고리즘은 세 번째 단계에 행동주의적 고려 사항─이제 그에 앞선 증거 단계에서 인정되고 있는 인간 심리의 규칙성─을 도입함으로써 한층 풍부해졌다. 실제로 정책 알고리즘은 여타 온갖 종류의 비분석적 이유─이념적 신념, 단기간의 정치적 요청, 변화하는 사회 규범, 권력 역학, 들끓는 언론 또는 소셜 미디어의 반응, 그리고 우주의 보편적 무작위성 등─로 행해진 선택을 정당화하기 위해 레트로피트(retrofit)*될 수 있다. 더 나은 결과(우리가 그것을 어떻게 정의하고 측정하기로 결정하든)를 얻기 위해 정책 설계를 개선하려면, 좀 더 반사적이 될 필요가 있다. 즉, 앨리스의 홍학과 고슴도치처럼 분석 대상이 반발할 수 있다는 사실을 알아차려야 하는 것이다. 이는 경제 규제 또는 화폐 정책 같은 기술 관료적 영역 전반에 걸쳐서, 사회 규범이 어떻게 변화하는지, 역동적 현상들이 어떻게 자기실현적이거나 자기 회피적이 되는지, 내러티브가 이러한 역학에 어떻게 영향을 미치는지 따위를 고려한다는 것을 뜻한다. 아마도 정책 입안자들은 리더십과 상징주의의 역할에 대해, 개인적 결정들을 상호 조정하는 것에 대해─즉, 게임 이론 측면에서 게임의 규칙을 설계하는 것(선수로서 그들 자신을 포함), 그리고 특정

---

* 본래 건축 용어로, 리모델링에 추가적으로 뭔가 보태는 것을 의미한다. 단순히 디자인만 바꾸는 게 아니라 기능을 부가해 업그레이드하는 것.

게임에서 행동에 인센티브를 제공하기보다 포컬 포인트(focal point)*를 설정하는 것(선수로서 그들 자신을 배제)에 대해―생각해볼 필요가 있을 것이다.

만약 엔지니어나 배관공 은유가 부적절하다면, 경제학자를 스토리텔러에 비유하면 어떨까? 경제 통계는 우리가 경제 전반에 대한 이야기를 들려주기 위해 사용하는 것이다. 숫자상의 사소한 수정―수시로 일어나는 일이다―은 내러티브를 달라지게 만들 수 있다. 영국이 국제통화기금으로부터 1976년 9월 긴급 대출을 받은 것이 한 가지 예다. 당시 재무장관 데니스 힐리(Denis Healey)는 그 위기를 수습하기 위해 공항으로 가던 도중 되돌아왔다. 그 도화선은 영국이 전후 오랫동안 경쟁력 결여로 고심해왔음을 보여주는 가장 최근의 징후인 경상수지 적자와 재정수지 적자, 이 쌍둥이 적자에 관한 한층 더 음울한 통계였다(Roberts 2016). 국제통화기금은 부득이 대출 조건으로 대대적인 공공 지출 삭감을 요청했다. 이 긴축 정책은 '불만의 겨울(Winter of Discontent)'**에 따른 노동당 정권의 몰락에 기여했으며, 대처의 집권과 대처주의(Thatcherism)를 위한 길을 열어주었다. 최근 발표된 수치는 경상수지 적자와 재정수지 적자가 당시 생각했던 것보다는 GDP에서 차지하는 비중이 작았음을 보여준다. 또한 경기 변동이 당대 통계가 말해주는 것보다 덜 뚜렷했다는 점도 확인해준다.

---

*   상대가 자신의 행동에 거는 기대와 자신이 상대의 행동에 거는 기대가 한데 수렴하기 위한 단서, 즉 두 사람 간의 무의식적 합의점을 말한다.

**   영국에서 1978~1979년으로 넘어가는 겨울에 공공 부문을 중심으로 발생한 대대적인 각종 노동조합 파업. 그에 따른 사회 혼란으로 당시 집권당이던 노동당에 대한 국민의 불만이 폭발했다.

경제는 의심의 여지 없이 혼란스러웠기에 통계만으로는 역사의 흐름을 바꿀 수 없었을 것이다. 그러나 반사실은 주목할 만하다. 1996~2012년 공식 GDP 통계에 대한 연속적 수정은 1995년식 통계가 1955~1995년에 기록한 10회의 경기 침체 가운데 3회를 없앴다(Berkes and Williamson 2015).

물론 같은 데이터를 써서 다른 이야기를 들려줄 수도 있다. 2014년 3분기의 GDP 성장률이 2015년 영국 총선 캠페인 첫날인 3월 30일 발표되었을 때, 〈데일리 텔레그래프(Daily Telegraph)〉의 1면 머리기사 표제는 "영국 경제는 2014년에 지난 9년 가운데 가장 빠른 속도로 성장했다"고 적었던 데 반해, 〈가디언(Guardian)〉은 "데이터는 1920년대 이후 가장 느린 회복세를 보이고 있음을 말해준다"고 보도했다(Khan 2015; Allen and Watt 2015). 그 뒤 세계 금융 위기의 여파에 따른 명백한 '더블딥(double-dip)'* 경기 침체는 최근 통계에서 수정·삭제되었다.

내러티브 경제학** 개념은 일군의 지지자를 두고 있다. (그리고 정책의 한 요소로서 내러티브는 자연과학이나 AI 같은 다른 영역에서도 나타나고 있다.) 실러(Shiller 2017, 967)는 경제적 내러티브를 마음의 감염, 즉 전염병에 비유한다. 그는

---

* 경기 하강이 있고 난 뒤 일시적 회복기를 거쳐 다시 한층 심각한 경기 하강이 뒤따르는 경기 침체를 일컫는 용어.

** '서사 경제학' 또는 '이야기 경제학'이라고도 번역할 수 있으며, 서사 구조를 갖춘 '이야기'가 강력한 전염성을 띠게 되면 세상에 영향을 미친다는 주장이 골자다. 이는 경제학이 계량적 분석이나 데이터에만 그치지 말고 소셜 네트워크에서 볼 수 있듯이 '이야기'가 가진 힘도 탐구해야 한다고 역설한다. 실러의 책은 우리나라에 《내러티브 경제학: 경제를 움직이는 입소문의 힘》이라는 제목으로 번역·출간되었다.

"경제학 분야는 변화하는 대중적 내러티브에 대한 진지한 양적 연구를 포함하는 쪽으로까지 확대되어야 한다"면서, "내러티브는 여러 수준의 진실에 기반을 둘 수 있다"고 덧붙였다. 그와 비슷하게 조지 애컬로프와 데니스 스노어(Dennis Snower)는 전통 경제학도 행동경제학도 경제가 전개되는 방식에 대해 경험적으로 타당한 전반적인 이야기를 들려주지 못하지만, 내러티브의 역할을 고려하면 쉽게 가늠하기 어려운 여러 결과를 이해할 수 있다고 주장한다. 즉, 내러티브는 사회 규범을 가르치고 개인들에게 정체성과 동기를 부여하며 그들의 결정을 유도한다(Akerlof and Snower 2016).

경제학자를 스토리텔러로서―혹은 그보다 덜 도발적으로 그저 내러티브의 해석자로서―설정하는 발상이 다소 어리둥절한 사람들을 위해, 분석가가 모형 바깥에 설 수 없다는 게 무슨 의미인지 따져볼 만한 대안적 방법이 있다. 카우시크 바수(Kaushik Basu)는 2018년 출간한 《신념 공화국(The Republic of Beliefs)》에서, 게임 이론적 접근법을 취하며 규칙의 제정자와 집행자를 선수에 포함시켰다. 이 접근법은 정책의 임무가 두 가지임을 시사한다. 바로 게임의 포컬 포인트에 영향을 끼치는 것, 그리고 의사 결정권자와 전문가들의 행동과 유인도 정책 설계에 포함하는 것이다. 이는 전략적 정책 설계와 자기 집행적(self-enforcing) 개입(모두가 따르려는 유인을 지닌 규칙인 신호등 같은)을 다룬 토머스 셸링의 저작(Schelling 1960, 2006)에 깔린 정신을 담아낸 것이다. 게임 이론 접근법은 정책의 임무가 게임의 포컬 포인트에 영향을 끼치는 것, 그리고 정책 설계의 집행 가능성(enforceability)에 대한 고려를 포함하는 것, 이 두 가지임을 분명히 한다.

나는 이 장 말머리에서 제시한 주제, 즉 기술에 대한 언급으로 이 장을 마무리하려 한다. AI는 아직 적용 초기 단계임에도 "우리는 어떤 유의 사회에 살고 싶어 하는가"라는 질문을 한층 더 시급하게 다루도록 내몬다. 그뿐만 아니라 정책에 대한 심오한 질문을 제기하는 식으로 그렇게 하고 있다.

AI라는 용어는 꽤나 일반적인 방식으로 쓰인다. 막연하게 온갖 알고리즘적 의사 결정까지 아우르는 경우도 있다. 하지만 특정 알고리즘을 통해 부호화할 수 있는 의사 결정과 기계 학습 시스템이 생성하는 의사 결정 간에는 중대한 차이가 있다. 어떤 문제는 상당한 계산 능력을 필요로 할지도 모르지만, 기계에 단계적 지시를 상세히 내림으로써 해결할 수 있다. 이러한 의사 결정에 대해서는 쉽게 설명할 수 있다. 반면, 정책 세계에 널리 퍼져 있는 또 다른 문제는 알려진 해결 절차가 따로 없다. 왜 특정 학교 학생들은 성적이 저조한가? 비만 유행병의 원인은 무엇인가? 경제적 접근법은 가능한 원인에 대한 분석적 모형을 구축하고, 계량경제학 도구를 써서 경험적으로 관련 가설을 검증한다. 하지만 나는 특히 앞의 두 가지 예에서는 딱 부러진 정책적 해법을 가리키는 합의가 존재하지 않는다고 보는 게 옳다고 생각한다. 이것들은 수많은 잠재적 원인 요소를 지닌 복잡하기 이를 데 없는 문제다. 기계 학습, 즉 인공 신경망(artificial neural networks)* 접근법은 최소한의 설명 구조와 다량의 데이터를 사용하며 명확한 목적을 띤다. 그것들은 목적 달성에는 여간 유효한 게 아니지만, 본질적으로 '설명할 수 없는(unexplainable)' 의사 결정을 내릴 터다. 만

---

* 생물학적 신경망에서 영감을 얻어 개발한 기계 학습에 쓰이는 수학 모형. 인공 신경망에서 망 구조는 데이터에 관한 훈련을 통해 구축된다.

약 우리가 AI 모형을 설명할 수 있다면 그 모형은 유용성이 덜했을 것이다. 그것들은 정확히 우리가 그 답을 모를 때 가장 쓸모가 있다.

정책 입안자들은 당연히 몇 가지 정당한 이유에서 이 같은 블랙박스 해법을 수용하는 데 곤란을 겪는다. 그 이유에는 데이터 생성 과정에서의 변화에 대해 AI가 견고성(robustness)을 유지할지에 관한 문제, 그리고 데이터 세트 자체에서 기인하는 편향에 관한 문제가 포함된다. 법적 책임이나 정치적 책무에 관한 문제도 그만큼이나 중요하다. 즉, 유한책임 회사들이 자율 주행 차량을 소유한다면, 그 차량을 타고 거리를 누빌 때 더러 치명적 결과가 초래될 수도 있다는 사실을 우리는 과연 받아들일 것인가? 판결이나 가석방에 관한 결정이 대부분 기계 학습 시스템에 의해 이루어진다면, 법무부 장관은 과연 그 결정에 책임을 질 수 있을까? 결과들 간의 트레이드오프(trade-off)*는 어떻게 기계의 목적 함수 속에 부호화될 수 있는가? 이것은 타협이라는 중요한 정치적 역할(명시적 목적을 코드로 번역할 수 있도록 만들 필요성 때문에 한층 더 어려워질지도 모른다)과 거북하게 공존할 것인가?(Coyle and Weller 2020). 그런가 하면 질문은 우리가 올바른 반사실을 가지고 있는지에 주목한다. 즉, 이제 정책적 의사 결정과 결과는 분석적으로 '설명할 수 있는(explainable)' 과정인가? 아니면 그것은 그와 반대로 설명하기 어려운 복잡한 과정인가? 그리고 그럴 경우 우리는 사회에 속한 불완전한 인간을 더욱 신뢰해야 할까, 아니면 진짜 공정하고 강력한 기계를 한층 신뢰해야 할까?

무엇보다 어떤 목적 함수를 코드에 써넣어야 하는가? AI는 우리에게

---

* 질과 양 면에서 어느 한쪽을 늘리면 다른 한쪽은 그만큼 줄어드는 것.

다급히 묻고 있다. 어떤 유의 사회에서 살기를 원하느냐고. 지금 기계는 호모 이코노미쿠스처럼 효용을 극대화하는 존재지만, 그것을 훌쩍 능가하고 있다. 알고리즘은 가석방을 거부당할 수감자가 누구인지 예측하는 데서 판사보다 한 수 위다. 따라서 수감자 수를 40퍼센트나 줄이고, 동시에 범죄율도 낮출 수 있다. 그런데 만약 AI가 불균형하다 할 정도로 흑인 수감자의 가석방을 거부하고, 그러면서도 흑인 수감 인원을 대폭 줄인다면, 그것은 과연 바람직한 결과일까? 이 문제는 정책의 목적(즉, 무엇을 더 나은 결과로 간주해야 하는가)을 고려하도록 강제할 뿐 아니라, 의사 결정이 인간에게서 기계로 위임되는 더 넓은 사회 체제에 대해서도 숙고하도록 다그친다.

쉬어가는 페이지

4장은 경제에서 사태가 좋아지고 있다고 말할 때 그것이 어떤 의미인지 물었다. 오늘날의 사건들은 이를 긴급한 질문으로 만들어준다. 온라인 서비스의 엄청난 편리함과 부정하기 힘든 소셜 미디어의 어두운 측면을 동시에 고려할 때, 우리 모두가 겪으면서 살아가는 파괴적 기술 혁신은 인간의 진보를 돕는가, 가로막는가? 코로나바이러스 팬데믹 이후 흔히 볼 수 있는 슬로건 '더 나은 재건(building back better)'이 의미하는 바는 정확히 무엇인가?

팬데믹과 그에 뒤이은 국가 봉쇄로 인한 경제적 결과는 사회적 분열과 병리를 드러내주었다. 불평등, 너무나 많은 직종의 형편없는 노동 조건, 자금 부족에 시달리는 공공 서비스, 비상사태에 대응하는 제도적 취약성, 더없이 많은 사람이 녹지 공간이나 쾌적한 공기에 접근하지 못하는 열악한 생존 조건 따위를 말이다. 이는 '더 나은 재건'이 절실하게 필요하며, 그저 이전 상태로 복귀하는 것은 지극히 야망이 부족한 목표임을 말해주는 잔혹한 스냅 사진이다.

따라서 경기 침체는 여러 서구 경제(그리고 다른 경제)에서 오랫동안 지속된 경제적 약점을 부각시켰다. 2000년 중반 이후 OECD 국가 전반의 생산성은 거의 증가하지 않고 있다. 영국에서 중위 가계 소득은 진즉부터 제자리걸음이었고, 실제로 바닥 쪽 20퍼센트의 소득은 2017~2019년 되레 뒷걸음질 쳤다. 미국에서는 중위 가계 소득이 2016년에 이르러서야 가까스로 2000년 수준을 회복했는데, 그 이후 다시 하락세로 돌아서고 있다.

실망스러운 경제 성과는 지리적 특성도 함께 띤다. 즉, 대도시에 거주하는 교육받은 노동자들은 전반적으로 더 나은 성과를 거둔 반면, 그 외 사람들은 제가 살아가는 지역이 점점 더 낙후하는 광경을 속절없이 지켜보아야 했다. 공공 부문의 긴축은 이런 추세를 부채질했다. 즉, 동일 장소에서 지역 병원부터 상점 및 레저 센터 등에 이르는 다양한 종류의 근린 시설이 사라졌다(Algan, Malgouyres, and Senik 2020). 지역 간 의료 불평등은 심각한 수준인지라 (결국 드러나게 된 바와 같이) 전염병 상황에서 불길한 결과를 낳는다. 잘사는 나라 안의 뒤처진 지역, 러스트 벨트 지역, 절망사 지역 등이 그들 나라의 부유한 지역을 따라잡도록 만드는 과제는 풀기가 벅차 보인다.

의료 및 경제 긴급 사태는 오늘날의 지정학적 역전(reversal)과 세계화, 그리고 인구 통계적 특성 및 기술이 추동하는 중대한 경제 구조 변화에 더해진 사건이다. 나를 포함한 경제학자와 통계학자는 기존 통계로는 충분히 포착할 수 없는 디지털 경제의 측정 방법을 개선하고자 노력해왔다. 국제적으로 합의된 정의인 '국민 계정 체계'에 대한 현재의 주기적 개정은, 디지털 활동을 측정하는 개선된 접근법을 더해서 2025년에 종료될 예정이다. 한편으로, 기술 주도 변화란 예컨대 물가 상승의 척도가 사람들이 사용하는 수많은 무료 앱—예컨대 카메라와 필름을 구입하고 찍은 사진을 현상·인화하는 데 돈을 지불하는 대신, 스마트폰에서 사진을 찍고 온라인에서 공유하는 것 등—을 누락할 수 있음을 말해준다. 다른 한편으로, 디지털 경제는 분명 심각한 부와 권력의 불평등을 부채질하고, 정치를 재편하고(필시 좋은 쪽으로는 아니다), 기존의 숱한 산업과 일자리를 파괴하는 데 일조하고 있다. 다수의 경제 연구는 진즉부터 새로운 자동화 물결이 고용과 소득에 잠재적으로 어떤 영향을 미칠지에 초점을 맞춰왔다(Barbieri et al. 2019). 고용에 가하는 영향의 추정치는 "긍정적일 가능성이 있다"(Acemoglu and Restrepo 2019)에서부터 "기존 일자리의 절반가량을 사라지게 만들 것이다"(Frey and Osborne 2017)에 이르기까지 다양하다. 모든 새로운 기술은 없어선 안 될 것으로 자리 잡기까지 두려움을 자아낸다. 프랑켄슈타인이 탄생한 것은 전기가 발명되고 얼마 지나지 않아서다. 빅토리아 시대 사람들은 전기가 자신들을 해칠 거라고 생각했다. 그들에게 전기는 정녕 위험천만한 기술이었다.

팬데믹은 변화하는 경제를 이해하는 방법, 그리고 상이한 인간 집단이 어떻게 지내고 있는지 측정하는 방법에 관한 논쟁이 속히 이루어져야 한다는 것을 새삼스레 일깨운다. 만약 지난 10년 동안 전통적인 GDP 성장률 이외의 렌즈를 사용했다면, 우리는 진즉에 마음속으로 경제 진보에 대해 다른 그림을 그렸을 것이다. 또한 지역, 또는 사회-인구 통계 집단에 따라 소득 증가율이 상당히 다르다는 점을 알아차렸을 터다. 우리가 기왕의 생활 방식을 유지하기 위해 생물 다양성을 파괴하고 기후를 변화시키고 자국의 천연자원을 고갈시켜왔다는 사실도 깨달았을 것이다. 또한 디지털 플랫폼 덕분에 사람들의 일상과 비즈니스 모형이 얼마나 크게 변모했는지, 그리고 그에 따른 불리한 측면은 무엇인지 더욱 잘 인식하게 되었을 터다. 정책 입안자들은 이런 시류를 따르기 위해 매진하고 있다. 디지털 거인들의 힘을 제어하고자 좀더 엄격한 경쟁 정책을 도입하는 것에서부터 사생활 보호 및 온라인 피해 방지를 위한 법률을 제정하는 것, 안면 인식 같은 AI의 편향적 사용을 규제하는 것 따위가 대표적 예다.

사람들은 자신의 경험을 통해 이런 분위기를 감지하며, 진보가 무엇을 의미하는지, '재건' 슬로건에 들어 있는 '더 나은'이 무엇을 뜻하는지를 좀더 폭넓게 이해하려는 욕구를 가지고 있다. 팬데믹 기간 동안 실시한 여론 조사에서 영국인의 3분의 1가량이 정부가 경제 운영 방식에 대폭 변화를 주어야 한다고 밝혔다. 소수 개인의 부가 아니라 사회의 건강에 주력하는 변화를 향한 갈망은 유독 밀레니얼 세대(Millennials)와 Z세대(GenZ) 사이에서 강력한 것 같다.[1]

어떤 변화가 필요한지에 대한 합의에 이르는 것은 이와 전혀 별개의 문제다. 어쨌거나 뭔가 근본적으로 불공정하다는 느낌만은 확연하다. 경제가 성장한다는 것, 그리고 사태가 나아진다는 것이 어떤 의미라고 생각하든, 우리는 가까운 과거보다는 이익을 좀더 공평하게 나눠 가져야 할 것이다. 특히 삶을 뿌리째 바꿔놓고 있는 신기술은 지금까지보다 더욱 많은 혜택을 안겨줄 필요가 있다. 테크놀로지 백만장자나 억만장자와 임시직 노동자*가 한데 뒤섞여 있고, 중위 소득 일자리가 자동화로 인해 줄어

---

* 임시직 경제(gig economy)는 전통적 노동 계약이 아니라 노동자가 수행하는 긱

들거나 더 헐값이 되어가는 경제는 정치적으로 지속 가능하지 않을 것이다. 3D 프린터로 출력한 장기에서 개인 맞춤형 암 치료법에 이르는 생명공학, 즉 의학의 혁신은 결코 갑부들만의 전유물이 될 수 없다.

테크놀로지가 이끄는 불평등은 견고한 중산층을 무너뜨림으로써 많은 나라에서 진즉부터 정치를 혼란 속으로 몰아넣었다. 어쩌면 코로나19가 유발한 충격은 지속적 변화가 이어지도록 보장해줄 수 있을 것이다. 식상한 대사처럼 들릴지 모르지만, 머잖아 혁명적 시대에 접어들 것 같다.

남은 두 장은 학과목으로서 경제학과 경제 정책 수립이 어떻게 디지털화가 제기하는 여러 도전에 다가서야 하는지를 중점적으로 다룬다.[2] 5장은 뚜렷이 구분되는 디지털 기술의 경제적 특성이라는 맥락에 비추어 이 책 앞부분에서 다룬 주제들을 한데 모음으로써, 그것이 왜 경제 분석의 단점을 더욱 증폭시키는지 설명한다. 6장은 국가경제학에, 그리고 어떻게 하면 시급히 요청되는 참신한 정책 접근법을 마련할 수 있을지에 초점을 맞춘다. 또한 몇몇 구체적 정책 영역을 살펴보면서, 디지털 변환이 3장에서 기술한 분리 프로토콜의 종말을 재촉하는 방식을 보여주는 것으로 끝맺는다. 경제학이 그저 기술 관료적일 따름이라는 주장은 더 이상 유지되기 어렵다. 2021년 초 내가 이 책을 쓸 무렵의 경제 풍광은 그것이 심각한 실패임을 말해주고 있기 때문이다. 이제 경제학자는 가치와 정치에 대해 깊이 숙고해야 한다. 그 두 가지 역시 다른 모든 것과 더불어 디

(gig: 본디 재즈 공연 연주자가 계약하는 단발성 공연)에 따라 보수를 받는 단기 계약 중심의 노동 시장을 말한다.

지털적으로 무너지고 있어서다. 5장과 6장의 내용은 현재 케임브리지 대학 산하 베넷 연구소(Bennett Institute)에서 내가 진행하고 있는 학술 연구의 중심에 놓인 이슈들이다. 하지만 거기에는 당연히 정책 세계에서 잔뼈가 굵은 거의 사반세기에 걸친 나의 경험과 관심도 함께 녹아 있다.

변화하는 테크놀로지, 변화하는 경제학

디지털 경제를 다룬 나의 첫 번째 책은 거의 25년 전에 나왔다(Coyle 1997). 출간 전 1년 남짓 연구와 집필에 몰두하면서, 나는 어느 저명 경제학자에게 인터넷의 혁명적 미래에 대해 열변을 토했다. 그가 대꾸했다. "거래 비용이 다소 절감되긴 할 거예요. 그렇지만 우린 이미 우리 모형에서 거래 비용을 어떻게 처리할지 알고 있어요. 뭐 하러 그 문제에 시간을 허비해요?" 그는 (분명 그 자신도 뒤늦게 알아차렸겠지만) 옳지 않았다. 뚜렷하게 구별되는 디지털 기술의 특징으로 보건대, 우리는 경제학에 대해 생각하는 방식 자체를 완전히 뜯어고쳐야 한다.

디지털은 다르다

'디지털'은 정보통신 기술(information and communication technologies), 즉 ICTs의 약칭으로 자리 잡았다. 그것은 경제학자들이 "범용 기술"(Helpman 1998)이라 부르는 것의 한 가지 예다. 범용 기술은 다음과 같은 특징을 띤다.

- 초기에는 혁신 부문에 걸쳐, 점차 그보다 더 넓은 경제 활동 전반에 걸쳐 제품과 서비스에서, 그리고 생산 과정에서 근원적 혁신을 가능케 한다.
- 상대적 투입 비용을 극적으로 바꿔놓기 때문에, 결국 경제 구조를 대대적으로 개편한다.
- 다른 형태의 자본, 인프라, 조직, 숙련 기능 등 여타 분야에 대한 상당한 추가 투자를 요청하며, 흔히 처음에는 무척이나 더디게 시작하지만 결국에 가서는 극적인 경제적·사회적 파급력을 떨친다.

인쇄술, 증기 기관, 전기는 범용 기술의 분명한 예다. 폴 데이비드(Paul David 1990)는 이 같은 범용 기술의 특성에 대해 잘 알려진 역사적 설명을 들려준 바 있다. 그는 1980년대의 컴퓨터 기술 보급을 20세기 초의 전기 발전기와 비교하면서, 로버트 솔로(Robert Solow 1987, 36)가 "컴퓨터 시대는 도처에서 발견되는데 생산성 통계에서만은 예외다"라고 불평한 '생산성 역설(productivity paradox)'*에 대해 규명했다. 컴퓨터의 궁극적 영향력

---

* 정보통신 기술에 대한 투자가 증가함에도 기업, 산업 및 국가 수준의 생산성이 그

은 실로 엄청났지만, 그 효과가 GDP나 생산성 수치에 잡히기까지는 꽤나 오랜 시간이 걸리는 것이다.

일부 경제학자는 디지털 기술이 광범위한 파급력을 지닌다는 측면에서 과거의 범용 기술과 동일한 수준인지 그렇지 않은지 묻는다(Gordon 2016; Bloom et al. 2020). 내 견해는 디지털은 과거의 범용 기술처럼 혁신적이리라는 것, 그리고 결국에 가서는 디지털 경제에 대해 이야기하는 일이 전기 경제에 대해 논하는 일만큼이나 이상하게 들리리라는 것이다. 측정된 변화 속도는 처음에는 느리지만 점차 극적으로 달라질 것이다. 세상의 변화는 이미 숨 가쁘다. 비록 좀더 근원적인 의미에서 그 변화가 우리 모두를 얼마나 더 잘살게 해주었는지는 따져보아야 할 문제지만 말이다. 이 문제는 이 장 뒷부분에서 다시 다루겠다.

경제 재설계가 얼마나 극적으로 이루어졌는지 확인할 수 있는 한 가지 방법은 상당한 혁신을 경험하는 제품들의 가격 하락을 살펴보는 것이다. 윌리엄 노드하우스는 서로 다른 기술 세대를 거치면서 놀랄 만큼 하락한 컴퓨터 계산력(초당 계산) 가격을 무어의 법칙(Moore's law)[1]을 반영해 산출했다(William Nordhaus 2015). 가격 하락 속도는 몇 년 동안 한층 빨라졌다. 계산 비용은 1950년 이후 (거대한 중앙 컴퓨터는 정부나 대기업만이 소유할 수 있었으므로) 엄두도 못 낼 정도로 비싼 수준에서 (모든 사람의 호주머니에 슈퍼컴퓨터가 들어 있을 만큼)* 사소한 수준으로까지 급락했다.

에 비례해 증가하지 않거나 되려 감소하는 현상. 앞서 언급한 '생산성 수수께끼'와 같은 의미다.

* 즉, 모든 사람이 스마트폰을 소유할 수 있을 만큼.

기술 가격이 큰 폭으로 떨어지면, 사람들은 그 기술을 훨씬 더 많이 이용한다. 계산 비용의 하락은 다른 부문에서의 급격한 가격 하락으로 이어졌다. 최근 공동 저자들과 실시한 연구를 통해, 우리 연구진은 표준 통계에서 디지털 혁신의 속도를 좀더 충분하게 고려할 경우 일부 서비스 가격이 대폭 하락한다는 것을 발견했다. 예컨대 클라우드 컴퓨팅 설비에 접근하기 위해 지불하는 가격은 2010년 이후 80퍼센트가량 떨어졌다(Coyle and Nguyen 2018). 이는 과거에 서버를 비롯한 여타 장비에 투자하고 거대 IT 부서에서 근무할 직원을 고용하던 기업들이 이제 더는 그럴 필요가 없어졌음을 뜻한다. 점점 더 많은 기업과 거의 모든 스타트업(신규 인터넷 기업)이 이제 이러한 투자를 전혀 하지 않고, 대신 아마존 웹 서비스나 마이크로소프트의 애저(Azure) 같은 클라우드 컴퓨팅 서비스를 이용한다. 내가 인터뷰한 임원진은 예전에는 숙련된 데이터과학자를 거느린 IT 부서에 연간 수만 내지 수십만 파운드의 비용이 들었지만, 이제는 기업 신용카드로 몇 파운드만 지불하면 최신 소프트웨어와 첨단 AI를 갖춘 클라우드 플랫폼이 제공하는 서비스를 얼마든지 이용할 수 있다고 밝혔다. 대기업과 정부 부처 및 기관들은 클라우드 컴퓨팅으로 갈아탔고, 신생 기업들은 아예 처음부터 그것으로 시작하고 있다.

또 한 가지 예는 통신 서비스의 가격과 관련된다(Abdirahman et al. 2020). 이들 서비스의 공식적 가격지수는 크게 변하지 않았다. 이는 통신 엔지니어들을 놀라게 만들었다. 가까운 과거는 통신 기술이 엄청난 기술적 진보를 겪은 시기였기 때문이다. 데이터 전송 속도, 대역폭(bandwidth),[*]

---

[*] 컴퓨터 네트워크나 인터넷이 특정 시간 내에 보낼 수 있는 정보량. 흔히 초당 비트

데이터 압축(compression), 대기 시간(latency) 등 모든 것이 상당한 수준으로 개선되었고, 사람들이 특히 스마트폰을 통해 사용하고 주고받는 데이터 양도 몰라보게 늘어난 것이다. 영국의 국가통계청, 공학기술연구소의 동료들과 함께 우리는 새로운 물가지수를 개발했다. 이 신중한 버전의 새로운 물가지수조차 2010년 이후 통신 서비스 가격이 3분의 1 하락했음을 보여주었다. 통신사의 수익을 가져온 다음, 그것을 데이터 볼륨(비트 단위로 측정)으로 나누어서 얻은 또 다른 가격지수는 같은 7년 동안 통신 서비스 가격이 90퍼센트 하락했음을 확인했다. 이 중 두 번째가 더 타당한 수치인 까닭은 모든 전기 통신이 기본적으로 비트의 물리적 단위로 측정되기 때문이다. 구성 서비스는 비트당 시장 가격이 저마다 다르지만, 이를테면 소비자들이 비싼 SMS(문자메시지 전송 서비스)에서 왓츠앱(WhatsApp) 같은 여러 무료 인스턴트 메시징 서비스로 갈아탐에 따라, 그 가격이 점차 수렴하고 있다. 우리가 개발한 이 신중한 버전의 새로운 물가지수를 실험적으로 영국의 GDP 수치 계산에 사용했을 때, 우리는 몇 년 동안 성장률이 매년 0.16퍼센트 더 늘어나는 결과를 얻어냈다.[2] 이는 별거 아닌 것처럼 들릴지도 모르지만, 이를 합성해 최근의 연간 성장률 1~2퍼센트와 비교해보면, 그렇지 않다는 것을 알 수 있다. 게다가 이는 그저 경제의 한 부문에서 한 가지 가격지수가 지니는 영향력일 뿐이다.

이것들은 그저 현행 경제 통계와 관련한 측정 이슈의 일부에 지나지 않는다. 측정은 우리가 경제를 어떻게 이해하고 그에 따라 개념화할지 결정해주기 때문에 더없이 중요하다. GDP는 점점 더 진보를 측정하는 좋

로 측정한다.

은 척도가 못 되고 있는데, 이는 GDP가 1940년대의 경제를 가늠하는 기준으로서 도입되었다는 사실을 떠올리면 그다지 놀랍지 않다(Coyle 2014). 디지털 경제에서 한 가지 이슈는 GDP가 부가가치적 개념이라는 것, 즉 부가가치의 합이라는 것이다. 요컨대 만약 그렇게 하지 않으면 이중 삼중으로 계산되므로 소비의 중간 단계는 최종 수익에 포함하지 않는 것이다. 이를테면 우리는 빵의 재료인 밀가루와 빵을 동시에 계산에 넣길 원치 않는다. 하지만 이는 지난 20여 년간의 '탈중개화(disintermediation)'* 전 과정─클라우드 컴퓨팅, 그리고 공급망이 점차 특화되는 활동들로 쪼개지는 현상과 더불어 빠르게 진행되고 있다─이 GDP 통계에 잡히지 않는다는 것을 의미한다. 우리는 모든 중간 단계를 배제하고 있으며 어쩐 일인지 그 이익은 최종 산출에 드러나지 않고 있다. 이는 '생산성 수수께끼'를 재공식화하는 것으로, 나는 이 문제를 해결하려면 성장에 대한 사고틀을 새로 짜야 한다고 생각한다.

그 밖에도 기존 경제 통계가 포착하지 못하는 것은 한두 가지가 아니다. 어떤 데이터가 어디로 흘러가는가, 그것은 어떤 가치를 지니는가? 기업은 어느 정도로 클라우드 컴퓨팅을 채택하는가, 그리고 그것으로 무엇을 하고 있는가? 얼마나 많은 기업이나 사람이 AI를 채택하는가? 만약 영국의 모 제조업체가 베를린 스튜디오에서 설계한 청사진을 말레이시아

─────────────

* 소비자와 생산자의 직거래 때문에 도매상·소매상·브로커·대리점 등 중개인의 역할이 축소되거나 사라지는 추세를 말한다. 디지털 시장은 유통업자 같은 중개인을 거치지 않고 판매자가 직접 소비자에게 상품을 제공할 기회가 많다. 따라서 탈중개화 현상이 더욱 빈번히 나타난다.

의 하도급 제조업체한테 더블린에 등록된 IP 주소로 이메일 보낸다면, 무엇을 계산에 넣어야 하고, 그것을 대체 어느 나라의 GDP에 배당해야 하는가? 다른 가격들은 어떤가? 디지털카메라 가격은 기록으로 남는다. 비록 요즘 사람들이 그렇게 많이 구매하지는 않는지라 소비자물가지수에서 디지털카메라가 차지하는 비중은 날로 낮아지고 있지만 말이다. 그러나 우리 모두 본인의 스마트폰에서 사진을 찍고 보는 데 따른 비용을 한 푼도 내지 않고 있다는 사실은 그 어디에도 고려되지 않는다. 따라서 우리가 실질 GDP와 실질 생산성을 산정하기 위해 사용하는 물가지수는 완전하지 않다(Coyle 2021).

디지털 시장 역시 다르다

아마존은 1994년, 페이스북은 2004년, 구글은 1998년에 설립되었다. 1970년대 중반에 시작한 애플과 마이크로소프트는 그보다 역사가 조금 더 길다. 이들 테크 기업은 이전 세대의 그 어떤 대기업보다 한층 거대하다. 거의 전 세계를 주름잡고 있는 GAFAM이라 알려진 미국의 이 거대 디지털 기업들, 그리고 중국의 알리바바(Alibaba), 바이두(Baidu), 텐센트(Tencent), 이렇게 한 줌밖에 안 되는 테크 기업들이 우리 삶을 쥐락펴락하고 있다. 여타 디지털 기업은 규모에서는 이 소수 거물들에 미치지 못하지만 그들의 활동, 즉 에어비앤비, 부킹(Booking), 우버, 딜리버루(Deliveroo)*

---

*   영국의 온라인 음식 배달 스타트업.

같은 플랫폼에서 저마다 주도력을 발휘하고 있다. 소비자로서든 기업으로서든 우리는 나날의 사회적·문화적·정치적, 그리고 경제적 활동의 상당부분을 온라인 쇼핑, 소셜 미디어, 검색, 클라우드 컴퓨팅에 이르는 그들의 서비스에 기대고 있다. 삶은 이례적일 정도로 재편되었는데, 그 변화의 상당 부분은 불과 10여 년 전의 스마트폰 출시 및 3G와 그 이후 모바일 네트워크가 시작된 뒤부터 일어난 일들이다(Cellan-Jones 2021). 디지털 기술은 어쩌다가 복수의 디지털 서비스 공급 업체로 이루어진 다채로운 풍경이 아니라 소수 거인들이 장악한 권력 집중으로 치닫게 되었을까?

정치와 정책도 이 이야기의 일부를 이루겠지만, 그 원인을 설명하려면 우선 디지털 시장의 여러 가지 근본적인 경제적 특성에 대해 언급할 필요가 있겠다.

그 가운데 첫 번째는 슈퍼스타 현상이다. 이 용어는 셔윈 로젠(Sherwin Rosen 1981)의 논문에서 유래했는데, 그는 거기서 왜 특정 영화배우나 스포츠 스타가 다른 모든 동료보다 터무니없이 많은 보상을 누리는지 들려주었다. 이 현상은 시장의 수요와 공급 양측에서 작동한다. 먼저 공급 측면에서, 고정 비용(fixed cost)은 높고 한계 비용(marginal cost)은 낮거나 0인데, 이 두 가지가 결합하면 상당 수준의 수확 체증을 초래한다. 정상급 농구 선수가 되려면 다년간의 맹연습이 필요하며, 블록버스터 영화를 찍으려면 수백만 달러가 든다. 하지만 일단 훈련이 정상 궤도에 오르면, 혹은 일단 영화가 제작되면, 또 한 번의 경기를 치르거나 또 한 군데 영화관에 배급하는 데 드는 비용은 낮다. 수요 측면에서, 그 상품들은 본질적으로 경험재다. 즉, 사람들은 실제로 그 상품을 소비하기 전까지는, 요컨대 경기를 관람하거나 영화를 보기 전까지는 그것이 어떤 상품인지 알지 못한다. 사람들이 친구나 가족을 통해, 또는 리뷰를 통해 뭔가가 좋다는 소문을 접하면, 특정 스타에 대한 수요는 증가할 것이다. 설사 어떤 객관적 지표들에 비추어 그것이 시장에 나온 다른 것들보다 현저히 좋지는 않다고 해도 말이다. 슈퍼스타 현상은 유통에 드는 한계 비용이 0에 가까우며, 흔히 우리의 관심을 얻기 위해 다투는 많은 디지털 시장에서 작동할 수 있다. 이 현상은 오늘날 경제에서 두드러지는 승자 독식(winner-take-all), 또는 승자 다식(winner-take-most)의 첫 번째 동인이다.

디지털 시장의 권력 집중을 부추기는 또 다른 특성은 '간접적 네트워크 효과(indirect network effect)'*라 부르는 것이다. 네트워크 효과야 익히 알려져 있다. 즉, 당신이 전화 서비스를 이용하려 하면 다른 사람들이 그 전화 네트워크상에 많아질수록 당신에게도 더 좋다. '간접적'이란 여러 디지털 시장이 수요자와 공급자를 매칭하고 있으며, 따라서 가령 당신이 에어비앤비 아파트를 얻고 싶으면 거기에 아파트를 공급하는 사람이 많아질수록 당신에게도 더 좋다는 사실과 관련이 있다. 만약 당신이 자신의 아파트를 세놓으려는 공급자라면, 그 플랫폼을 이용하는 소비자가 많아질수록 당신에게도 더 유리하다. 이런 유의 디지털 플랫폼은 양면 시장, 또는 다면 시장이라고 알려져 있다(Evans and Schmalensee 2016a). 또한 이 '간접적 네트워크 효과'는 규모의 상호적 강화와 촉진으로 이어진다. 플랫폼상의 참가자 '양측'은 그 플랫폼의 사용자 수가 늘어나면 (최소한 잠재적으로나마) 이득을 누릴 수 있다. 에어비앤비, 아마존 마켓플레이스, 이베이(eBay), 오픈테이블, 또는 우버 등 우리에게 낯익은 소비자 대면 플랫

---

* 상대 집단의 크기가 클수록 더욱 높은 이익이나 효용을 얻는 효과.

폼 사례에서부터 화학업계나 철강업계 등의 기업 간 플랫폼 사례에 이르기까지 관련 예는 무수히 많다. 또한 디지털 플랫폼은 가격 구조가 특이하다. 즉, 만약 시장의 한쪽(대체로 소비자 집단)에 선 사람들이 더 많은 가능한 선택지가 있어서 딴 플랫폼으로 옮아갈 수 있다면, 다른 쪽은 그 플랫폼에 계속 머물도록 설득하기 위해 그들에게 보조금을 지급해야 한다. 그러다 보니 상당수의 경우 소비자는 아무것도 지불하지 않는 반면, 광고주, 식당, 또는 아파트 목록을 올린 아파트 소유주 등 공급자는 그 플랫폼에 수수료나 사용료를 지불한다. 수수료율은 꽤 높을 수도 있다. 30퍼센트가 일반적인데, 일부 경우에서는 그보다 훨씬 더 높아지기도 한다.

디지털 시장에서 권력 집중을 낳는 세 번째 특성은 이들 플랫폼이 흔히 특정 측면의 수요와 공급을 매칭하고 있다는 것이다. 그들은 한편으로 당신이 어느 도시에서 구할 수 있는 (크기, 위치, 근린 시설이 저마다 다른) 아파트 같은 다채로운 공급, 다른 한편으로 역시나 다채로운 수요를 이어주고 있다. 사람들의 취향은 백인백색이기 때문이다. 어떤 사람들은 조용한 지역을 원하지만, 또 다른 사람들은 밤의 유흥을 즐길 수 있는 지역을 선호한다. 어떤 사람들은 스스로 요리할 수 있는 여건을 좋아하지만, 또 다른 사람들은 그렇지 않다. 플랫폼이 커질수록 모든 사용자가 더욱 만족스러운 거래를 할 수 있다. 다시 한번 말하거니와 규모가 커질수록 사용자의 혜택은 늘어난다. 소비자 플랫폼의 경우, 수백만 명, 아니 실제로 수억 명이 돈을 전혀 지불하지 않고도 자신이 더없이 가치 있게 여기는 서비스를 누린다(Brynjolfsson, Collis, and Eggers 2019; Coyle and Nguyen 2020). 디지털 플랫폼은 시장의 다른 쪽에 부과한 수수료를 통해 수익을 창출한다. 그리고 자신들이 소비자에 대해 수집한 데이터를 이용해 가장 가능성 높은 고객에게 적합한 광고를 제공함으로써 광고 수입을 거둬들인다. 아마존을 위시한 일부 플랫폼은 고객 데이터 자체를 가공해 마케팅 분석 서비스를 광고주에게 팔아넘기기도 한다.

이 모든 특징이 어우러진 결과 신규 플랫폼이 새로 활동을 개시하고 마침내 성공을 거두는 일은 무척이나 어려워진다. 플랫폼은 5개 중 4개 꼴로 실패하는지라(Gawer, Cusumano, and Yoffie 2019), 양측이 서로 적절한 균형을 유지하면서 최소 생존 규모에 도달하기란 어렵다. 미국의 거대 플랫폼들은 오랜 기간 그들의 손실을 보전해줄 거액의 벤처 캐피털 자금을 보유하고 있으며, 그 손실액은 실로 엄청날 가능성도 있다. 스타트업은 한동안 진전 없이 제자리걸음 하다가 어느 순간 임계점에 도달하고, 그때부터 단숨에 급속도로 비약하면서 거대하게 몸집을 키운다. 만약 이런 식으로 거대해지지 않는다면 대체로 도태된다. 이것이 바로 디지털 플랫폼 경제학의 기본 생리로, 디지털 시장을 경제학에서 기준이 되는 멘탈 모형(mental model)*과 다르게 작동하도록 만들어준다.

디지털 경제학

디지털 경제에서는 생산과 소비가 크게 탈바꿈하고 있다. 이 테크놀로지

---

* 사람들이 자기 자신, 다른 사람, 환경, 자신이 상호 작용하는 사물에 대해 구축한 모형. 기존 경험의 유무, 배경지식의 수준, 연령, 성별, 성향 등 여러 조건에 근거해 형성된다.

는 이제 없어서는 안 되는 지경에 이르렀다. 사람들은 적잖은 시간을 온라인에서 보내고 있다. 영국에서는 2017년 그 수치가 2007년의 두 배로 불어난 결과, 수면 시간을 뺀 가능한 가용 시간의 7분의 1인 주당 24시간에 달했다. 우리가 거기에 높은 가치를 부여하고 있음을 보여주는 또 다른 증거도 있다. 에릭 브린욜프슨(Erik Brynjolfsson)*은 검색이나 소셜 미디어 같은 디지털 서비스를 일정 기간 포기하려면 어느 정도의 보상이 필요한지 사람들에게 물었다. 평균적인 사람들은 미국 중위 소득의 약 절반에 해당하는 1만 7000달러를 준다면 1년 동안 모든 검색 엔진을 포기할 의향이 있다고 답했다. 이메일을 그만두는 데 따른 보상액은 6000달러였다. 영국에서 이루어진 이와 비슷한 설문 조사 작업에서, 우리 연구진 역시 제로 가격(공짜)인 디지털 서비스에 대한 일부 소비자 평가액이 서비스 공급자들이 벌어들인 평균 사용자당 수익 같은 시장 측정 기준을 상회한다는 사실을 확인했다(Coyle and Nguyen 2020). 이는 엄청난 금액이다. 어떻게 그것을 집계할지, 또는 어떻게 시간 예산(time budget) 제약 조건을 고려할지는 여전히 미지수지만 말이다.

온라인에서 보내는 시간이 말해주듯이, 우리는 오늘날 온라인상에서 은행 업무, 여행 관련 업무, 교육, 오락, 소셜 미디어, 소통, 정보 접근 등 온갖 일을 해치우고 있다. 하지만 전통적인 경제 이론도 이러한 활동을 설명하기 위해 안간힘을 쓰고 있다. 이는 3장에서 논의한 이슈들과 연결된다. 경제학에서 개인의 효용 극대화—즉, 개인은 예산 제약 내에서 가능한 정도까지 스스로의 선호를 만족시키는 데서 오는 효용이나 혜택을

---

*   매사추세츠 공과대학 슬론 경영대학원 교수이자 MIT 디지털 비즈니스센터장.

누리며, 개인의 효용을 한데 모은 결과가 사회 후생이 될 수 있다—개념은 새로운 제품, 그리고 상대적 가격 및 행동상의 엄청난 변화를 제대로 고려하지 못한다. 그 개념 틀은 우리가 현재 알고 있는 (혹은 2005년에 알고 있었던) 가정을 상정한다. 즉, 스마트폰 구매와 관련한 우리 선호가 2019년에도 지속되리라는 가정 말이다. 하지만 개인의 선호는 고정되어 있지 않을뿐더러, 특히 미래의 발명품과 관련할 때 개별적이지도 않다. 광고업계는 예전부터 지금까지 줄곧 선호의 가변성(malleability)에 전적으로 기반을 두어왔다. 오늘날 우리의 선호에 영향을 주는 방식은 소셜 미디어가 널리 만연함에 따라 다시금 변화를 겪었다. 게다가 나의 효용은 네트워크 효과로 인해 다른 사람의 선택에 좌우된다. 개인적 의사 결정을 독자적으로 고려할 수는 없는 것이다.

　디지털 경제는 표준 경제학의 기저를 이루는 다른 몇 가지 주요 가정들에 대해 의문을 제기한다. 이를테면 다수의 디지털 상품은 비경합적이다. 일단 누군가가 소프트웨어를 만들거나 데이터 세트를 생성하면, 많은 이들이 그것을 고갈시키지 않은 채 한꺼번에 사용할 수 있다. 높은 고정 비용뿐 아니라 네트워크 효과도 그 경제 전반에 걸쳐 수확 체증 현상에 일조한다. 하지만 경제적 모델링과 분석 기제의 상당수는 수확 체감과 수확 불변 가정에 기대고 있다. 디지털 경제에서는 네트워크 효과(이를테면 만약 당신이 나와 어느 면에서 유사하다면, 나의 개인 정보를 제공하는 일이 당신의 사생활에 영향을 끼칠 수도 있다)뿐 아니라 외부 효과도 크게 작용한다. 지식 재산권 문제가 대단히 논쟁적이었음을 감안할 때, 당신은 디지털 경제에서 재산(property)이 맡은 역할에 대해서까지 의문을 제기할 수 있다. 존 디어(John Deere)*와 그 회사가 생산하는 트랙터를 구매한 농민 간에 벌어진 분쟁, 즉 이 고가 자산의 소유주가 과연 누구인가에 관한 분쟁이 두드러진 예다. 오늘날 그 트랙터에는 소프트웨어가 잔뜩 장착되어 있어 작업 관련 데이터가 회사에 입력되고, 다시 반대 과정이 이어진다. 따라서 존디어 측은 농민이 그저 트랙터를 임대하는 데 지나지 않는다고 주장하고 있다. 반면 농민은 자신들이 소유자라고 목소리를 높인다. 그들이 수십만 달러를 지불한 (그리고 수리도 직접하고 있는) 농기계에 대해 종전에 그래왔듯이 말이다. 이와 유사한 실랑이는 제조업체가 제공하는 정보 및 소프트웨어와 연결된 자동차, 또는 제조업체의 서비스 센터와 주고받는 데이터에 의해 비행 도중 점검받는 항공기 엔진 같은 경우에서도 벌어지고 있다.

이 글을 읽는 일부 경제학자는 이런 주장에서 딱히 새로울 건 없다고 여길 것이다. 물론 우리 모두 가정이 실생활에서는 유효하지 않으며, 가정이란 그저 경제에 관한 우리 생각을 정리하기 위한 시발점에 지나지 않음을 잘 알고 있다. 그러나 위에서 논의한 대로, 경제학과 학생들과 많은 연구자뿐 아니라 정부에 몸담은 수천 명의 경제학자는 그간 전통적 디폴트 사고를 하도록 사회화되었다. 즉, 정책의 목적은 개인의 효용을 증진하는 것이요, 시장은 일반적으로 경제를 조직하는 최선의 방법을 알려준다는 사고, 그리고 가정의 구체적 외부 효과를 비롯한 기타 실패는 적절한 맞춤형 정책을 통해 하나하나 밝히고 제거할 수 있다는 사고 말이다.

나는 수년 동안 이 개념 틀을 받아들였지만, 이제 현대 경제의 수확 체증과 상호 의존성 정도에 비추어 그것이 부정확할뿐더러 경제 정책 설

---

* 세계적인 미국계 중장비·농기계 제조사 디어 앤드 컴퍼니(Deere & Company)의 상표명.

계에 도움이 되지 않는다고 믿게 되었다. 6장은 정책 문제에 초점을 맞출 것이다. 그리고 정책이 경제학 자체에 안겨주는 함의를 되새기고자 한다.

경제학을 위한 새로운 어젠다

나는 혁명적 어젠다를 제안하기보다 중요하지만 활용도 낮은 통찰들을 한데 모으자고 제안할 것이다. 이를테면 개인적 선택의 상호 의존성, 또는 상품의 비경합성을 중시하는 경제 분석의 예들을 말이다. 시장 설계 분야(Kominers, Teytelboym, and Crawford 2017)는 게임 이론처럼 개인의 선택을 상호 의존성이라는 맥락에서 고찰한다. 일부 게임 이론가들은 게임 규칙의 제정자와 집행자도 선수라는 것을, 그리고 사회 규범이 개인적 결과만큼이나 중요하다는 것을 인식하고 있다(Basu 2018; Sugden 2018). 나는 공동 저자들과 함께 데이터에 효과적인 시장이 있을 수 있는지(없다)와, 디지털 경제에서 사회적 이익(social good)을 낳도록 데이터를 사용하려면 어떤 정책이 필요한지 살펴보았다(Coyle et al. 2020). 아직 메워야 할 공백이 많이 남아 있긴 하지만, 디지털 플랫폼에 대한 연구는 빠른 속도로 불어나고 있다.

피드백, 즉 자기실현적 (또는 자기 회피적) 현상을 인식하려면 상이한 모델링 및 분석 접근법이 필요한 것 같다. 일부 경제학자는 진즉부터 대안적 사례들을 사용해왔다. 복잡성 이론(Arthur 2021; Hidalgo 2021), 행위자 기반 모델링(Gallegati and Kirman 2012; Richiardi 2016), 그리고 연결주의(connectionism: Schulze 2010)* 등이다. 이 모두는 경제학자들이 일반적으로 사용해온 대수적 분석이 아니라 컴퓨터 기반 접근법을 요청하며, 경제학에서 점점 더 많이 채택되고 있다. 물론 기존의 주류를 권좌에서 몰아낼 수 있는 단 하나의 새로운 패러다임은 존재하지 않지만. 내 감에 따르면, 2030년에서 2040년으로 이어지는 10년 사이에 방법론적 패러다임 전환이 이루어질 것 같다.

이러한 대안, 또는 그 밖의 다른 대안들 가운데 어느 것이 주류를 이루든, 경제학이 해야 할 일은 개인적 선택에서의 상호 의존성, 높은 고정 비용과 '수확 체증의 법칙', 만연한 스필오버, 그리고 많은 디지털 상품〔고전적 '공공재'거나 사람들이 접근하지 못하도록 배제할 소지가 있다면 '클럽재(club goods)'〕의 비경합성을 출발점으로 삼는 것이다. 디지털 시장의 특색인 티핑 포인트 역학, 또는 저탄소 세계로의 전이에 필요한 기술 전환 역시 상호 조정과 내러티브의 역할이라는 측면에서 그것들이 정책에 미치는 함의와 더불어 중요하게 취급해야 한다. 공공재나 게임 이론을 다룬 과거 문헌뿐 아니라 복잡성 이론 및 연결주의에 관한 새로운 문헌 등 사용할 수 있는 자료는 수두룩하다. 경제학이 지금껏 하지 못한 일은 표준 모형과 다른 이 같은 대안들을 새로운 표준으로서 주류에 편입시키는 것이다. 5장 말머리에서 언급한 저명 경제학자가 25년 전 디지털 경제가 태동할 무렵 내게 말했듯이, 우리는 정말로 우리 모형에서 이러한 수많은 특징을 다룰 수 있다. 이제 우리는 계속 밀고 나아가야 한다. 아울러 내친김에 이 것을 모든 경제학과 학생들에게, 그리고 미래의 정책 입안자들에게 가르

---

* 인공 신경망 개념을 이용해 마음 현상 또는 심리적 기제를 설명하고자 하는 인지과학의 접근법.

20세기 경제학	21세기 경제학
선형적	비선형적
정적	동적
수확 체감 또는 수확 불변	수확 체증
예외적인 외부 효과	만연한 외부 효과
공정한 분배	불공정한 분배
고정된 선호	가변적 선호
개인주의적	사회적
→ 시장 편향	→ 제도 편향

칠 수 있는 버전으로 만들어야 한다.

그렇다면 디지털 경제에서 새로운 경제학 어젠다는 무엇인가? 위의 표는 표준, 즉 기준점으로 받아들여지는 데서 어떤 식의 태세 전환이 필요한지 간추려놓은 내용이다.

경쟁 정책 같은 정책의 적용, 측정, 이론 등의 이슈에 대한 실질적이고 경험적인 접근법도 얼마간 필요하다. 경쟁 당국은 가령 새로운 검색 엔진이 시장에 진입할 수 없게 될 때 소비자가 입을 피해를 어떻게 추산해야 할까? 그리고 어떤 유의 규제와 거버넌스가 디지털 시장으로 하여금 폭넓은 사회적 혜택을 안겨주도록 안내할 수 있을까?

경제학 자체에 대한 사안은 분명하다. 우리는 기존 작업에 토대를 두고 외부 효과, 비선형성, 티핑 포인트, 자기실현적 (또는 자기 회피적) 역학을 표준에 통합해야 한다. 또한 (3장에서 강조한 대로) 후생경제학을 되살리고 그에 대해 재고할 필요가 있다. 우리는 정보의 비대칭성과 오래된 네트워크 산업에 관한 폭넓은 문헌을 디지털 세계의 비선형성과 외부 효과에 적용함으로써, 정보재(information goods)의 공적 제공과 규제에 대한 새로운 접근법을 마련해야 한다. 그리고 제도와 신뢰가 경제적 결과에 미치는 영향력에 대해 흔히 언급되는 입장을 진지하게 받아들임으로써, (개인이 아니라) 사회를 경제학 연구의 중심에 놓을 필요가 있다. 이는 무엇보다 경제학의 원점인 국가경제학으로 돌아간다는 것을 뜻한다. 3장에서 언급한 분리 프로토콜은 1세기 동안 우리를 잘못된 길로 안내했다. 그것은 결과적으로 경제학이 제가 결코 가질 수 없는 기술 관료적 권위를 부르짖도록 만들었다. 2008년 이후의 두 사건, 즉 세계 금융 위기와 코로나19 팬데믹이 드러내준 참혹한 풍경은 그것이 옳지 않았음을 똑똑히 보여주었다. 숱한 경제 분석의 가정과 달리 개별 톱니바퀴는 따로따로 작동하지 않으며, 그 잘못된 가정은 집단적 괴물의 출현을 부채질했다. 그 괴물을 길들이려면 경제적 상호 의존성에 대해 인식할 필요가 있다. 그래야 우리는 세상이 직면한 경제적 도전을 이해하고, 아마도 관리할 수 있을 것이다.

21세기의 경제 정책

미래로의 귀환: 사회주의 계산 논쟁

프랜시스 스퍼포드(Francis Spufford)는 그의 멋진 책 《공산주의의 풍요(Red Plenty)》(2010)에 20세기 초 경제학자들이 뛰어든 열띤 논쟁, 이른바 사회주의 계산 논쟁(socialist calculation debate)—또는 경제적 계산 논쟁(economic calculation debate)—을 극적으로 담아냈다. 쟁점은 자본주의적 자유 시장 경제와 사회주의적 계획 경제 중 어느 쪽이 더 효율적인 결과를 낳느냐는 것이었다. 어떤 경제 운영 방식이 승리를 거머쥘까?

그 분야에서 대단히 명석한 축에 속하는 이들 몇이 그 논쟁에 뛰어들었다. 하이에크(F. Hayek)와 폰 미제스(von Mises)는 시장 편에, 랑게(O. Lange)와 러너(A. Lerner)는 계획 편에 섰다(Hayek 1935; Von Mises 1920; Lange 1938; Lerner 1938). 《공산주의의 풍요》가 엄청나게 열정적인 내러티브를 통해 드러내 보인 것은 두 접근법 간의 형식적 등가(formal equivalence)였다. 전지전능한 중앙 계획자와 경쟁적 '일반 균형' 이론의 왈라스식 경매인(Walrasian auctioneer)은 마찰 없고 정보가 완전한 그들 각각의 가정 세트에서 동일한 존재다(Lange 1936, 1937). 따라서 두 접근법은 모두 비현실적이며, 예컨대 한편으로 모든 미래 상품을 위한 완벽한 시장 세트, 다른 한편으로 모든 상품에 대한 완벽한 지표화(시간과 장소에 따른)를 요청한다. 그리고 두 가지 다 방대한 정보를 요구 조건으로 삼는다.

지난 역사가, 그리고《공산주의의 풍요》가 드러내준 바와 같이, 시장 버전이 실제에서는 한층 우세한 것으로 증명되었다. 가격 메커니즘이 비록 불완전하다 해도 경제에서 모든 재화와 서비스의 생산에 자원을 할당하도록 해주는 수요-공급 조건에 대한 정보를 한눈에 보여주기 때문이다. 이는 하이에크가 그의 고전적 논문 〈지식의 사회적 쓰임새〉(1945)에서 밝힌 내용이다. 그는 중앙 계획자가 효율적 경제 전반의 생산을 달성하고자 필요로 하는 정보는 한 개인 또는 조직으로서는 결코 알 길이 없다고 주장했다. 필요한 엄청난 양의 정보는 뿔뿔이 흩어져 있으므로, 가격 메커니즘은 계획자가 그 정보를 뽑아내는 경우보다 그것을 더욱 잘 조정할 수 있다.

《공산주의의 풍요》를 리뷰한 제법 긴 블로그 게시물에서, 코스마 샬리지(Cosma Shalizi)는 소비에트 중앙 계획이 효과적이기 위해 필요로 했을 법한 계산 요구 사항을 산출했다.[1] 재화와 서비스의 수에 따라 필요한 계산 수가 기하급수적으로가 아니라 다항적으로 늘어난다는 점에서, 이 문제는 "공식적으로 산출이 가능하다". 그러나 1983년의 소련에서는 비록 미국보다 제품 범위가 제한적이었음에도, 12개월 미만의 계산에서 경제 계획을 제대로 완수하려면 당시 사용 가능한 최고 성능의 컴퓨터보다 1000배나 빠른 컴퓨터가 필요했다는 것이다. "공식적으로 산출이 가능하다"는 말이 '실용적이다'라는 의미는 아니다. 선형 프로그래밍 문제에서 변수의 수—즉, 제품의 수—가 늘어나면 계산에 요구되는 시간은 다항 함수적으로 그에 상응하는 만큼 늘어난다.

물론 컴퓨터의 힘과 속도는 1983년 이후 '무어의 법칙'에 힘입어 향상되면서 사회주의 계산 옹호자들에게 새로운 희망을 안겨주었다. AI는 드디어 우리에게 틀림없이 효율적인 중앙 계획자를 내려보내줄 수 있을 것인가? 1970년대에 살바도르 아옌데(Salvador Allende)가 이끄는 칠레는 컴퓨터를 이용한 경제 계획을 시도했다. 유명한 프로젝트 사이버신(Project CyberSyn: Medina 2011)을 통해서다. 훨씬 더 강력해진 오늘날의 컴퓨터와 알고리즘이 시장의 혼돈을 대신해 효율적인 경제 계획을 가능하게 해줄 수 있다는 희망을 등에 업고 소박한 학자적 노력이 되살아났으며, 공산주의가 승리하리라는 그보다는 덜 소박한 희망이 여러 대중서에 담겼다(Cottrell and Cockshott 1993; Cockshott and Zachariah 2012; Morozov 2019; Bastani 2019).

하지만 이런 희망은 아무 근거가 없는 것으로 밝혀질 터다. 컴퓨터의 계산 속도는 효과적인 중앙 계획이 요원한 전망으로 남아 있는 한 가지 사유에 불과하다. 오늘날의 컴퓨터가 1983년의 그것에 비해 더욱 강력해졌고, 그것도 기하급수적으로 그렇다는 것은 어김없는 사실이지만, 그럼에도 필요한 계산량은 전혀 따라잡지 못하고 있는 실정이다.

이용 가능한 상품 수가 늘어났다는 것이 또 다른 이유다. 이에 관한 경제 통계는 없다. 오늘날 이용할 수 있는 다채롭고 맞춤화한 상품의 규모가 어느 정도인지 똑똑히 아는 우리로서는 그저 주로 일상 경험적 증거에 기댈 수밖에 없다. 소비자는 본인만의 운동화를 설계하고, 다양한 방식으로 노트북 컴퓨터의 환경을 설정하고, 수백 개의 클라우드 컴퓨팅 서비스나 수십 개의 휴대폰 패키지 중에서 선택하고, 시내 중심가의 패스트푸드 매장에서 비건(vegan) 메뉴나 글루텐프리(gluten-free) 메뉴를 골라먹을 수 있다. 이용 가능한 통계가 거의 없다는 것은 새로운 상품 종류가 무지막지하게 늘어나고 있음을 말해준다(Coyle 2021). 중앙 계획자는 하물며 오늘날의 강력한 컴퓨터와 AI를 가지고도 날마다 각 KFC 매장에서 비건 버거나 뼈 없는 딥밀(dip meal)*이 얼마나 팔릴지 계산할 수 없다. 그럴 가망성은 거의 없어 보인다.

또 다른 이유도 있다. 오늘날에는 훨씬 더 많은 제품을 시간과 장소에 따라 지표화해야 한다(시간의 경우 지난주에 만든 빵 덩어리는 쓸모없듯이 가치가 소멸하거나 하락하는 제품을 위해서, 장소의 경우 만약 그렇게 하지 않는다면 운송 비용과 운송 시간에 대한 전적인 해명이 필요하므로). 그뿐만 아니라 사용되는 알고리즘은 선형적이거나 적어도 볼록한 생산 함수를 가정해야 한다. 이러한 전문적 설명은 쉽게 풀어 말하자면, 생산에 따른 수확량이 변함없거나(수확 불변) 감소한다(수확 체감)는 것을 뜻한다. 즉, 당신이 필요한 투입을 약간 더 사용하면 생산이 늘어남에 따라 당신이 얻는 부가적 산출은 변함없거나 다소 줄어든다는 것을 말이다.

안타깝게도 '수확 체증의 법칙' 또는 네트워크 효과는 사회주의 계산을 위한 실생활 프로그래밍 문제가 비볼록(non-convex) 제약을 수반한

---

* 소스에 찍어 먹는 메뉴.

다는 것을 말해준다. 5장에서 기술한 바와 같이, 디지털 사업에서 초기에 드는 높은 고정 비용과 네트워크 효과는 수확 체증이 실로 엄청나다는 것을 의미한다. 샬리지가 말한 대로 "비볼록 제약 조건에서는 최적화를 위한 범용 알고리즘이 없다. 비볼록 프로그래밍은 선형적 프로그래밍처럼 다루기가 쉽지 않다. 대체로 꽤나 어렵다". 그의 말은 불가능성을 과장한 것일지도 모른다. 오늘날 알고리즘은 물류 기업이 어떻게 전 세계 차원에서 수백만 개의 소포를 수집하고 배송할지 같은 그와 유사한 문제들을 곧잘 다루고 있으니 말이다. 하지만 온갖 다양성을 두루 아우르는 경제 전반에서, 그것은 확실히 녹록지 않은 일이다. 그리고 이러한 비볼록성, 즉 수확 체증 현상은 오늘날 같은 서비스와 지식 기반의 디지털 경제에 널리 만연해 있다.

디지털 경제는 전형적인 주류 시장경제학 모형과 계획 경제에 필요한 수확 불변 또는 수확 체감 가정에 전혀 부합하지 않는다. 비볼록성은 분명 디지털 이전 경제에서도 얼마간 찾아볼 수 있다. 그때 역시 어쨌든 철강 작업이나 항공기 제작만큼은 고정 비용이 매우 높고, 그 결과 수확 체증을 낳았으니 말이다. 하지만 오늘날 비볼록성은 소프트웨어, 영화, 데이터베이스, 제약(製藥), 온라인 소매업, 하물며 택시 등 온갖 분야에서 발견할 수 있다.

경제학은 수확 체증과 그것이 시사하는 모종의 역학을 그 중심에 놓아야 한다. 지식 집약 경제의 특성은 다른 것들과 확연히 구분된다. 이는 분명 연구가 활발한 분야지만 아직 주류적 기준은 아니다. 강의실이나 정치권력의 중심부에서는 더더욱 아니다. 수확 체증 경제가 요구하는 정책 접근법은, 1979년 이후 또는 분명 1989년 공산주의 붕괴 이후 널리 퍼진

'사장이 가장 잘 안다(markets know best)' 가정에 여전히 영향받는 오늘날의 접근법과는 판이하다. 중앙 계획은 효과적이지 않았다. 최근의 '자유시장' 자본주의 모형도 같은 이유에서 효과적이지 않았다. 그 모형은 그저 붕괴 속도가 조금 더 더뎠을 뿐이다.

또 하나의 이슈는 기업, 또는 개인, 또는 계획자인 '행위자'가 목적함수를 최적화하기 위해 유관 정보를 효율적으로 사용한다는, 사회주의 계산 논쟁의 양측이 채택한 경제학 가정이다. 그간 이와 관련한 인지 과정에 커다란 관심이 모아졌지만, 하물며 행동경제학조차 극대화 혹은 최적화해야 할 뭔가가, 그리고 모종의 근원적인 '실제(real)' 선호가 존재한다고 가정한다. 하지만 우리는 언제나 목적 함수를 최적화하고 싶은 것은 아니다. (AI가 민감한 정책 영역을 포함한 여러 영역에서 점점 더 의사 결정을 자동화함에 따라 특히 더 그렇다.) 많은 경제 정책이 목적 함수, 정확히는 최대화하고 있는 게 무엇인지에 대해 '건설적 모호성(constructive ambiguity)'*을 요구하기 때문에, 즉 삶이 트레이드오프와 이해 갈등을 수반하기 때문에 그렇다. 그런데 컴퓨터는 건설적 모호성을 구사하지 못한다. 소련의 경우 공공 부문, 그리고 어느 거대 조직에 이르기까지의 계획 경제 경험에서는 (4장 신공공 관리론과 관련한 맥락에서 논의한 대로) 목표가 인위적으로 조작된다. 반면, 기계 학습 시스템은 실제 바랐던 결과가 아니라 그 시스템이 설정한 목표를 달성하는 데서 정부 관료보다 한층 더 효율적이며, 자동화에 의해 그러한 '인위적 조작(gaming)'을 대체한다(Coyle and Weller 2020).

---

* 이렇게도 저렇게도 해석할 수 있는 여지를 남기는, 난제 해결을 위한 오래된 협상 기술.

더욱이 의사 결정을 내리기 위해 AI를 사용하는 데서는 프로그래밍 문제에 제공되는 정보, 즉 데이터의 질이 대단히 중요하다. 데이터는 악명 높을 정도로 편향되어 있다. 4장에서 기술한 바와 같이, 경제적·사회적 데이터는 기존의 사회 구조나 조직 구조의 부산물이기 때문에 한마디로 조작의 결과다. 심지어 자동 생성되는 '잔해 데이터(exhaust data)'*일지라도 마찬가지다. 산출과 GDP 수치를 구성하는 데 쓰이는 많은 데이터처럼 조사를 통해 수집한 것이든, 센서를 통해 수집하거나 웹스크래핑 (web-scraping)**한 것이든, 분류 및 분석 구조물은 엔지니어링 프로그램 문제에 사용되는 모종의 '객관적' 데이터와는 거리가 멀다. 그것은 우리가 경제를 이해하는 방식에 영향을 준다. 경제를 볼 수 있는 유일한 방법을 나타내기 때문이다. 데이터 편향은 AI 응용에서 중요한 문제다.

또한 세상의 상태를 보여주는 데서 누락 데이터의 양은 방대하다. 데이터 수집의 특징인 표집 오류나 편향, 그리고 누락 변수(자신이 알지 못한다는 것을 모르기(unknown unknowns) 때문에)는 하나같이 어떤 데이터도 액면 그대로 받아들일 수 없다는 것을 말해준다(Hands 2020). 외부 효과는 시장에서 가격이 책정되지 않는다. 그러므로 이를테면 이산화탄소 배출량, 그리고 전 세계의 지표 온도 및 해양 온도에 관한 정보가 어느 정도 있긴 하나, 탄소의 가격은 없다. 유럽에서처럼 이산화탄소 배출권이 거래되는 곳에서도 시장은 제대로 작동하지 않고 있으며, 탄소 가격은 외부 효과를

---

* 데이터 잔해라고도 하며, 수집 목적과는 다른 비핵심 데이터로서 다른 데이터와 결합해 새로운 가치를 창출할 수 있는 특성을 지닌다.

** 웹사이트를 돌아다니며 정보를 모으는 행위.

가격에 포함시키고 배출량을 제한하기 위해 필요하다고 연구자들이 추산한 정도에 한참 못 미친다. 누가 뭐 하러 경제 효율성과 성장을 위해 최적화하도록 코딩된 강력한 AI를 가지고 턱없이 낮은 시장 가격이 가리키는 배출량 수준을 계획하고 싶어 하겠는가?

물론 훨씬 더 강력한 컴퓨터와 알고리즘도 사회주의 계산을 아직 현실 영역으로 들여오지는 못하고 있다. 하지만 '수확 체증의 법칙'과 목적함수의 최적화를 위한 정보 기반의 불충분성 등 현실 점검을 위한 몇 가지 이유는 시장 경제와 주류 경제학에도 동일하게 적용된다. 앞서 언급했다시피 시장 실패와 정부 실패는 같은 맥락에서 같은 이유로 발생한다. 이는 산업혁명 이후 수십 년 동안 국가와 시장의 경계에 관한 사고가 어떻게 변화했는지 설명하는 데 도움을 준다. 즉, 둘의 조합은 경제적, 기술적, 그리고 정치적 변화에 따라 달라지므로 정답이 따로 없는 것이다.

이 장은 디지털 변환이 경제 정책의 설계에 어떤 함의를 지니는지 다룬다. 경제학에서 정책 선택에 영향을 미치는 만연한 아이디어 풍토는 오늘날의 경제 현실을 반영하는 방향으로 변화해야 한다. 이와 같은 변화는 이제 막 시작되었다. 5장에서 나는 이를 위해서는 경제학의 사고방식이 달라져야 한다고 주장했다. 이런 변화는 어떻게 이루어질 수 있을까? 과거의 변화가 그에 대한 실마리가 되어준다.

국가경제학 고리: 사건-아이디어-행위

어떤 경제가 국가 개입과 시장 과정 간의 혼합 수준을 결정하는 방식에

국가경제학 고리

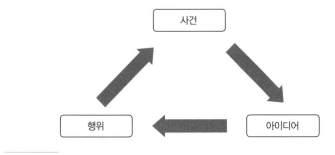

그림 3 국가경제학 고리

관여하는 요인은 무엇인가? 이 질문에 대한 분석적 답은 없기 때문에, 즉 기술 관료적으로 효율적인 경계란 없기 때문에, 그 결과는 우연적 요인들에 달려 있을 게 틀림없다. 게다가 그것은 시간에 따라 달라지기도 한다. 사건, 아이디어, 행위 간에는 되먹임 고리가 존재한다. 즉, 경제적 위기나 충격이 발생하는 것은, 사람들이 어떻게 반응하고 그에 맞서서 어떤 정책을 도입하는지 결정하는 모종의 아이디어 풍토라는 맥락에서다(그림 3). 이는 경제의 경로를 바꿔놓음으로써 다음번 위기의 역학을 마련할 뿐 아니라, 사회 조직에 대한 널리 퍼져 있는 아이디어 풍토의 본질을 달라지게 만든다. 그 과정은 또한 사회적 학습을 통한 정책 수립이라는 특색을 띠어왔다(Hall 1989, 1993; Shearer et al. 2016).

테크놀로지와 금융에서도 이런 역학을 이끌어가는 데 도움을 주는 주기가 있다. 카를로타 페레즈(Carlotta Perez 2002)가 잘 규명한 대로, 이 주기는 역사적으로 동일한 패턴—기술적 혁신, 기업가적 아이디어, 그리고 금융 투자 간의 되먹임—을 따르며, 정치적·정책적 아이디어 및 거시적 사건들의 주기와 상호 작용한다. 많은 경제학자는 콘드라티에프(N. Kondratieff)가 유명한 '70년 주기의 파동'(1935)을 처음 제안한 이래 장기 주기 역학의 존재를 가정하는 그 어떤 이론에도 회의적 태도를 보여왔다. 장기 주기 역학을 기존의 경제 모델링 틀에 끼워 넣는 것은 대단히 어렵다. 하지만 마찬가지로 20세기에 정부의 경제적 역할 변화 및 극적인 기술 변화와 더불어 진행된 주류 경제철학의 대대적 변화를 외면하는 것 역시 가능하지 않다. 그 변화를 애써 과장할 필요는 없지만 말이다. 다양한 자본주의 문헌과 경제 발전 제도 문헌 둘 다가 강조하고 있듯이, 각국의 제도적 구조와 문화는 결과에 심대한 영향을 끼친다(Hall and Soskice 2001; Acemoglu and Robinson 2012; Mokyr 2017). 독일과 노르웨이는 결코 미국이나 영국처럼 보이지 않았다. 그럼에도 광의의 주기는 뚜렷해서, 특정 역사와 제도라는 필터를 통해 국가적 논쟁을 뒷받침하는 데 기여했다. 기술 변화, 금융 위기나 전쟁 같은 전 세계적 사건들, 그리고 아이디어의 국제적 확산 등의 보편적 추세가 지역적 특수성과 상호 작용했다.

국가경제학 주기는 심지어 사회주의 계산 논쟁 이후 100년 동안에도 분명하게 드러난다. 랑게와 하이에크는 둘 다 1930년대의 몇 년과 제2차 세계대전 기간을 시카고 대학에서 보냈다. 1947년 국가 계획의 옹호자 랑게는 공산당 정부의 일원으로 고국 폴란드에 돌아갔다. 하이에크는 1962년 은퇴하고서 오스트리아로 돌아가기 전까지 계속 시카고에 머물렀다. 그는 시카고 대학에서 에런 디렉터(Aaron Director), 밀턴 프리드먼이 몸담은 유명한 (혹은 악명 높은) 시카고학파의 형성에 중추역을 담당했다. 철의 장막(Iron Curtain)이 세계를 계획 영역과 시장 영역으로 양분했다. 《공산주의의 풍요》가 들려준 대로(Schmelzer 2016도 참조하라), 냉전은 그 자체의 경제적 이야기를 담고 있다. 공산주의 진영과 자본주의 진영은 마치 다투듯이 제 쪽의 경제적 우월성을 강변했다. 서유럽에서 마셜 원조, 그리고 유럽석탄철강공동체와 OECD 전신 같은 조직의 구성은 하나같이 전쟁에 지칠 대로 지친 굶주린 유권자들에게 사회주의의 호소력을 약화시키려는 의도로 설계되었다(Steil 2018). 핵무기 경쟁뿐 아니라 스푸트니크 호(Sputnik)의 발사는 미국을 엄청난 충격 속에 몰아넣었으며, 그 일을 계기로 미국은 컴퓨팅을 비롯한 기술과 연구에 대대적으로 투자하기 시작했다(Waldrop 2001).

하지만 냉전에도 불구하고, 혹은 어쩌면 냉전 때문에, 이 몇십 년 동안 서방 국가의 상당 부분에서 아이디어 풍토는 확고하게 정부 개입을 지지하는 쪽으로 기울었다. 많은 유럽 국가들은 경제 계획 기구를 수립했다. 공산당이나 사회당이 프랑스와 이탈리아에서 높은 득표율을 보였다. 영국에서는 1945년 노동당이 압도적 다수를 차지했으며, 대대적인 복지 국가 확대와 국유화 프로그램이 실시되었다. 높은 수준의 안정적 고용률에 도달하고, 대공황의 대규모 실업을 피하기 위한 케인스식 수요 관리 정책이 서방 국가 전역의 경제학에서 급속도로 우위를 점했다. 힉스의 종합(Hicks's synthesis, 1937)과 교과서의 고전인 새뮤얼슨의 《경제학(Economics)》(1948)은 전후 경제학자 세대를 위해 케인스주의를 체계적으로 정리했다.

이런 풍토에서는, 하이에크와 기타 몽펠르랭 협회(Mont Pèlerin Society, 1947년 창립)*의 창립 멤버를 비롯한 가장 열성적인 자유 시장 경제학자들

---

* 하이에크가 조직한 회의에서 출발했으며 경제학자, 기업가, 그리고 고전적 자유주의에 우호적인 이들이 설립한 국제 단체다. 자유 시장 경제 정책과 열린사회에 대한 정치

조차 경제가 국가를 위해 중대한 역할을 맡아야 한다는 견해를 받아들였다. 비록 하이에크는 그의 유명한 책《노예의 길(The Road to Serfdom)》(1944)에서 "개인주의 전통의 전면적 폐기"를 탄식했지만 말이다. 친시장 경제학자들로 이루어진 이 새로운 조직은 빅토리아 시대의 순수한 자유방임주의(laissez-faire)에 대해서는 분명한 거부 의사를 밝히면서, 국가 통제적인 20세기 중엽 시장의 힘에 좀더 많은 여지를 주었으면 하는 소박한 야망을 담은 혼합 모형을 마련하고 싶어 했다(Burgin 2012). 대공황과 전쟁의 경험은 다른 누구보다 케인스가 주도한 지적 환경에 영향을 끼쳤고, 이는 다시 전후 서구의 혼합 경제를 형성했다. 이것이 첫 번째 국가경제학 주기였다.

이어진 몇십 년 동안 한편으로 갈등 이후의 재건 노력 덕분에, 다른 한편으로 케인스식의 적극적인 거시 경제 정책, 그리고 무역의 성장 덕분에 고도의 경제 성장이 이루어졌다. 이 시기가 바로 장 푸라스티에(Jean Fourastié)가 만든 유명한 용어 "트렌테 글로리우스(les trente glorieuses)", 즉 "영광의 30년"(Fourastié 1979)이었다. 가정과 공장에 전기가 보급되고 자동차를 이용하게 되면서 차량이 누비고 다닐 만한 도시며 마을이 건설 또는 재건되었다. 그뿐만 아니라 라디오와 영화관이 전성기를 구가했다. 전기며 내연 기관은 범용 기술의 예다. 광범위한 목적으로 사용할 수 있고, 경제 전반에 광범위하게 확산하며, 상당한 경제적·사회적 파급력을 떨치는 기술 말이다. 19세기 후반에 발명된 이러한 범용 기술이 20세기 중반의 성장과 생산성에 견인차 역할을 했다.

적 가치를 옹호한다.

하지만 30년에 걸친 황금기는 다음번 국가경제학 주기의 씨앗을 품고 있었다. 역사는 다원적으로 결정되는지라, 1970년대의 경제 위기에 기여했을 소지가 있는 요소는 수도 없이 많다. 석유수출국기구(OPEC) 충격, 그것이 낳은 브레턴우즈 환율제가 무효임을 보여준 국제적 자본 흐름, 공공 부문 노동조합의 과도함, 이 모든 것이 거기에 한몫했다. 하지만 경제 전반의 소득 흐름에 대한 기계 은유—4장에서 말한 바와 같이, 유명한 필립스 기계로 표현된—가 현실이라는 가정에 기반을 둔 수요 관리 정책 역시 빠뜨릴 수 없다. 경제 변수들 간 관계는 기계적이고 영구적인 게 아니라, 그 관계가 그렇다고 가정한 바로 그 정책들에 의해 바뀌었다는 사실이 밝혀졌다. 여기서 다시 경제학이 현실을 재구성했다. 따라서 얼핏 믿을 만해 보였던 실업과 인플레이션 간의 반비례 관계, 즉 필립스 곡선(Phillips curve)*—한쪽이 높을수록 다른 한쪽은 낮게 나타난다—이 무너졌다. 그와 동시에 실업률이 치솟기 시작해 전후(戰後) 그 유례가 없는 수준에 이르렀다. 영국에서 이는 '불만의 겨울' 동안 이어진 끔찍한 파업 이후 1979년 대처의 당선에 길을 터주었다. 곧이어 대서양 건너편에서는 인플레이션 퇴치와 작은 정부를 표방하며 레이건이 대통령 선거에서 승리를 거두었다.

경제 위기와 이전의 정치·경제적 합의에 대한 반작용이 낳은 이 같은 새로운 정치 분위기는 진즉부터 마련되어 있었던 사상들 덕분에 가

---

* 뉴질랜드 태생의 경제학자 윌리엄 필립스(William Phillips, 1914~1975)가 1861~1957년의 영국 자료를 분석한 결과, 실업률과 인플레이션율이 상충 관계에 있음을 밝힌 곡선.

능했다. 그 옹호자들은 마음 맞는 학자와 정책 혁신가들로 이루어진 국제 네트워크에서 수십 년 동안 정책 프로그램을 개발해왔다. 대처나 레이건 지지자들이 표방한 세계관은 1947년 몽펠르랭 협회의 결성에 그 기원을 둔다. 또한 시대정신이 큰 정부, 심지어 사회주의적 계획을 더없이 강력하게 선호하고 있을 때, 시장이 경제에서 맡은 역할을 지지한 그 협회의 집요한 노력에 그 기원을 둔다. 시간이 가면서 이념적으로 그 프로젝트에 헌신하고 그 결과를 기다릴 채비가 되어 있던 민간 재단의 지원을 받으면서, 몽펠르랭 협회 회원들은 더욱 순수한 형태의 자유 시장 경제학—즉, 오늘날 우리가 생각하는 탈규제적이고 시장제일주의적인 시카고학파의 신자유주의—을 실현하는 데 점점 더 집중해왔다. 대처와 레이건이 선출될 무렵, 목적의식적이고 끈질긴 수년간의 지적 작업 덕분에 여러 싱크 탱크와 학자들 네트워크는 실행 시기가 무르익은 일련의 경제 정책 사상을 이미 갖춰둔 상태였다(Gamble 1988; Stedman-Jones 2012).

스티븐 마글린은 이렇게 요약했다(Adereth, Cohen, and Gross 2020). "케인스 혁명이 성공을 거둔 것은 그것이 미국의 뉴딜과 유럽의 사회민주주의 같은 새로운 정치의 부상과 동시에 일어났기 때문이다. ……1930년대에서 1970년대에 이르는 시기의 좌파 정치와 케인스식 혁명은 상호 지원적이고 공생적이었다. 그와 반대로 케인스 경제학이 뉴딜연합(New Deal coalition) 및 사회민주주의가 붕괴함과 더불어 종말을 고했다는 것도, 그리고 신고전주의가 부흥한 시기에 로널드 레이건과 마거릿 대처의 정치가 등장했다는 것도 전혀 우연이 아니다. ……변화에 영향을 끼치기 위해서는 아이디어가 필요하지만, 아이디어는 정치 운동과 결합해야만 비로소 성공을 거둘 것이다."

따라서 1980년대 초부터 금융 시장은 탈규제화되고, 국제 자본 흐름은 세계화한 생산망을 매끄럽게 굴러가도록 만들었으며, 영국에 이어 다른 나라의 정부들도 국영 기업을 민영화하거나 노조 세력을 약화시키고 전후 복지 국가의 기저를 이루던 사회계약(social contract)을 서서히 무너뜨리기 시작했다. 2000년대 경제는 뒤이은 거대한 도전, 즉 2008년 금융 위기의 여건을 조성하는 과정을 거치면서 구체화되고 있었다. 금융화(financialisation)는 위기를 집중시켰으며, 그에 따라 방대한 세계 금융 구조 전반은 결국 불안정한 사상누각이었음이 밝혀졌다. 세계화는 그 결과가 한 경제에서 다른 경제로 전달된다는 것을 의미했다. 그때 이후 10여 년간 많은 나라에서 대다수 가구의 생활 수준은 좀처럼 개선되지 못했다. 0에 가까운 성장이라는 맥락에서 심각한 불평등 수준은 정치적 반발을 불러일으키고 있다(Algan et al. 2017; Billing, McCann, and Ortega-Argilés 2019; Pastor and Veronesi 2018). 실질 소득의 침체(stagnation)와 더불어 생산성 역시 나아질 기미를 보이지 않는지라, 회의적인 경제학자들은 오늘날의 기술적 혁신이 그저 과대 선전에 지나지 않는다고 주장하기에 이르렀다(Gordon 2016; Bloom et al. 2020). 또 다른 경제학자들은 시장 지배력이 야기한 경화증(sclerosis)에 관심을 기울이고 있다(Philippon 2019; Van Reenen 2018).

그렇다면 2020년에 널리 만연한 아이디어 풍토는 어떤 모습일까? 대처주의와 레이건주의의 규제 완화 및 시장 지향을 합리화하는 1980년대와 1990년의 몽펠르랭 신자유주의는 상당 부분 신뢰를 잃었다. 그리고 정부 개입이 조금씩 재유행하고 있다. 심지어 영미를 비롯한 모든 나라에서 정부의 코로나19 팬데믹 대응은 경제에 개입할 수 있는 그들의 능력을 똑똑히 드러내주었다. 개입주의 증가는 미국의 학자와 정책 결정권자들이 시카고학파 이전의 독점 금지 정책으로 회귀하거나 거대 디지털 기업을 해체하는 경우에서도, '뒤떨어진' 지역의 성장을 북돋우는 구식의 지역 정책에 대한 관심이 되살아나는 현상에서도, 성장하는 유럽연합의 산업 챔피언들이 정부 보조금을 받는 중국 제조업체들과 경쟁하는 데서 우선권을 가져야 하느냐 여부에 대한 유럽 정치인들 간의 토론에서도 확인할 수 있다. 하지만 이러한 것들은 아직 모두 한데 모여 일관된 개념 틀로 자리 잡지는 못한 상태며, 더러 결함 있는 1970년대 정책을 재탕하는 시도일 때도 있다. 우리는 정책 결정을 내릴 수 있는 명확한 세계관이 결여된 시기, 국가 통제와 자유 시장 등 여러 사상이 뒤섞인 데다 유권자 불만과 신뢰 상실이 심각한 시기를 지나고 있다. 오늘의 위기가 일관성 있는 대안을 내놓을 수 있을지는 두고 봐야 한다.

그렇다면 우리는 과연 디지털 시대 경제가 오늘날의 국가경제학적 도전에 대응하는 데 필요한 경제학 및 경제 정책 접근법을 개괄할 수 있을까? 여기에 답하려면 5장에서 기술한 대로, 명확하게 구분되는 디지털 경제의 특징, 즉 비볼록성을 고려하고, (다시금) 정보의 집중성 문제를 해결하고자 노력해야 한다.

디지털 시대 경제에서의 정책

디지털은 변혁적 위력을 지녔다. 세계가 경험해온 변화의 범위는 1980년대 이후 제조업의 자동화, 그리고 아웃소싱과 오프쇼어링(offshoring)*의 물결에서부터, 1989년 팀 버너스리(Tim Berners-Lee)의 월드와이드웹 발명, 그리고 2007년 우리 모두를 언제 어디서든 온라인상에 묶어놓는 알고리즘·스마트폰·3G/4G의 융합에 이르기까지 다채롭다. 세계적 생산망, 전자 상거래, 소셜 미디어, 디지털 플랫폼은 하나같이 기술과 비즈니스의 혁신을 통해 가능했다. 그뿐만 아니라 AI가 발달하고, 게놈학, 적층 제조(additive manufacturing),** 친환경 에너지, 수송 전환, 또는 첨단 소재 같은 다른 혁신 영역과 합쳐지면서 앞으로 더 많은 게 뒤따를 것이다.

5장에서 나는 디지털 기술의 경제적 특성에 대해 설명했다. 이들은 실제로 어떤 의미를 띨까? 2020년 애플의 시가 총액만 해도 지멘스(Siemens)와 BMW 등 독일 20대 거대 제조업체의 시가 총액을 모두 합한 것보다 많았다.[2] 생산의 세계(Storper and Salais 1997)는 전면적으로 재편되었으며, 얼마간 특정 지역에서 뿌리가 뽑히기도 했다(Coyle 1997; Coyle and Nguyen 2019; Haskel and Westlake 2018).

디지털 기술이 낳은 초기의 한 가지 변화는 다국적 공급망에서 드러난 생산의 세계화와 분산(decentralisation)이었다. 제조업에서 출발해 거래 가능한 서비스로 발전한 다국적 기업은 가치가 낮은 활동은 (흔히 저소득 국가들로) 아웃소싱했으며, 자사 내부에는 가치가 높은 무형의 활동만 남겨놓았다. 그와 동시에 무형 자산이 세금이 낮은 지역으로 쉽게 옮아감에 따라 기업의 경계는 국경을 넘나들었다. 그 원동력은 정보 전송과 계

---

* 하청 업체가 국내가 아니라 국외에 있는 유형의 아웃소싱.

** 3D 프린팅의 다른 이름.

산 수행에 드는 비용의 급격한 감소다. 그것이 생산의 국제적 구조에 미친 영향을 추적해온 리처드 볼드윈(Richard Baldwin 2006)은 상이한 가치 사슬 단계를 서로 다른 곳에 위치한 지점들로 '분리(unbundling)'하기, 특히 제조와 아이디어 분리하기에 대해 기술했다. 저렴해진 통신비, 운송비 하락, 그리고 무역 자유화, 이 모두가 복합적으로 작용해 그것을 가능케 했다. 또한 정보통신비의 감소는 각 조직이 내부 구조를 재편하도록 거들어주기도 한다. 정보 접근성이 개선되면 중요한 결정을 더 효율적으로 위임할 수 있다. 통신비가 저렴해진다는 것은 의사 결정을 위임하기가 한결 손쉬워진다는 의미일 수 있기 때문이다(Bloom et al. 2014). 실제로 분산 효과는 지배적 특징으로 떠올랐다. 다국적 기업은 무형 자산을 생산 네트워크의 중심에, 또는 흔히 묘사되는 것처럼 생산 생태계의 지배적 구성 요소로서 보유하고 있다.

하지만 생산의 변화는 전통적 아웃소싱이며 기업 위계에서의 직급 간소화 수준을 훌쩍 뛰어넘고 있다. 기업의 내적 투입─자본 자산, 직접 고용인, 무형 자산─과 클라우드 컴퓨팅(Coyle and Nguyen 2019) 및 임시 노동자(Boeri et al. 2020) 같은 기업의 외적 투입을 결합한 생산의 재편 범위는 방대하다. 비즈니스 모델 선택 역시 표준적인 수직적 공급망, 네트워크나 생태계, 그리고 다양한 플랫폼 모델(Spulber 2019)을 받아들여서 그 규모가 엄청나다. 그러한지라 기업 형태의 아이콘이 위계화한 기업들에서 네트워크화한 다국적 기업으로, 그리고 다면화한 디지털 플랫폼으로 달라졌다.

조직 변화를 이끄는 또 한 가지 동력은 경제 구조가 장기간에 걸쳐 제조업에서 서비스 기반 경제와 지식 기반 경제로 서서히 전환한 현상이었다. 홈스트롬과 로버츠(Holmstrom and Roberts 1998, 90)는 "정보와 지식이 조직 설계의 핵심이다. 시장과 기업에 도전을 가하는 계약 및 인센티브 문제를 낳기 때문이다"라고 지적했다. 생산에서 차지하는 비중이 날로 증가하고 있는 암묵적 지식의 역할, 그리고 오늘날 특유의 많은 경제 활동에 스며 있는 정보 비대칭성은 위임 및 계약된 활동을 감시하는 일, 그리고 온갖 만일의 사태를 포괄하는 법적 구속력 있는 계약서를 작성하는 일이 어렵다는 것을 뜻한다. 설사 디지털 추적(digital tracking) 덕분에 우버 기사나 아마존 물류 창고 작업자의 위치를 추적 관찰하는 일, 또는 콜센터 직원의 통화 내용을 엿듣거나 그들의 통화 시간을 측정하는 일은 더 쉬워졌다 해도, 소프트웨어 시스템 엔지니어나 회계사의 업무 질을 그들이 작업하는 동안이나 작업을 마친 후 모니터링하는 일은 거의 불가능하다.

그와 관련한 수량 단위가 무엇인지는 도무지 명확하지 않다. 즉, 소프트웨어 엔지니어가 짠 프로그램의 줄 수를 소프트웨어 시스템의 용량이라고 볼 수 있는가? 회계사가 작성한 재무 보고서의 줄 수가 그의 역량을 말해준다고 볼 수 있는가? 우리는 의사가 우리를 더 낫게 해주는지 아닌지 분간할 수는 있지만, 그 반사실에 대해서는 알지 못한다. 교사는 자신의 학생이 훌륭한 시험 결과를 내도록 만들 수는 있지만, (오랜) 시간이 지나야만 그들이 새로운 작업장이 요구하는 도전에 대비되어 있는지 알게 될 것이다.

디지털 경제는 소비도 재배열했다. 온라인 쇼핑의 비중은 증가 일로다. TV 시청, 음악 감상, 은행 업무, 여행 준비 등의 서비스에서 점차 많은 비율이 온라인으로 이루어지고 있다. 그런가 하면 일기장, 지도, 카메라, 계산기 등 과거에 물리적 형태로 존재하던 제품은 이제 원자(atom)를 벗어던지고 비트(bit)가 되었다(여전히 물리적 장치를 통해 접근하거나 물리적 장치 속에 내장할 수 있긴 하지만). 새로운 유형의 디지털 서비스도 등장했다. 여전히 이발소에 가지 않고는 이발이 불가능하지만, 그럼에도 놀라울 정도로 많은 서비스가 비트 형태로 이루어지고 있다. 이는 특히 2020~2021년의 국가 봉쇄 시기에 얻은 교훈이다. 심지어 유명한 사물 인터넷(Internet of Things)과 자율 주행 차량이 출현하고 그들의 데이터 및 통신 수요가 늘기 전부터 데이터 사용량은 껑충 치솟았다.

즈비 그릴리헤스(Zvi Griliches 1994)는 오래전 경제에서 측정하기 쉬운 부문과 측정하기 어려운 부문을 따로 구분했다. 그는 전자에는 농업, 광업, 제조업, 교통, 통신, 공공사업을, 후자에는 건설, 무역, 금융, 서비스, 정부를 포함시켰다. 오늘날 산출 점유율 관점에서 제조업은 크게 후퇴한 반면 테크놀로지는 어마어마한 발전을 거두었음을 감안할 때, 우리는 아마 통신을 후자로 재분류할 수 있을 것이다. 그릴리헤스가 추산한 바에 따르면, 미국 경제에서 '측정 가능한' 부문의 점유율은 1947년 49퍼센트이던 것이 1990년에 30퍼센트로 낮아졌다. 그 수치는 현재 23퍼센트로까지 떨어진 상태다(Coyle 2021).

무형의 산출, 제품 다양성 폭증, 정보 비대칭성이 점차 심화하는 이 같은 맥락에서 우리는 가격·수량·품질을 어떻게 정의해야 하는가? 스마트폰 앱은 사진 처리 기능이 결합된 저가 카메라인가? 우리는 카메라의 가격이나 이미지를 캡처하고 저장하는 가격을 측정하기 위해 노력해야 하는가? 가치를 지니는 것은 비트 수나 에너지 사용량이 아니라 데이터 1메가바이트의 콘텐츠라는 사실을 우리는 어떻게 고려할 수 있는가? 만약 기존 약품을 새로운 용도로 쓴다면〔심혈관 질환을 예방하기 위해 복용하는 미니 아스피린을 경구 수분 보충 요법(oral rehydration therapy)*에 사용하거나, '습성 연령 관련 황반변성(wet age-related macular degeneration)'에 아바스틴(Avastin) 대신 루센티스(Lucentis)를 쓰는 등〕, 그리고 비용이나 생산 기법에 아무런 변화가 없지만 더 저렴한 시스템 비용으로 개선된 건강 결과를 얻을 수 있다면, 우리는 경제 통계에서 그것을 어떤 식으로 고려해야 할까? 이들은 기존 상품을 다른 방식으로 사용하는 것과 관련한 아이디어다. 물리적 상품이 존재하지 않을 때 생산성이 뜻하는 바는 무엇인가?

이와 같은 질문은 경제를 위한 개념 틀이 다음과 같이 가정하고 있을 때, 간단한 문제가 아니다.

a) 수익은 가격 곱하기 수량이며, '수량'은 정해져 있고 '품질'은 거의 변하지 않는다.

b) 서로 다른 재화와 서비스에 대한 사람들의 선호는 안정적이며 새로운 제품은 없다. (또는 적어도 미래에 나올 가능성이 있는 모든 상품에 대한 선호는 정해져 있다.)

c) 무역은 최종 소비에 쓰이는 유형의 (또는 적어도 추적 가능한) 상품과 관련되어 있다.

하지만 이제 이런 가정은 하나같이 더는 유효하지 않다.

---

* 설사로 인한 탈수증 완화 요법.

디지털 경제에서의 정책

앞서 지적했다시피, 디지털 경제의 한 가지 중요한 특성은 경제적 상호
의존성의 증가다. 네트워크 효과 또는 스필오버 같은 외부 효과, 그리고
'수확 체증의 법칙'은 한 개인이나 기업의 선택이 다른 개인이나 기업의
선택에 영향을 미친다는 것을 뜻한다.

　　일부 플랫폼은 소비자와 공급자를 매칭함으로써, 본래는 수확 체증
이 없는 활동에서 '규모의 경제'와 '범위의 경제(economies of scope)*'를 실
현하는 데 성공했다. 이를테면, 외식업에서는 규모의 경제가 거의 없다.
식당을 찾는 손님은 그들 각각을 위해 조리된 음식을 필요로 하고, 각 음
식에는 특정 양의 재료가 들기 때문이다. 하지만 플랫폼은 네트워크 효과
(오픈테이블 같은 매칭 플랫폼은 더 많은 소비자와 식당을 유치할수록 양쪽에 더 큰 이득을
안겨준다), 또는 추가적 조직 혁신(가령 여러 식당에 요리한 음식을 배달해주는 중
앙 식당인 '다크 키친(dark kitchen)' 같은 사업의 부상)과 배달 물류 서비스를 통해
규모의 경제와 범위의 경제를 누리고 있다. 따라서 하물며 이발이나 외
식처럼 규모의 경제와 범위의 경제가 구현되지 않는 서비스에서조차, 디
지털 플랫폼은 소비자와 판매자를 매칭하는 알고리즘을 통해 그것을 창
출해왔다. 또한 디지털 플랫폼은 만약 그것이 없었다면 어림없었을 거래
가 일어날 가능성을 늘리게끔 설계되었다. 판매자에 대한 구매자 가시성
또는 구매자에 대한 판매자 가시성 증가뿐 아니라 수수료 구조, 규정, 평

---

* 　단일 운영 단위의 생산 설비와 공정을 이용해 상품과 서비스를 더 다양하게 생산하
는 데서 비롯되는 평균 비용과 한계 비용의 감소.

가 제도, 매칭 가능성 개선 등은 하나같이 그들에게 인센티브로 작용한다. 플랫폼은 그것이 낳은 시장에 대한 민간 규제 기구로서 기술되어왔다 (Sundararajan 2016).

오늘날 그 밖에도 많은 경제 활동이 높은 선지급 비용(초기 비용)과 매우 낮거나 0인 한계 비용을 특색으로 한다. 여기에는 대부분의 일상적 디지털 서비스뿐 아니라 디지털 방식으로 유통·주문·조직될 수 있는 그 어떤 것─소프트웨어 시스템, 영화나 TV 프로그램, 온라인 전자 상거래 플랫폼과 거래소─도 포함된다. 게다가 이 같은 수확 체증 비용 구조를 갖춘 오래된 예들도 없지 않다. 제철소나 발전소를 운영하는 것 역시 선지급 고정 비용은 대단히 높고, 철강 및 전기를 한 단위 추가로 생산하는 데드는 한계 비용은 그보다 훨씬 낮다. 하지만 오늘날의 수확 체증은 도처에서 볼 수 있는 광범위한 현상이다. 소프트웨어가 세상을 집어삼키고 있는데(Andreessen 2011), 소프트웨어는 만드는 데야 비용이 많이 들지만 복제와 배포에는 비용이 거의 들지 않는다. 브랜드를 구축하기 위한 마케팅에서부터 신약이나 치료법을 개발하기 위한 R&D에 이르기까지 거의 모든 무형의 활동은 초기에 비용이 발생한다.

데이터 자체도 상당한 외부 효과와 규모의 경제를 지닌다(Coyle et al. 2020). 그간 많은 논쟁이 자체 추적이나 마케팅 목적을 위해 개인에 대한 엄청난 데이터 세트를 구축할 때 사생활 침해라는 부정적 외부 효과를 낳을 소지가 있다는 점에 주목해왔다. (기업의 이익이 아니라 사회 후생이라는 좀더 넓은 의미로 경제에 미치는 기여도 측면에서) 서로 다른 데이터를 결합하는 데서 긍정적 스필오버가 생겨날 여지가 있다는 점이 더 중요하긴 하지만. 데이터의 소중한 정보 내용은 대체로 상관적이다. 다시 말해, 그 가치는 모집단(population)에 대한 정보를 얻고 예측을 하기 위해 개인의 정보를 집계하는 데, 또는 개별 데이터 주제와 관련해 서로 다른 데이터 소스를 통합하는 데, 또는 개인을 참조 데이터 세트(reference data set)와 비교하는 데(예컨대 참조 지리 공간 데이터에서 누군가의 위치) 있기 때문이다. 다양한 개인이 제공하는 정보는 교통 상황에 관한 이로운 정보를 생성하거나, 의학 연구를 거들거나, 공공 설비상의 전력 수요를 관리하거나, 유행병을 추적 관찰할 수 있다. 하물며 건강 데이터처럼 지극히 사적인 일부 데이터의 정보 내용조차 흔히 집계된 모집단 데이터에 의존할 것이다.

그러므로 상호 의존성은 줄곧 디지털 경제 체제의 핵심적 부분으로 통합되어왔다. 규모의 경제와 거대 플랫폼의 중요성으로 인해 경쟁 업체, 협력 업체, 생태계와의 전략적 상호 작용을 무시할 수 있는 기업은 거의 없어졌다. 어느 기업의 확장은 모든 경쟁 업체와 공급 업체에 영향을 준다. 네트워크 효과는 개인의 소비 결정이 다른 사람들의 그것에도 영향을 미칠 수밖에 없음을 말해준다. '나의' 데이터는 구글뿐 아니라 당신에게도 소중한 것이다.

경제에서 '수확 체증의 법칙'이 적용되는 범위는 확연히 늘어났다. 하지만 그 현상에 대한 경제학자들의 관심은 최근까지도 그저 특정 연구 분야에만 머물러 있었다. 내생적 성장 이론(Romer 1994)은 수확 체증을, 시간이 지남에 따라 한 기업에서 생성된 지식이 다른 기업들로 흘러 들어가는(스필오버) 성장 과정의 핵심에 놓는다. 하지만 이 같은 중요한 통찰은 놀랄 정도로 제한적인 영향력만 발휘해온 듯하다. 특히 '총요소 생산성(total factor productivity)*'을 측정하기 위한 전형적인 성장 회계(growth accounting)** 접근법은 종합적 수준에서 '규모 확대에 따른 수확량이 변함

없다'고 가정한다. 성장 회계 접근법이 가정하는 이러한 수확 불변의 세계에서는 기업이 생산 구조를 크게 재편할 까닭이 없는데도 여전히 그러고 있다는 점이 '생산성 수수께끼'의 일부다. 디지털 시장과 기술을 연구하는 경제학자들(Arthur 1994)과 집적 효과를 탐구하는 경제지리학자들—이들은 과거 경제에서보다 오늘날 경제에서 한층 더 막강해졌다(Autor 2019)—은 수확 체증 맥락에서 발생하는 모종의 역동적 행동에 필연적으로 관심을 기울여왔다. 여기에는 티핑 포인트, 승자 독식 역학, 가능한 다중 경로, 선발자 효과(first-mover effect)***나 초기 조건에서의 작은 차이가 지니는 파급력 따위가 포함된다.

하지만 이런 접근법이 널리 퍼져 있다고 말한다면 아마 과장일 것이다. 특히 비볼록 사고는 아직껏 경제 정책 영역에 미치지 못했다. 하지만 21세기 디지털 경제의 특징은 많은 정책 영역에 걸쳐 광범위한 시사점을 제공한다.

이미 언급한 한 가지 예는 경쟁 정책이다. 디지털 플랫폼에는 경쟁 정책이 경쟁에 어떤 영향을 끼치는지 분석하려 할 때, 다른 산업들과 동일한 방식으로 사고하기 어렵게 만드는 몇 가지 특징이 있다. 디지털 플랫폼 활동의 네트워크 효과는 사용자가 많아질수록 그 플랫폼의 모든 사용자가 더 많은 이득을 누리도록 해준다. 디지털 시장은 대체로 '승자 독식' 양상을 띠며, '수확 체증의 법칙'을 성공적으로 구현해온 극소수의

---

*   앞서 언급한 multifactor productivity와 같은 뜻.

**   경제 성장의 요인을 분석하는 작업의 하나.

***   '선발자'는 산업 변화를 주도하고 새로운 분야를 개척하는 창의적 선도자.

거물 테크놀로지 기업이 장악하고 있다. 일단 거물이 되면, 그들은 자신의 규모와 범위의 이점을 더한층 키우는 여타 전략을 구사한다. 그 가운데 하나가 '흡수(envelopment)' 전략이다. 우버에서 등장한 우버 이츠(Uber Eats)가 그 전략을 잘 보여주는 완벽한 예다. 만약 당신이 어느 시장의 한쪽에 많은 이용자—예컨대 당신의 택시 플랫폼을 이용하는 소비자—를 거느리고 있다면, 당신은 그들에게 완전히 다른 제품을 교차 판매(cross-sell)*하고자 노력할 것이다. 이는 우리가 관련 기업이 몇 개밖에 안 되는 과점 시장에서 흔히 보아온 묶어 팔기(bundling)와 유사하다. 하지만 최신 디지털 사례에서는, 제품 자체가 면도기와 면도날, 또는 프린터와 잉크 카트리지 같은 조합과 달리 서로 아무런 연관성도 없다. 가령 우버는 교통 및 물류와 관련해 자사가 구축해놓은 동일한 소프트웨어와 노하우를 이용해 그 플랫폼의 소비자에게 전혀 상관없는 서비스를 제공하기로 결정했다. 거대 플랫폼들 사이에서 무척이나 흔히 볼 수 있는 이러한 흡수 전략은 경쟁을 이해하기 위해서는 하나의 시장만이 아니라 그 플랫폼이 진입할 수 있는 다른 모든 시장도 함께 고려해야 함을 말해준다. 만약 주도적 기업이 유망해 보이는 분야마다 닥치는 대로 뛰어들 수 있다면, 이는 실상 이들 시장에서 다른 기업의 진입 장벽을 높이는 결과를 낳는다.

디지털 플랫폼의 또 한 가지 두드러진 특징은 데이터 진입 장벽이다. 거대 플랫폼들이 사용자에 대해 획득하고 저장해놓은 방대한 데이터 세

---

* 한 제품을 구입한 고객이 다른 제품을 추가로 구입하도록 유도하는 것을 목적으로 한다.

트 말이다. 이는 더러 '데이터 플라이휠(data flywheel)' 또는 '데이터 고리(data loop)'라 부르기도 하는 자기 강화적 과정을 낳는다. 반할 만한 서비스를 제공하는 거대 기업이라면 많은 고객을 거느릴 것이다. 데이터를 축적한 그 기업은 그것을 서비스 개선에 활용함으로써 한층 더 많은 고객을 끌어들일 수 있다. 광고를 통해 자금을 거두는 플랫폼의 경우, 이런 되먹임 고리는 광고 타깃을 더 잘 잡고, 돈을 더 많이 벌고, 서비스를 개선하고, 더 많은 고객을 확보하고, 더 많은 데이터를 얻는 등의 능력에 의해 한층 강화된다.

결국 이 모든 특징은 경쟁 당국이 시행해온 모종의 전통적 분석은 이들 시장의 경쟁 범위를 분석하는 데는 도움이 되지 않았음을 말해준다. 전통적인 경쟁 조사(나는 영국에서 8년 동안 이 작업을 수행했다)에서, 우리는 어느 피합병 회사나 주도적 회사가 작지만 의미 있는 액수만큼 자사 제품의 가격을 인상할 수 있는지 여부, 그리고 만약 그렇게 할 경우 어떤 대체 가능성이 있는지를 살펴본다. 그 기업의 고객은 대단히 유사한 어떤 것으로 쉽게 갈아탈 수 있는가, 그럴 수 없는가? 경쟁사들은 간단히 비슷한 제품을 만들 수 있는가? 이는 작지만 의미 있는 비일시적 가격 인상, 즉 'SSNIP(Small but Significant Non-Transitory Increase in Price) 테스트'라고 부른다. 그러나 이 테스트는 흡수 탓에 경계를 식별하기조차 어려운 디지털 시장에는 적용되기 어렵다. 가격 책정의 비대칭성은 완벽하게 경쟁적인 플랫폼은 여전히 그 소비자들에게 제로 가격을 부과하고 있을지(즉, 서비스를 공짜로 제공하고 있을지) 모른다는 것을 말해준다. 수익성 분석은 유용한 대안이 아니다. 통상적으로, 만약 어느 기업이 시장 지배력을 지니고 있다면, 우리는 아마 그 기업이 평균 이상의 수익을 거두리라고 기대할 것이다. 그러나 디지털 기업은 심지어 규모가 대단히 클 때조차 손해를 볼 수 있다. 그리고 그들은 돈을 벌면 초기 단계의 투자자 손실을 만회할 수 있을 만큼 높은 수익을 필요로 한다.

따라서 전통적인 경쟁 분석은 이들 기업을 어떻게 다루어야 할지 감을 잡지 못하고 있다. 비록 미국, 유럽연합, 영국, 그리고 기타 사법권 전반에서 경쟁 당국들이 그들의 관행을 바꾸기 위해 몸부림 치고 있긴 하지만 말이다. 그리고 어떤 사람들은 이들 기업이 손해를 보고 서비스를 공짜로 제공한다는 게 대체 무슨 문제냐고 따질지도 모른다. 답은 가령 구글의 지배가 낳는 폐해는 혁신을 억누름으로써 개선된 새로운 검색 엔진이 그 시장에 진입하지 못하도록 막는다는 것이다. 이는 절대 디지털 전복이 일어나지 않는다는 의미는 아니다. 페이스북이 마이스페이스(MySpace)를 상대로 거둔 승리가 한 가지 예다. 하지만 이제 시장 진입은 2008년 그 일이 일어났던 까마득한 시절보다 한층 어려워졌다.

경제 용어를 사용하자면, '시장 내에서의 경쟁'이 아니라 '시장을 얻기 위한 경쟁'에 대한 역동적 분석이 요구된다. 그런데 이 분석은 향후 그 부문에 어떤 일이 일어날지 예측하는 것을 포함하는지라 경쟁 당국으로서는 시행하기가 어렵다. 더 나은 기술을 보유한 어느 기업이 디지털 거인들에게 도전할 것인지 예측하는 것은, 온건하게 말한다 해도, 어렵다. 그 기술에 대해 소비자들이 어떤 반응을 보일지 예측하는 것 역시 두말할 나위 없이 어렵다. 역사는 뒤늦게 판단해볼 때 터무니없어 보이는 기술 예측들로 어지럽다. 하지만 이것은 오늘날 경제학자들이 답하고자 노력해야 할 정책적 과제다(Coyle 2019b).

많은 나라에서 일부 거대 디지털 기업의 지배력에 대한 우려가 점차 커지고 있다. 유럽위원회는 이런 사례 일부를 추적하는 데 특히 열심이었으며, 심지어 전에는 느려터졌던 미국의 반독점 당국과 정치인들도 이제, 특히 바이든 대통령 취임 이후 그 문제에 관심을 쏟기 시작했다. 여러 정책 보고서(Furman et al. 2019; Crémer, de Montjoye, and Schweitzer 2019; Scott-Morton et al. 2019)는 경쟁 분석이 디지털 시장의 네트워크 효과 역학을 반영하고, 데이터 되먹임 고리가 빚어낸 진입 장벽 문제를 본격적으로 다루어야 한다고 지적했다. 더 많은 데이터는 고객에 관한 더 나은 정보, 더 많은 광고 수익을 뜻한다. 따라서 서비스를 개선함으로써 다시 더 많은 고객과 더 많은 데이터를 확보할 수 있다. 영국의 경쟁시장청(Competition and Markets Authority, CMA), 또는 독일의 연방카르텔청(Bundeskartellamt) 같은 경쟁 당국은 자신들의 접근법을 디지털 시장에 적용하기 시작했다. 제안된 합병에 대해 좀더 회의적인 태도를 취하는 것이 한 가지 예다. 영국의 경쟁시장청은 페이스북과 구글이 디지털 광고 시장을 장악하면 광고된 상품들이 경쟁 시장에서 다투는 경우보다 2760만에 이르는 영국 각 가구당 연간 광고비가 500파운드씩 높아진다고 결론 내렸다. 예컨대 공개 표준(open-standard)* 데이터 접근을 의무화하는 규정, 검색 결과를 제시할 때 제 자신의 서비스를 '자기 우대(self-preferencing)'하는 디지털 플랫폼과 관련해 행동 강령을 시행하는 규정, 또는 약관과 API(Application Programming Interface)**에 관한 규정이 새로 뒤따를 가능성이 높다.

---

* 　사용자 제한 없이 누구든 별도의 요금이나 로열티를 내지 않고 무료로 사용 및 구현할 수 있는 표준.

** 　애플리케이션 소프트웨어의 개발과 통합에 사용하는 정의 및 프로토콜 세트.

이러한 변화는 소비자 후생에 폭넓은 관심을 기울이고 있는 오늘날의 경쟁경제학 틀 안에서 이루어지고 있다. 이는 다소간 보편적이고 기술 관료적인 분석 틀이다. 비록 서로 다른 법적·지적 전통을 지닌 저마다 다른 사법권에서 상이하게 사용되고 있긴 하지만 말이다. 디지털 거물들에 대한 몇몇 비평가는 사적 권력을 제한하기 위해 산업 구조를 의도적으로 형성하는 데 찬성하면서 그 경제 개념 틀을 모조리 폐기하고 싶어 한다(예컨대 Kahn 2017). 이러한 입장은 기술 관료적 분석보다는 정치적 분석에 호소하는지라 경제학자들을 불편하게 만든다. 하지만 표준 후생경제학이 네트워크 스필오버, 잠금 효과, 비선형성의 맥락에서 소비자 후생을 쉽게 분석할 수 없을 때, 그에 반대하는 주장을 설득력 있게 펼치기란 어렵다. 정치적 역학은 분명하다. 즉, 국가경제학 주기는 규제적 개입과 좀더 엄격한 경쟁 정책을 불가피하게 함으로써 시장 지배력의 증가와 그에 따른 거대 기업의 정치적 영향력에 대처하고 있다. 하지만 디지털 시장에 대한 경제적 분석은 현재 진행 중인 작업이다. 소비자 후생 표준을 올바른 접근법으로 삼는다 할지라도, 다수의 패자, 티핑 포인트, 복잡한 생태계를 지닌 이런 승자 독식 시장에서 소비자 후생을 어떻게 평가할지에 대해서는 여전히 확고한 견해가 나와 있지 않다. 공교롭게도 국내 시장의 규모 때문에 거대 디지털 기업은 하나같이 미국이나 중국의 것이다. 따라서 지정학도 연관이 된다. 이는 이 외국 기업들이 상대 영토에서 자유롭게 영업하도록 허락받을 수 있을지 여부, 또는 레이건과 대처 혁명이 국가의 경제행동주의(economic activism)를 사라지게 만든 것처럼 보인 때로부터 오랜 세월이 지났음에도 유럽 각국이 자국의 디지털 챔피언을 필요로 하는지 여부에 대한 논쟁으로 되돌아가야 한다는 것을 말해준다. 경쟁 정책은 한때 철저히 기술 관료적인 경제 정책이었지만, 국가경제학적 고려를 피할 수 없는 영역이 되었음을 보여주는 좋은 예다.

또 한 가지 예가 산업 정책(industrial policy)*이다. 1980년대 초 이후 자유 시장 이념과 1970년대의 수많은 재난 증거에 영향을 받은 대다수 경제학자는 본능적으로 산업 정책에 반대했다. 이 정책은 '승자 선택(picking winners)'**으로 그려졌는데, 결국 실패하지 않을 수 없는 것으로 드러난다. 오늘날 지속적인 생산성 및 소득 증가율 둔화와 '뒤떨어진' 지역들에서의 반체제적 투표 성향 따위를 감안할 때, 아이디어 풍토는 확실히 개입 쪽으로 기울고 있다. 특정 지역이나 도시의 형편이 좋지 않게 된 이유 가운데는 공적 투자와 정책 패턴이 집적의 힘을 증폭시켰다는 사실도 포함된다. 이는 필시 과거의 정치적 선택을 반영하는 결과지만, 경제학자들의 표준적 비용 편익 분석 역시 그것의 또 다른 원인일 수 있다(Coyle and Sensier 2020). 비용 편익 분석 기법은 소규모 투자를 평가하기 위해 고안되었다. 따라서 스필오버를 지닐 만큼 큰 투자를 평가하는 데 사용해선 안 된다. 예컨대 새로 놓은 철로에 대한 비용 편익 분석은 그 철로가 새로운 통근 패턴이나 사업 연결 따위를 개선하는 식으로 시스템을 보완함으로써 발생하는 네트워크 외부 효과를 간과한다. 부유한 지역과 가난한 지역의 비용 편익 분석을 비교하는 것 역시 비록 전국 평균 임금률과 지가를 사용하더라도, 부유한 지역에 유리해지는 경향을 띨 것이다. 단순히 통상

---

* 경제의 일부 또는 전반의 개발 및 성장을 장려하는 공식적인 전략적 노력을 의미하며, 특히 제조 부문 전반 또는 일부에 초점을 맞춘다.

** 정부가 직접 승자를 선택하는 전략 산업 육성 정책.

적인 집적 스필오버로 인해 부가적 경제 활동의 생산성이 이미 더 생산적인 지역에서 한층 높아지기 때문이다.

경제학계에서 몇몇 사람은 오래전부터 산업 정책이, 경제가 어디로 가야 하는지, 그리고 어떤 역량이 필요한지에 대해 전략적 관점을 취할 필요가 있다고 주장해왔다(Rodrik 2004; Tassey 2014). 다중 평형(multiple equilibria)과 비선형적 역학이 특징적인 경제에서, 전략적 개입은 경제가 취하는 경로들—즉, 모든 반사실로부터 점점 더 갈라져 나오게 될 경로들—에 큰 차이를 낳을 수 있다. 특정 경로를 조성하는 데 사람들의 행동을 맞추기 위해서는 경제에 관한 내러티브가 중요하다(Shiller 2019). 그 내러티브가 더러 해럴드 윌슨(Harold Wilson)의 '기술의 백열(White Heat of Technology)'*이나 토니 블레어의 '쿨 브리타니아(Cool Britannia)'** 같은 거짓된 것일 때도 있지만 말이다. 오늘날의 업데이트에 따르면, 정부의 산업 정책은 '임무 중심(mission driven)'이 되어야 한다(Mazzucato 2013). 비록 슬로건에 불과하지만, 아마도 이런 접근법은 성공적인 산업 정책에 필요한 조정 기능을 수행하는 데 도움을 줄 것이다.

세 번째 정책의 예는 데이터와 관계가 있다. 데이터는 정보의 결정화 형태이므로, 예나 지금이나 경제에 필수적 요소다. 하지만 오늘날에는 점

---

* 1960년대 초 노동당이 영국 사회를 근대화하기 위해 내세운 구호로, 노동 계급의 열망을 영국의 기술적 근대화라는 프레임으로 누그러뜨리려 했다.

** 1990년대 들어 활기찬 모습을 보인 영국 문화를 가리키는 말. '신노동당'을 표방한 토니 블레어 정부가 영국의 낡은 이미지를 새로운 이미지로 쇄신하기 위해 내세운 기치다. '쿨 브리타니아'는 원래 영국의 애국가 격인 '룰 브리타니아(Rule Britannia)'를 살짝 비튼 말장난이다.

점 더 경제적 거래의 구현물이 되어가고 있다. 아이러니하게도 데이터 사용에 관한 데이터는 거의 없지만, 이용 가능한 수치들에 따르면, 그것은 크게 늘고 있다. 데이터 경제에 대한 오래된 시장 프레이밍은 정책적 질문을 개인의 소유권과 교환에 관한 것이라 여긴다. 거대 기업은 나의 데이터를 수집·사용하는 데 대해 내게 비용을 지불해야 하는가, 같은 질문이 한 가지 예다(Arrieta-Ibarra et al. 2018). 하지만 데이터는 스필오버 또는 외부 효과가 넘쳐나고, 한계 비용이 0이며, (상황에 따라 사용 가치와 한계 비용이 크게 달라질 수 있는 물처럼) 지극히 맥락 의존적인 경향을 띤다. 우리는 이제 겨우 데이터 정책에 관해서 고민하기 시작했다. 그 자원을 가능한 한 효율적으로 사용하고, 최대의 사회 후생을 창출할 수 있는 데이터 정책에 관해서 말이다(Coyle and Diepeveen 2021). 정책 입안자들은 자신이 데이터의 사용과 잠재력에 대해, 그리고 개인 정보 보호 측면에서 그 오용에 대해 이해할 필요가 있다는 것을 알고 있다. 하지만 관련 연구는 그 필요성에 비해 저만치 뒤쳐져 있다.

디지털 경제에서의 경제 정책 수립과 관련해 꼭 따져보아야 할 문제는 온갖 비볼록성(3장도 참조하라)의 맥락에서 사회 후생을 평가하는 확고한 틀이 갖춰져 있지 않다는 점이다. 정책 입안자들은 모종의 정책이 논리적으로 잘 정의된 의미에서 '더 나은' 결과로 이어질지 여부를 어떻게 평가해야 하는가? 경제학의 답변은 현재로서는 제한적일 뿐이다. 경제학자는 점차 개선되고 있는 경험적 접근법과 점점 더 불어나는 데이터 세트를 가지고 협의의 정책 질문에 답하는 데서는 도사가 되었다. 즉, 응용 미시경제학의 사정은 좋은 편이다. 하지만 번영하는 대도시와 가난한 소도시 간 격차 심화를 해소하는 방법, 승자 독식 경제를 혁신적이고 경쟁력 있게 유지하는 묘책, 경제 성장의 과실을 좀더 공정하게 공유하도록 보장하는 방안 같은 급박한 정치적 문제에 도움을 줄 설득력 있는 접근법은 거의 없는 실정이다.

경제학자는 정책 입안자들에게 수확 체증 경제를 위한 지침을 제공하기 시작해야 한다. 그렇지만 이 장 말머리에서 다룬 사회주의 계산 논쟁으로 다시 돌아가보자면, 정부 해법 쪽으로 편향되는 것은 답이 되지 않는다. 오늘날 중앙의 똑똑한 사람들이 이처럼 엄청난 문제를 해결할 수 있을 만큼 충분한 빅데이터를 지닐 수 있다는 발상은 여전히 환상에 불과하다.

5장에서 언급했듯이, 필수적인 새로운 분석 틀의 구성 요소는 경제 문헌에서 이용 가능하다. 그 상당수는 크루그먼(Krugman 1991), 로머(Romer 1994), 스티글리츠(Stiglitz 2014. 그린월드(B. Greenwald)와 공저), 그리고 티롤(Tirole 1988, 2016) 같은 노벨상 수상자들이 제공한 것이다. 그들의 연구는 시장 해법 편향에 깔린 근원적 가정들의 여러 가지 한계를 드러내주었다. 나는 경제학의 다음번 패러다임이 어떤 모습일지 알지 못한다. 하지만 그것은 필경 '수확 체증의 법칙', 정보 비대칭성, 만연한 네트워크 효과와 외부 효과, 본인-대리인 관계(principal-agent relations),[*] 의사 결정권자 간 상호 작용 등을 디폴트 가정으로 삼을 터다. 앞에 열거한 모든 것은 많은 경제 모형과 경제 전문 분야에서 다루는 디지털 경제의 특성이지만, 아직 껏 오늘날의 아이디어 풍토를 형성하는 정도로까지 통합 또는 주류화되진 못했다.

---

[*]   개인 또는 집단이 의사 결정 과정을 타인에게 위임할 때 성립하는 관계.

정부도 시장도 실패하게끔 되어 있는 상황에서, 이제 경제학은 정부 및 다른 주체들이 어떻게 행동해야 더 나은 결실을 거둘지에 관한 이론과 증거를 필요로 한다. 비볼록 계산은 일반적으로 다루기 힘들다는 사실을 기억하라. 경제를 관리할 수 있는 단 한 가지 '올바른' 방법이 있을 것 같지는 않다. 맥락이 중요할 텐데, 그것은 보편적 추세가 지역적 제도를 통해 굴절되기 때문이 아니라, 정책 과제에 대한 보편적인 분석적 해답이 존재하지 않기 때문이다. 그러므로 정책 과제를 제대로 다루려면 경제학자는 이제 기술 관료에서 국가경제학자로 달라져야 한다. 그리고 파이선 (Python)* 프로그래밍뿐 아니라 국가경제학의 역사에 대해서도 잘 알아야 한다. 이 말은 사회과학에서 가장 배타적인 집단으로 손꼽히는 경제학자를 껄끄럽게 만들 것이다. 하지만 지금 이 순간의 경제, 그리고 정치는 우리에게 그것을 강력히 요청하고 있다.

---

* 프로그래밍 언어.

맺음말

✳

경제학은 여러 가지 장점을 지니고 있다. 하지만 대중에게 봉사하기 위해 가능한 한 정책에 많은 유용한 기여를 계속할 생각이라면 변화할 필요가 있다. 이것이 이 책의 결론이다. 경제학자는 정부와 기업에서 영향력을 떨치고 있다. 그러나 어지러운 변화를 겪고 있는 오늘날 경제가 제기하는 주요 과제를 실용적 방식으로 다룰 능력이 없다. 한편으로 디지털화, 다른 한편으로 포퓰리즘이 지배하는 상황에서 이 책 전반에 걸쳐 제기한 주제는 다음과 같다.

- 경제학자, 특히 정책 역할을 담당하는 경제학자는 본인의 행동이 경제를 변화시키는 방법에 대해 더욱 깊이 숙고해볼 필요가 있다. 그것이 요구되는 정책을 바꾸는 개입에 대한 사람들 반응의 반사적 속성(즉 '수행성')에 의한 것이든, 좀더 광범위하게 행동 규범에 영향을 미치는 아이디어 풍토

- 를 조성하는 방식에 의한 것이든 말이다.
- 존재와 당위는 끝내 결코 분리될 수 없다. 우리 경제학자는 언제나 공평무사하고 증거에 기반을 두어야 함에도, 점점 더 기술 지배적이 되어가는 사회에서 여전히 막강하면서 흔히 무책임하고 정치적인 행위자로 남아 있다는 사실을 인정해야 한다.
- 특히 정책경제학은 공익에 입각해 상황을 나아지도록 만들고 있다고 주장한다. 그러므로 '나아진다'는 게 무슨 의미인지, 그리고 누구를 위한 것인지 좀더 면밀하게 고민해볼 필요가 있다. 이는 경제학자들이 과연 현대 국가가 그들에게 부여한 역할에 충실한지 묻고 있으며, 후생경제학 분야를 다시금 되살리도록 요청한다. 수확 체증, 외부 효과, 공공재 등 고전적 '시장 실패' 범주가 점차 넓어짐에 따라, 이용 가능한 경제 통계와 사회 웰빙 간 간격을 점점 더 벌려놓는 디지털 혁신의 맥락에서는 특히 더 그렇다.
- 우리는 숱한 기존의 경제 연구에서 가져온 구성 요소를 조립해 디지털 경제에 적합한 기준 틀을 마련하고, 그 틀을 반영하는 알맞은 정책 도구를 제공할 필요가 있다.

나는 특히 산업 조직, 시장 설계, 정보경제학, 성장 이론 같은 하위 영역에서 이용 가능한 구성 요소가 실제로 존재함에도, 이러한 변화가 확연하다곤 생각지 않는다. 구성 요소가 있는데도 그것들은 일관된 구조로 조립되지 않았고, 무엇보다 후생경제학 문제를 제대로 다루지 못하고 있다. 또한 이러한 통찰을 강의실과 정책 분석가의 사무실로 들여오는 데 필요한 모형, 도구, 경험 법칙도 없다. 이것이 내가 나 스스로의 연구를 통해 경제 통계의 기본 영역을 탐구하고, 디지털·데이터 시장에 필요한 실용적 정책 도구를 고려하고, 〔나의 책《시장, 국가, 그리고 국민》(2020)을 통해, 또한 코어의 경제(www.core-economy.org)를 통해〕 우리가 차세대 정책 입안자에게 가르쳐야 할 교육과정에 투자하는 이유다.

현재 경제학에 대한 공적 논쟁은 유효하든 (더 많은 경우에서 보듯) 그렇지 않든 와자지껄한 비판을 특징으로 한다. 오늘날 삶의 수많은 면면에서 그러하듯 경제학의 일부 영역에서도 양극화가 드러나고 있다. 점차 심화하는 자유시장주의〔예컨대 브렉시트 이후의 모험적인 자유 무역 비전 '템스강의 싱가포르(Singapore on Thames)',* 또는 부자 감세가 더 많은 기업을 자극할 거라는 트럼프 행정부의 견해에 드러난〕와 신개입주의 간 양극화가 한 가지 예다.

하지만 이런 시끌벅적한 논쟁이 이루어지고 있음에도, 나는 '주류' 패러다임에 변화가 요청되는 중이며, 끝내 그런 변화가 이루어질 거라고 확신한다. 그 이유는? 여러 사건 때문이다. 디지털 기술은 근본적으로, 그리고 영구적으로 소비와 생산 양편에서 경제 구조를 탈바꿈시켰다. 세계화는 부분적으로 완화될 수도 있지만, 기술의 발견과 이용은 더욱 가속화할 것이다. 우리는 2008년의 금융 위기와 2020년의 코로나19 위기라는 이중의 타격을 입은 채 휘청거리고 있다. 이 글을 쓰고 있는 지금 코로나19로 인한 위기가 경제에 미친 영향이 얼마나 막대할지는 여전히 분명치 않다. 하지만 그것은 국가 역할에 대한 대중의 기대를 아마도 영구히 바꿔놓을 것이다. 2008~2009년 충격 이후 세계 경제의 운용 방식이 거의 달라지지 않았다는 것은 참으로 놀라운 일이다. 절벽 끝을 지나고도 한동

---

* 영국이 전방위 자유주의 무역과 서비스 정책으로 경제적 성공을 거둔 싱가포르처럼 낮은 세율과 느슨한 규제를 통해 경제 대국으로 도약할 수 있다는 논리.

안 내달리는 만화 캐릭터처럼 아직 그 결과는 나오지 않은 상태일지도 모른다. 거의 1세기 전 대공황과 제2차 세계대전이 합해진 경우와 마찬가지로, 두 가지 충격이 어우러지면 그 결과는 심상치 않을 수밖에 없다.

이제 경제학자는 그 도전에 다가가야 하고, 포용력과 다양성 부족, 편협한 사고라는 경제학계의 집안 문제를 정비하고 그 단점을 본격적으로 다루어야 한다. 오늘날에는 국가경제학이 되살아나고 있다. 분석적으로 탄탄하고, 경험적으로 근거가 있으며, 역사의식이 있고, 외부 지향적이면서 현실 참여적인 학문 분야 말이다. 모든 사회과학이 응당 그래야 하듯 국가경제학 역시 사회에 긍정적으로 기여하고 있다. 이것이 정확히 우리 대다수가 경제학 연구를 업으로 삼기 시작했을 때 간절히 염원했던 바다.

경제학 내부에서 진즉부터 일어나고 있는 변화뿐 아니라 얼마간의 유망한 조짐도 나타나고 있다. 코로나19 팬데믹에 대한 경제학계의 대응은 이례적일 정도로 발 빠르고 건설적이었다. 영국에서 경제학관측소를 창설한 것이 그걸 보여주는 비근한 예다. 이 조직은 정책 입안자와 대중이 그 팬데믹에 대해 궁금해하는 온갖 문제에 관한 연구 증거를 종합하고 있다. 4월에 처음 논의를 시작하고 6월 1일 첫 삽을 뜬 이 조직은 8월 중순에 이르러 코로나19와 관련한 새로운 연구 및 과거 연구를 총망라해 자그마치 100개의 논문을 게시했을 정도로 급성장했다. 그와 비슷한 협력적 기획이 전 세계 경제학계 전반에 걸쳐 이뤄지고 있다.

머리말에 기술한 경제학계 내부 문제는 어떨까? 2020년의 '흑인 목숨도 소중하다' 시위는 경제학자의 다양성 부족 및 저명 학회지와 학문 분과들의 단일 문화에 대한 논쟁에 진정한 활력을 불어넣었다. 하지만 유의미하고도 지속적인 문화적 변화를 꾀하기 위해서는 그 에너지를 꾸준히 유지할 필요가 있다. 내가 이 책 전반에서 주장한 대로 경제학 및 경제학자는 그들의 사상과 정책 결정에 대한 영향력을 통해 경제와 사회를 구축한다. 좀더 포용적이고 다양한 학문 분야는 경제의 성격을 긍정적인 방식으로 바꾸는 데 기여할까? 당연히 그것은 종전과는 다른 연구와 데이터로 이어질 것이다. 그리고 만약 그렇지 않았다면 다루지 못했을 질문들, 즉 전형적인 부유한 백인 남성 경제학자의 준거 틀과 경험 '밖'에 놓인 질문들을 던질 것이다. 또한 경제학자는 맥락적·역사적 통찰을 얻기 위해서는 여타 사회과학이나 인문학 분야에 몸담은 사람들과, 또는 디지털 경제를 이해하기 위해서는 컴퓨터공학 분야에 속한 사람들과 훨씬 더 긴밀히 손을 잡아야 한다.

나는 변화의 조짐에 대해서는 낙관한다. 하지만 요구되는 변화의 규모가 워낙 방대한지라 마냥 낙관에만 머무르진 못하고 있다. 어느 면에서 경제학계는 팬데믹에 대응하는 과정을 통해, 학문 영역 간 공동 연구를 진행하고, 세계 각지의 경제가 침체하면서 새롭게 부상하는 불평등 따위의 여러 과제를 부각시키는 등 비로소 진면목을 드러내고 있다. 하지만 변화를 향한 요구는 온갖 정책 영역에 걸쳐 광범위하다. 만약 1장에서 기술한 것처럼 정부와 정책의 중심에 설 자격을 갖추려면, 우리 경제학자는 여전히 이 책의 나머지 장들에 개괄해놓은 패러다임 전환을 이룩해야 한다. 그러나 그것은 결코 매끄럽거나 쉬운 과정이 아니다.

2021년 2월

감사의 글

✳

이 책은 10년간 진행된 연구의 결과물인지라, 여기에 일일이 다 열거할
수 없을 만큼 감사 인사를 드려야 할 분이 많다.

2012년 '인간 가치에 관한 태너 강연'에 나를 초청해준 당시 옥스퍼
드 대학 브레이지노스 칼리지의 학장 Roger Cashmore 교수, 그 강연
을 주최한 그의 후임 Alan Bowman 교수, 그리고 그 강연에 대해 논평
해준 저명 패널 Kate Barker, Peter Oppenheimer, David Ramsden,
Peter Sinclair 교수에게 감사드린다. 이듬해 연례 강연에 초청해준 '프로
보노 경제학'에, 그리고 그와 비슷하게 대중 강연에 초청해준 Society for
Economic Methodology, Oxford Martin School, Nottingham Trent
University에 감사드린다. 케임브리지에서는 동료 Michael Kenny와
Helen Thompson이 특히 나의 취임 강연 원고에 대해 너그러운 논평을
들려주었다.

이 세월 동안 맨체스터 대학과 케임브리지 대학에서 복되게도 훌륭한 동료 교수들과 학생들을 만났다. BBC Trust, Migration Advisory Committee, Natural Capital Committee, National Infrastructure Commission, Jason Furman이 이끄는 Digital Competition Expert Panel, Competition and Markets Authority 등의 조직에서 다양한 정책 역할을 맡거나, Office for National Statistics에서 연구원으로 일하면서 수많은 경제학자와 관료를 만난 것 역시 행운이었다. 나는 이런 다채로운 역할과 그 이전인 초기의 다양한 이력을 통해 폭넓은 경험과 통찰력을 얻을 수 있었던 것을 커다란 축복으로 여긴다. 또한 강연들에서는 내가 훌륭한 공동 저자들과 함께 진행한 작업도 담아냈다. Mo Abdirahman, Stephanie Diepeveen, Richard Heys, Penny Mealy, Cahal Moran, Leonard Nakamura, David Nguyen, Marianne Sensier, Will Stewart, Manuel Tong, Adrian Weller, Timothy Yeung이 그들이다.

케임브리지를 비롯해 여러 대학에 몸담은 아래의 수많은 동료에게도 삶의 굽이굽이에서 내 생각에 자극제가 된 대화를 나누고 논평을 들려준 데 대해 감사드린다. Matthew Agarwala, Anna Alexandrova, Eric Beinhocker, Tim Besley, Sam Bowles, John Bowers, Erik Brynjolfsson, Wendy Carlin, Vasco Carvalho, Jagjit Chadha, Carol Corrado, Jacques Crémer, Meredith Crowley, Partha Dasgupta, Mark Fabian, Marco Felici, Amelia Fletcher, Jason Furman, Tim Gardam, Rachel Griffith, Dennis Grube, Andrew Haldane, Jonathan Haskel, Cameron Hepburn, Cecilia Heyes, Bill Janeway, Dale Jorgenson, Saite Lu, Derek McAuley, Philip Marsden, David Miles,

John Naughton, Jennifer Rubin, David Runciman, Paul Seabright, Margaret Stevens, Joseph Stiglitz, Jeni Tennison, Alex Teytelboym, Jean Tirole, Flavio Toxvaerd, Romesh Vaitilingam, Bart Van Ark, Tony Venables, Anna Vignoles, Dimitri Zenghelis.

나의 경제학 이력에 가장 심대한 영향을 끼친 사람을 딱 하나만 대라면 나는 서슴없이 피터 싱클레어 교수를 꼽을 것이다. 그는 옥스퍼드 대학 브레이지노스 칼리지에서 나의 학부 지도교수였으며, 이후 내 평생의 멘토이자 친구였다. 내가 경제학자가 되게끔 해준 이유인 그는 나를 지금과 같은 모습의 경제학자로 성장하도록 이끌어주었다. 그는 여러 세대의 학생들에게 실로 엄청난 영향을 끼쳤다. 코로나19 팬데믹 발발 초기에 그가 목숨을 잃은 것은 참담한 손실이 아닐 수 없다.

마지막으로, 연구 조수역을 맡아준 Yamini Cinamon Nair, Annabel Manley, Julia Wdowin, 초안을 손봐준 Lindsay Fraser, 본문에 대해 발군의 편집 역량을 뽐낸 Sarah Caro, Hannah Paul, Josh Drake, 그리고 빼어난 Princeton University Press 팀의 나머지 직원들에게 특별히 감사드린다. 언제나처럼 변함없이 격려해준 Rory Cellan-Jones와 일할 때 내 곁을 지켜준 반려견 캐비지(Cabbage)에게 고마움을 전한다.

주

✸

머리말: 오늘의 경제학과 내일의 경제학

1. Committee on the Status of Women in the Economics Profession Annual Report 2019, https://www.aeaweb.org/content/file?id=11630.

2. Report of the Committee on the Status of Minority Groups in the Economics Profession (CSMGEP) December 2017, https://www.aeaweb.org/content/file?id=6592.

3. Arun Advani, Rachel Griffith, and Sarah Smith, 'Economics in the UK Has a Diversity Problem That Starts in Schools and Colleges', https://voxeu.org/article/increasing-diversity-uk-economics.

4. American Economic Association, 'AEA Code of Professional Conduct', https://www.aeaweb.org/about-aea/code-of-conduct.

5. 'Women and Economics: Sixth 2018 Coleridge Lecture', https://www.ideasfestival.co.uk/blog/coleridge-lectures/coleridge-lecture-women-and-economics/.(2020년 8월 2일 접속)

6. www.economicsobservatory.com/.

1 경제학자의 공적 책무

1. https://www.bnc.ox.ac.uk/about-brasenose/news/982-tanner-lectures-2012.

2. RealClear Opinion Research, https://www.realclearpolitics.com/docs/190305_RCORToplineV2.pdf.

3. The Nobel Prize, https://www.nobelprize.org/prizes/economic-sciences/1997/advanced-information/.

4. 국제결제은행(Bank for International Settlements, BIS)의 가장 최근 데이터에 따르면, 장외 파생 상품 시장에서 계약에 대한 총 명목 미결제 금액은 2019년 말 약 560조 달러였다. 이는 위의 수치와 직접적으로 비교할 수는 없지만, 지난 10년 동안 감소 추세를 보여왔다.

5. 그때 이후, 미국 규제 당국에 대한 여러 보고서가 제출되었고, 법률과 관련해 변화가 이루어졌다. 한편 유럽 시장은 2016년 7월 3일 시장 교란 행위 규제(Market Abuse Regulation, MAR)를 발효했다.

6. 미국 통화감독청(Office of the Comptroller of the Currency, OCC)에 따르면, 2018년 12월 31일 현재 뱅크오브아메리카는 여전히 31조 7000억 달러의 명목 파생 상품을 보유하고 있었다.

7. AEA의 직업 행동 강령은 2018년 4월 20일에 채택되었다. https://www.aeaweb.org/about-aea/code-of-conduct. 영국 왕립경제학회가 2019년 그 바통을 이어받았다. https://www.res.org.uk/resources-page/code-of-conduct-pdf.html.

8. Sonia Sodha, Toby Helm, and Phillip Inman, 'Economists Overwhelmingly Reject Brexit in Boost for Cameron', *The Guardian*, 28 May 2016, https://www.theguardian.com/politics/2016/may/28/economists-reject-brexit-boost-cameron.

9. 오늘날 신장 거래는 여러 나라에서 널리 활용되고 있다. https://www.bbc.co.uk/news/business-50632630. '영국 생체 신장 공유 계획(UK Living Kidney Sharing Scheme)'은 2019년 3월 1000번째 이식 수술을 시행했다.

10. Jonathan Portes, 'Economists in Government: What Are They Good For?' 도 참조하라. http://notthetreasuryview.blogspot.co.uk/2012/01/economists-in-government-what-are-they.html, 12 January 2012(2012년 4월 30일 접속), Survey for GES by Paul Anand, Open University, and Jonathan Leape,

London School of Economics.

11. 이 접근법은 영국 재무부 그린북 서류에 정리되어 있다. http://www.hm-treasury. gov.uk/datagreenbookindex.htm.

12. 공적 가치 개념은 좀더 명시적으로 판단하는 대안적 접근법을 제공해준다. 비교할 수 없는, 혹은 심지어 측정할 수 없는 변수들을 비교하는 일에 내재된 어려움을 인 식하는 것이 기본적으로 비용 편익 분석이다(Coyle and Woolard 2009).

13. http://www.bbc.co.uk/programmes/p00gq1cr/episodes/player.(2012년 4월 17일 접속)

1장 쉬어가는 페이지

1. https://www.ineteconomics.org/events/the-economic-crisis-and-the-crisis-in-economics.

2. http://www.paecon.net/HistoryPAE.htm.

3. 연사들이 완성한 기고문은 Coyle D. (ed.), 2012, *What's The Use of Economics?*, London: London Publishing Partnership으로 출간되었다.

4. coreecon, n.d (날짜 불명), 'The Economy', https://www.core-econ.org/project/core-the-economy/.

5. Editorial, 'Ec 10 Shifts to the Future', *The Harvard Crimson*, 4 April 2019, https://www.thecrimson.com/article/2019/4/4/editorial-ec-10-shifts-future/.

6. Dylan Matthews, 'The Radical Plan to Change How Harvard Teaches Economics', *Vox*, 22 May 2019, https://www.vox.com/the-highlight/2019/5/14/18520783/harvard-economics-chetty.

7. https://www.probonoeconomics.com/news/pbe-lecture-2013-diane-coyle.

8. 'Teaching Economics after the Crisis', Royal Economic Society, 1 April 2013, https://www.res.org.uk/resources-page/april-2013-newsletter-teaching-economics-after-the-crisis.html.

2 외부자로서 경제학자

1. 라인하트와 로고프는 정부 부채 수준 감소에 초점을 맞춘 긴축 정책을 채택하도록 서방 정부들을 설득하는 데 영향력을 발휘했다.* 그들의 연구는 나중에 난처한 스프레드시트 오류가 담겨 있는 것으로 드러남으로써, 비판론자들이 부채 임계점 (threshold)이 차후 성장에 미치는 분명한 영향력을 논박하도록 빌미를 제공했다. 어쨌거나 정책 입안자들은 확실히 임계점 개념을 지나치게 기계적으로 해석했다.

3장 쉬어가는 페이지

1. 'Trojan Room Ccoffee Ppot', Wikipedia, https://en.wikipedia.org/wiki/Trojan_Roomcoffeepothttps://en.wikipedia.org/wiki/Trojan_Room_coffee_pot.
2. 'Cogs and Monsters', Bennett Institute for Public Policy, Cambridge University, https://www.bennettinstitute.cam.ac.uk/publications/cogs-and-monsters/.

4 톱니바퀴와 괴물

1. 'Parkour Atlas', Boston Dynamics, YouTube, https://www.youtube.com/watch?v=LikxFZZO2sk;'UpTownSpot', Boston Dynamics, YouTube, https://www.youtube.com/watch?v=kHBcVlqpvZ8.(2018년 10월 18일 접속)
2. 사람들을 배제할 수 있는 공공재는 클럽재라고 알려져 있다.
3. 레스페이레스지수(Laspeyres index)에 따른 것이다. 피셔이상지수(Fisher ideal index)에 따르면, 이것은 2018년(또는 1978년)의 실질적(actual) 재화 바스켓**이 아

---

* 　긴축 정책을 이론적으로 뒷받침한 대표적 논문이 라인하트와 로고프가 공동 집필한 〈부채 시대의 성장(Growth in a Time of Debt)〉(2010)이다. 이 논문은 "과거 사례를 보면 GDP 대비 정부 부채 비율이 90퍼센트 이상인 국가의 평균 경제 성장률이 그 수치 미만인 국가보다 낮았다. GDP 대비 정부 부채 비율 90퍼센트는 일종의 티핑 포인트다"라며 긴축 정책을 옹호했다.

니라 개념적(conceptual) 재화 바스켓이다.

4장 쉬어가는 페이지

1. https://www2.deloitte.com/global/en/pages/about-deloitte/articles/millennial survey.html.
2. 5장과 6장의 내용은 2019년 6월 옥스퍼드 마틴 스쿨(Oxford Martin School)에서 한 강연(https://www.oxfordmartin.ox.ac.uk/events/changing-technology-changing-economics-with-prof-diane-coyle/)과 2020년 2월 노팅엄 트렌트 대학(Nottingham Trent University)에서 한 강연(https://www.ntu.ac.uk/about-us/events/events/2020/02/professor-diane-coyle-cbe)을 토대로 했다.

5 변화하는 테크놀로지, 변화하는 경제학

1. 무어의 법칙은 18개월 또는 2년마다 컴퓨터 파워는 두 배가 되고 가격은 절반이 된다고 예측했다. https://www.intel.co.uk/content/www/uk/en/silicon-innovations/moores-law-technology.html.(2020년 8월 12일 접속)
2. https://www.ons.gov.uk/economy/nationalaccounts/uksectoraccounts/articles/producinganalternativeapproachtogdpusingexperimentaldoubledeflationestimates/2020-11-02.

6 21세기의 경제 정책

1. Cosma Shalizi, 'In Soviet Union, Optimisation Problem Solves *You*', Crooked

---

** 소비자물가지수를 측정하려면 일반 소비자가 많이 구매하는 재화와 서비스의 종류를 확인해야 한다. 이러한 재화나 서비스의 집합을 소비재 묶음, 즉 바스켓(basket)이라고 부른다.

Timber, http://crookedtimber.org/2012/05/30/in-soviet-union-optimization-problem-solves-you/.

2. https://www.ft.com/content/6f69433a-40f0-11ea-a047-eae9bd51ceba.

옮긴이의 글

경제학은 문제인가, 해결책인가

다이앤 코일의 《톱니바퀴와 괴물》은 이 질문에 답하는 책이다. 한마디로 경제학(자)은 문제로서 면모도 지니며 문제인 적도 없지 않았지만, 해결책으로서 측면을 더 많이 가진다는 것이다. 저자는 본문에서 경제학의 비생산적 습성에 대해서는 가차 없이 칼날을 들이대지만, 합리적인 경제학은 두둔한다. 2019년 노벨 경제학상 수상자 아브히지트 바네르지와 에스테르 뒤플로는 그들의 저서 《힘든 시대를 위한 좋은 경제학》에서 이렇게 말한다. "좋은 경제학만으로 우리를 구할 수는 없겠지만 좋은 경제학이 없다면 우리는 어제의 치명적인 실수를 반드시 반복하게 될 것이다. 무지·직관·이데올로기·관성이 결합해서 그럴듯해 보이고 많은 것을 약속해주는 듯하지만 결국에는 우리를 배신하게 될 답을 내놓게 되는 것이다."

2000년 이래 노벨 경제학상 수상자의 면면을 보면 우리는 세계가 해결책으로서 경제학을 요청하며, 그에 가치를 부여한다는 걸 똑똑히 알아차릴 수 있다. 한마디로 "현실 세계에 도움을 주지 않는 경제학은 필요 없다"는 것이다. 세상은 경제학에 대해 상아탑에서 벗어나 현실 세계의 문제에 기여하는 학문으로 거듭날 것을 촉구하고 있다. 특히 최근 추세는 더욱 그렇다. 2018년 수상자 윌리엄 노드하우스와 폴 로머는 각각 기후 변화의 경제적 효과에 관한 연구를 진행하고, '내생적 성장 이론'을 통해 기술 진보가 경제 성장에 미치는 영향을 규명한 공로를 인정받았다. 2019년 아브히지트 바네르지, 에스테르 뒤플로, 마이클 크레이머의 수상은 지구촌의 빈곤 문제를 경감하기 위한 실험적 접근과 연구를 수행한 공적을 높이 평가받은 결과다. 2021년 데이비드 카드, 조슈아 앵그리스트, 휘도 임번스는 코로나19 이후 소득 불평등과 양극화 심화에 따른 노동 소득 및 분배 문제에 관심을 기울이고, 자연적·정책적 변화를 반영한 '자연 실험'을 연구에 적극 활용함으로써 노동 경제와 관련한 문제 해결에 기여한 공로로 수상의 영예를 안았다. 오늘날의 현기증 나는 변화에 효과적으로 대처하고 팬데믹, 불평등, 저성장, 빈곤, 기후 변화 등 산적한 세계적 현안을 헤쳐나가는 것, 이처럼 최근 노벨 경제학상 수상자들은 정확히 경제학과 경제학자가 나아가야 할 바람직한 방향을 가리키고 있다는 점에서 인상적이다. 이 책 《톱니바퀴와 괴물》 역시 군데군데에 그들의 통찰이 어른거리고 있다.

노벨 경제학상과 관련해 특기할 만한 또 한 가지 사항은 수상자들의 국적이다. 1969년 처음 노벨 경제학상이 생겨난 이래 수상자 수는 모두 89명인데, 그중 자그마치 64명이 미국 국적 소유자다. "인재가 모두 미국으로 모여드니 당연한 결과"라며 대수롭지 않게 여기는 이도 있지만, 나는 과반을 넘는 그 압도적 수치에 정말이지 놀랐다. 언젠가부터 미국은 부자의 재산을 털어 빈자에게 나누어주던 로빈후드는 역사의 뒤안길로 사라지고, 어떻게든 빈자의 부마저 긁어다 부자의 배를 더욱 불리는 극심한 빈익빈 부익부 사회에 접어들었다. 그에 따라 세계적 갑부들과 절망사 인구가 기괴하게 공존하는 불평등으로 얼룩진 나라가 되었다. 이와 같은 진단을 접하노라면 미국 사회는 도무지 지속 가능해 보이지 않는다. 하지만 여전히 세계 최강국의 위용을 과시하고 있다. 그것을 가능케 하는 저력은 아무래도 문제의 다른 편에 포진한 학자들, 특히 경제학자들이 헌신적이고도 집요하게 미국 사회 및 국제 사회의 문제를 파헤침으로써 자국의 방부제 역할을 떠안고 있기 때문인 것 같다.

나는 이 책을 옮기면서 함께 참고한 몇몇 저서에서 그 점을 분명히 확인할 수 있었다. 글머리에 언급한 《힘든 시대를 위한 좋은 경제학》은 국제 무역, 이민, 고소득자 과세, 계층 이동성 같은 수많은 사안에 대해 기존 통념에 의문을 제기하는 새로운 연구 결과를 다룸으로써 정책적 고려 사항을 제시하는 책이다. 경제학 문외한이 읽기에도 전혀 무리가 없을 만큼 글의 전개가 더없이 자상하다는 점이 특히 돋보인다. 그 자신 경제학자는 아니지만 수많은 경제학자에게 영감을 불어넣는 마이클 샌델, 그가 쓴 《공정하다는 착각》은 통상 세습이나 신분제보다 공평하다고 여겨지는 능력주의의 폐해와 해악을 집요하게 파고듦으로써 엘리트에게는 겸손함을 심어주고, 능력주의의 패자들에게는 연대의 손길을 내미는 감명 깊은 책이다. 어찌 보면 저자 자신이 능력주의의 최대 수혜자이자 최고 엘리트임에도 능력주의가 어떻게 포퓰리즘의 준동을 낳음으로써 사회를 병들게 하고 연대를 약화시키는지 가차 없이 일갈하는 학자적 노력과 따스한 위안에 숙연함마저 느꼈다. 《절망의 죽음과 자본주의의 미래》(앵거스 디턴(2015년 노벨 경제학상 수상자)·앤 케이스)는 유독 미국 사회에서 두드러지는 저학력·저소득 중년 백인의 절망사 현상을 집중 부각하며 자본주의의 미래에 대해 근본적 회의를 드러낸다. 그들에 대한 애정과 관심 없이는 쓸 수 없는 책이라는 인상을 받았다. 《우리 아이들》(로버트 퍼트넘)은 《절망의 죽음과 자본주의의 미래》의 주인공인 저학력·저소득 중년 백인의 자녀 세대라 할 만한 아이들을 다룬 섬뜩한 보고서다. 기회의 평등을 표방하는 아메리칸드림의 몰락과 빈부 격차가 어떻게 가난한 아이들의 생애 기회를 파괴하는지 파헤친 책으로, 전 지구적 현상인 양극화가 경제적 격차를 넘어 우리의 민주주의적 가치에까지 광범위한 해악을 끼치는 실태를 조망한다. 역시 그 아이들에 대한 사랑이 저자가 책을 집필한 동력이었을 터다. '우리 아이들'이라는 제목에서도 느낄 수 있듯, 나는 일련의 독서를 통해 어떻게든 사회적 연대의 손길을 내밀고 함께 살아가기 위한 공동체성을 회복하고자 고뇌하는 학자적 노력에 크게 감동했다. 그리고 경제학(자)이 문제가 아니라 해결책임을, 아니 해결책이 될 수 있음을 확신했다.

《톱니바퀴와 괴물》은 어떻게 하면 경제학이 해결책이 될 수 있는지 소상하게 안내하는 책이다. 저자는 '주류' 경제학이 우리 모두를 그저 톱니바퀴로 간주하는 기존 관성에 안주하느라 새로 부상하는 디지털 경제 현상을 다룰 만한 도구를 미처 마련하지 못함으로써, 그것을 우리가 이해하기 어려운 괴물로 만들어버리는 데 저도 모르게 일조했다고 진단한다. 그리고 경제적 상호 의존성을 인식해야만 디지털 경제가 직면한 도전을 이해하고 관리함으로써 그 괴물을 길들일 수 있다고 주장한다. 저자는 '주류' 패러다임에 변화가 요청되고 있고 끝내 그런 변화가 이루어질 거라 낙관하며, 국가경제학의 부활에서 그 희망을 찾는다. 그리고 경제학의 바람직한 변화 가능성을 경제학계가 코로나19 팬데믹 상황에 대응하는 과정에서 보았노라고 밝힌다. 경제학계가 학문 영역 간 공동 연구를 진행하고 세계 각지의 경제가 침체하면서 새롭게 부상하는 불평등 같은 여러 과제를 부각시키는 등 비로소 진면목을 드러내고 있다고 진단한 것이다. 하지만 여전히 경제학자가 정부와 정책의 중심에 서서 본연의 역할을 다하려면 패러다임 전환을 이루어야 하는데, 요구되는 변화의 규모가 워낙 방대한지라 그 과정이 결코 순탄치만은 않을 거라며 신중론을 덧붙인다. 저자는 이 책 전반에 걸쳐 경제학이 우리 경제와 사회에서 그 어느 때보다 중요해진 이유를 설득력 있게 들려준다. 그가 소개한 자신의 지적 노력뿐 아니라 논의 전개를 위해 제시한 수많은 당대 경제학자들의 연구 성과를 통해 우리는 경제학이 떠안아야 할 본분을 분명하게 확인할 수 있다. 작업의 성격상 본문 내용을 여러 번 읽게 되는데, 그때마다 저자의 논의 속에서 힘든 시대를 살아가는 사람들에게 따뜻하게 다가가고자 하는 좋은 경제학(자)의 모습을 똑똑히 볼 수 있었다. 이 책이 내게 그랬던 것처럼 독자 여러분께도 경제학(자)의 가치와 아름다움에 대해 다시 한번 생각하고 그들 말에 귀 기울일 수 있는 계기가 되길 바란다.

2023년 4월

김홍옥

참고문헌

✻

Abdirahman, M., D. Coyle, R. Heys, and W. Stewart, 2020, 'A Comparison of Approaches to Deflating Telecommunications Services Output', *Economie & Statistique*, Vols. 517-518-51, pp. 103-122.

Acemoglu, Daron, and Pascual Restrepo, 2019, 'Automation and New Tasks: How Technology Displaces and Reinstates Labor', *Journal of Economic Perspectives*, 33 (2), 3-30.

Acemoglu, D., and J. Robinson, 2012, *Why Nations Fail: The Origins of Power, Prosperity, and Poverty*, London: Profile Books.

Adereth, Maya, Shani Cohen, and Jack Gross, 2020, 'Economics, Bosses, and Interest', *Phenomenal World*, 8 August, https://phenomenalworld.org/interviews/stephen-marglin.

Akerlof, George A., 2020, 'Sins of Omission and the Practice of Economics', *Journal of Economic Literature*, 58 (2), 405-418.

Akerlof, George, and Rachel Kranton, 2010, *Identity Economics*, Princeton, NJ: Princeton University Press.

Akerlof, G. A., and D. J. Snower, 2016, 'Bread and Bullets', *Journal of Economic Behavior & Organization*, 126, 58-71.

Algan, Y., S. Guriev, E. Papaioannou, and E. Passari, 2017, 'The European Trust Crisis and the Rise of Populism', Brookings Papers on Economic Activity, Fall, 309-382.

Algan, Y., C. Malgouyres, and C. Senik, 2020, 'Territoires, bien-être, et politiques publiques', *Conseil d'analyse economique*, no. 55, January, 1-12.

Allen, K., and N. Watt, 2015, 'Living Standards Key to UK Election as Data Shows Slowest Recovery since 1920s', *The Guardian*, 31 March, https://www.theguardian.com/business/2015/mar/31/uk-gdp-growth-revised-up-to-06.

Amadxarif, Zahid, James Brookes, Nicola Garbarino, Rajan Patel, and Eryk Walczak, 2019, 'The Language of Rules: Textual Complexity in Banking Reforms, Bank of England Staff Working Paper No. 83, https://www.bankofengland.co.uk/working-paper/2019/the-language-of-rules-texual-complexity-in-banking-reforms.

Anand, P., and J. Leape, 2012, 'What Economists Do and How Universities Might Help', in Diane Coyle (ed.), *What's the Use of Economics?*, London: London Publishing Partnership, 15-20.

Anderson, Elizabeth, 1993, *Value in Ethics and Economics*, Cambridge, MA: Harvard University Press.

Andreessen, M., 2011, 'Why Software Is Eating The World', *Wall Street Journal*, August 20, https://www.wsj.com/articles/SB10001424053111903480904576512250915629460.

Angrist, Joshua, Pierre Azoulay, Glenn Ellison, Ryan Hill, and Susan Feng Lu, 2020, 'Inside Job or Deep Impact? Extramural Citations and the Influence of Economic Scholarship', *Journal of Economic Literature*, 58 (1), 3-52.

Angrist, Joshua, Pierre Azoulay, Glenn Ellison, Ryan Hill, and Susan Feng Lu, 2017, 'Economic Research Evolves: Fields and Styles', *American Economic Review*, 107 (5), 293-297.

Anthony, Sebastian, 2016, 'The Secret World of Microwave Networks', *Ars Technica*, https://arstechnica.com/information-technology/2016/11/private-microwave-networks-financial-hft/.(2020년 8월 4일 접속)

Arrieta-Ibarra, Imanol, Leonard Goff, Diego Jiménez-Hernández, Jaron Lanier, and E. Glen Weyl, 2018, 'Should We Treat Data as Labor? Moving beyond "Free"', *AEA Papers and Proceedings*, 108, 38-42.

Arrow, K., 1950, 'A Difficulty in the Concept of Social Welfare', *Journal of Political Economy*, 58 (4), 328-346.

Arthur, Brian, 2014, *Complexity and the Economy*, Oxford: Oxford University Press.

Arthur, W. Brian, 1994, *Increasing Returns and Path Dependence in the Economy*, Ann Arbor: University of Michigan Press.

Arthur, W. B., 2021, 'Foundations of Complexity Economics', *National Reviews Physics*, 3, 136-145, https://doi.org/10.1038/s42254-020-00273-3.

Athey, S, 2017, 'Beyond Prediction: Using Big Data for Policy Problems', *Science*, 355, 483-485.

Atkinson, A., 2001, 'The Strange Disappearance of Welfare Economics', *Kyklos*, 54, 193-206.

Aumann, Robert J., 2008, 'Rule-Rationality versus Act-Rationality', Discussion Paper Series dp497, The Federmann Center for the Study of Rationality, the Hebrew University, Jerusalem.

Auriol, Emmanuelle, Guido Friebel, and Sacha Wilhelm, 2020, 'Women in European Economics', in Shelly Lundberg (ed.), *Women in Economics*, London: VoxEU, 26-30.

Austin, J., 1962, *How to Do Things With Words*, Oxford: Clarendon Press.

Autor, David H., 2019, 'Work of the Past, Work of the Future', *AEA Papers and Proceedings*, 109, 1-32.

Axtell, R., and Epstein, J. M., 1996, *Growing Artificial Societies: Social Science from the Bottom Up*, Washington, DC: Brookings Institution Press.

Bajgar, Matej, Giuseppe Berlingieri, Sara Calligaris, Chiara Criscuolo, and Jonathan Timmis, 2019, 'Industry Concentration in Europe and North America', OECD Productivity Working Papers, No. 18, Paris: OECD Publishing, https://doi.org/10.1787/2ff98246-en.

Baldwin, R., 2006, 'Globalisation: The Great Unbundling(s)', *Economic Council of Finland*, 20 (3): 5-47.

Bank for International Settlements, 2010, 'Triennial Central Bank Survey of Foreign Exchange and Derivatives Market Activity in 2010—Final Results', https://www.bis.org/publ/rpfxf10t.htm.

Bannerjee, Abhijit, and Esther Duflo, 2019, *Good Economics for Hard Times: Better Answers to Our Biggest Problems*, New York: Public Affairs.

Barbieri, L., C. Mussida, M. Piva, and M. Vivarelli, 2019, 'Testing the Employment Impact of Automation, Robots and AI: A Survey and Some Methodological Issues', in K. Zimmermann (ed.), *Handbook of Labor, Human Resources and Population Economics*, Cham: Springer, 27. 이 논문의 초기 버전은 https://www.iza.org/publications/dp/12612/testing-the-employment-impact-of-automation-robots-and-ai-a-survey-and-some-methodological-issues이다.

Bastani, A., 2019, *Fully Automated Luxury Communism*, New York: Verso Books.

Basu, Kaushik, 2018, *The Republic of Beliefs*, Princeton, NJ: Princeton University Press.

Bateson, G., 2000, *Steps to an Ecology of Mind: Collected Essays in Anthropology, Psychiatry, Evolution, and Epistemology*, Chicago: University of Chicago Press.

Bator, Francis M., 1958, 'The Anatomy of Market Failure', *The Quarterly Journal of Economics*, 72 (3), 351-379.

Bauman, Yoram, and Elaina Rose, 2011, 'Selection or Indoctrination: Why Do Economics Students Donate Less than the Rest?', *Journal of Economic Behavior & Organization*, 79 (3), 318-327.

Baumol, W. J., 1946-1947, 'Community Indifference', *Review of Economic Studies*, 14 (1), 44-48.

Baumol, W. J., 1952, *Welfare Economics and the Theory of the State*, The London School of Economics and Political Science, London: Longmans, Green & Co.

Becker, G. S., 1962, 'Irrational Behavior and Economic Theory', *Journal of Political Economy*, 70 (1), 1-13.

Becker, G., 1965, 'A Theory of the Allocation of Time', *The Economic Journal*, 75 (299), 493-517.

Bell, D., 1973, *The Coming of Post-Industrial Society*, New York: Basic Books.

Bergson, A, 1938, 'A Reformulation of Certain Aspects of Welfare', *The Quarterly Journal of Economics*, 52 (2), 310-334.

Berkes, E., and S. Williamson, 2015, 'Vintage Does Matter, The Impact and Interpretation of Post War Revisions in the Official Estimates of GDP for the United Kingdom', https://www.measuringworth.com/datasets/UKdata/UKGDPs.pdf. (2018년 10월 19일 접속)

Besley, T., 2013, 'What's the Good of the Market? An Essay on Michael Sandel's *What Money Can't Buy*', *Journal of Economic Literature*, 51 (2), 478-495.

Besley, T., and T. Persson, 2012, *Pillars of Prosperity: The Political Economics of Development Clusters*, Princeton, NJ: Princeton University Press.

Bhalla, J., 2013, 'What Rational Really Means', MIND Guest Blog, 17 May 2013, https://blogs.scientificamerican.com/mind-guest-blog/what-rational-really-means/.

Billing, Chloe, Philip McCann, and Raquel Ortega-Argilés, 2019, 'Interregional Inequalities and UK Sub-National Governance Responses to Brexit', *Regional Studies*, 53 (5), 741-760, doi:10.1080/00343404.2018.1554246.

Binmore, K., and P. Klemperer, 2002, 'The Biggest Auction Ever: The Sale of the British 3G Telecom Licences', *The Economic Journal*, 112 (478), C74-C96.

Blackaby, David, and Jeff Frank, 2000, 'Ethnic and Other Minority Representation in UK Academic Economics', *The Economic Journal*, 110 (464), F293-F311.

Bloom, N., Z. Cooper, M. Gaynor, S. Gibbons, S. Jones, A. McGuire, R. Moreno-Serra, C. Propper, J. Van Reenen, and S. Seiler, 2011, 'In Defence of Our

Research on Competition in England's National Health Service', *The Lancet*, 378 (9809), 2064-2065.

Bloom, N., L. Garicano, R. Sadun, and J. Van Reenen, 2014, 'The Distinct Effects of Information Technology and Communication Technology on Firm Organization', *Management Science*, 60 (12), 2859-2885.

Bloom, Nicholas, Charles I. Jones, John Van Reenen, and Michael Webb, 2020, 'Are Ideas Getting Harder to Find?' *American Economic Review*, 110 (4), 1104-1144.

Boeri, T., G. Giupponi, A. Krueger, and S. Machin, 2020, 'Solo Self-Employment and Alternative Work Arrangements: A Cross-Country Perspective on the Changing Composition of Jobs', *Journal of Economic Perspectives*, 34 (1), 170-195.

Borges, J., 1975, 'On Exactitude in Science', in *A Universal History of Infamy*, translated by Norman Thomas de Giovanni, London: Penguin Books.(초판은 1946년)

Bowles, Samuel, 2004, *Microeconomics: Behavior, Institutions, and Evolution*, Princeton, NJ: Princeton University Press.

Bowles, Samuel, 2016, *The Moral Economy: Why Good Incentives Are No Substitute for Good Citizens*, New Haven, CT: Yale University Press.

Bowles, Samuel, and Wendy Carlin, 2020, 'What Students Learn in Economics 101: Time for a Change', *Journal of Economic Literature*, 58 (1), 176-214.

Britton, Jack, Lorraine Dearden, Laura van der Erve, and Ben Waltmann, 2020, 'The Impact of Undergraduate Degrees on Lifetime Earnings', IFS, https://www.ifs.org.uk/publications/14729.

Browne, Janet, 2003, *Charles Darwin: Voyaging*, London: Pimlico Jonathan Cape, 1995.

Brynjolfsson, Erik, Avinash Collis, and Felix Eggers, 2019, 'Using Massive Online Choice Experiments to Measure Changes in Well-Being', *Proceedings of the National Academy of Sciences*, 116 (15), 7250-7255; doi:10.1073/pnas.

1815663116.

Buchanan, J., and G. Tullock, 1962, *The Calculus of Consent: Logical Foundations of Constitutional Democracy*, Ann Arbor: University of Michigan Press.

Burgin, A., 2012, *The Great Persuasion: Reinventing Free Markets Since the Depression*, Cambridge, MA: Harvard University Press.

Card, David, Stefano DellaVigna, Patricia Funk, and Nagore Iriberri, 2020, 'Are Referees and Editors in Economics Gender-Neutral?', in Shelly Lundberg (ed.), *Women in Economics*, London: VoxEU, 91–96.

Case, A., and A. Deaton, 2020, *Deaths of Despair*, Princeton, NJ: Princeton University Press.

Ceci, Stephen J., Donna K. Ginther, Shulamit Kahn, and Wendy M. Williams, 2014, 'Women in Academic Science: A Changing Landscape', *Psychological Science in the Public Interest*, 15 (3), 75–141.

Cellan-Jones, R., 2021, *Always On*, London: Bloomsbury.

Chan, M. L., 2017, 'The Google Bus', *The Point* (14), July, https://thepointmag.com/examined-life/the-google-bus/.(2020년 8월 10일 접속)

Chen, M. K., V. Lakshminarayanan, and L. Santos, 2005, 'The Evolution of Our Preferences: Evidence from Capuchin Monkey Trading Behaviour', http://www.its.caltech.edu/~camerer/NYU/02-ChenLakshminarayananSantos.pdf.

Christophers, B., 2013, *Banking Across Boundaries*, Hoboken, NJ: Wiley/Blackwell.

Clark, Andrew E., Sarah Flèche, Richard Layard, and Nattavudh Powdthavee, 2018, *The Origins of Happiness: The Science of Well-Being over the Life Course*, Princeton, NJ: Princeton University Press.

Coase, R. H., 1960, 'The Problem of Social Cost', *The Journal of Law and Economics*, 2, 1–44.

Cockshott, P., and D. Zachriah, 2012, 'Arguments for Socialism', http://eprints.gla.ac.uk/58987/.

Colander, D., 2011, 'Creating Humble Economists: A Code of Ethics for Economists' (No. 1103), Middlebury College, Department of Economics.

Colander, D., and R. Kupers, 2014, *Complexity and the Art of Public Policy*, Princeton, NJ: Princeton University Press.

Competition Commission, 2003, 'Extended Warranties on Domestic Electrical Goods: A Report on the Supply of Extended Warranties on Domestic Electrical Goods within the UK', December, https://webarchive.nationalarchives.gov.uk/+/http://www.competition-commissio.org.uk//rep_pub/reports/2003/485xwars.htm#full.

Cook, E., 2017, *The Pricing of Progress: Economic Indicators and the Capitalization of American Life*, Cambridge, MA: Harvard University Press.

Corduneanu, Roxana, Adina Dudau, and Georgios Kominis, 2020, 'Crowding-In or Crowding-Out: The Contribution of Self-Determination Theory to Public Service Motivation', *Public Management Review*, 22 (7), 1070-1089, doi:10.1080/14719037.2020.1740303.

Cottrell, Allin, and W. Paul Cockshott, 1993, 'Calculation, Complexity and Planning: The Socialist Calculation Debate Once Again', http://ricardo.ecn.wfu.edu/~cottrell/socialism_book/calculation_debate.pdf.

Coyle, D., 1997, 1998, *The Weightless World: Strategies for Managing the Digital Economy*, Oxford: Capstone; Cambridge, MA: MIT Press.

Coyle, D., 2007, 2010, *The Soulful Science: What Economists Really Do and Why It Matters*, Princeton, NJ: Princeton University Press.

Coyle, D. (ed.), 2012, *What's The Use of Economics?*, London: London Publishing Partnership.

Coyle, D., 2014, *GDP: A Brief but Affectionate History*, Princeton, NJ: Princeton University Press.

Coyle, D., 2017, 'The Political Economy of National Statistics', in K. Hamilton and C. Hepburn (eds.), *National Wealth: What Is Missing, Why It Matters*, Oxford: Oxford University Press, 15-16.

Coyle, D., 2019a, 'Homo Economicus, AIs, Humans and Rats: Decision-Making and Economic Welfare', *Journal of Economic Methodology*, 26 (1), 2-12, doi:

10.1080/1350178X.2018.1527135.

Coyle, D., 2019b, 'Practical Competition Policy Tools for Digital Platforms', *Antitrust Law Journal*, 82-83, https://www.americanbar.org/digital-asset-abstract.html/content/dam/aba/publising/antitrust_law_journal/alj-82-3/ant-coyle.pdf.

Coyle, D., 2020a, 'From Villains to Heroes? The Economics Profession and Its Response to the Pandemic', CEPR Covid Economics, Issue 49, September, 242-256.

Coyle, D., 2020b, *Markets, State and People: Economics for Public Policy*, Princeton, NJ: Princeton University Press.

Coyle, D., 2021, 'Variety and Productivity', Brookings Institute, forthcoming.

Coyle, D., and S. Diepeveen, in progress, 'Creating and Governing Value from Data'.

Coyle, D., S. Diepeveen, J. Tennison, and J. Wdowin, 2020, 'The Value of Data: Policy Implications', Bennett Institute for Public Policy Report, University of Cambridge, Cambridge, UK, https://www.bennettinstitute.cam.ac.uk/publications/value-data-policy-implications/

Coyle, D., and Leonard Nakamura, 2019, 'Towards a Framework for Time Use, Welfare and Household-centric Economic Measurement', ESCoE Working Paper, Economic Statistics Centre of Excellence, London.

Coyle, D., and David Nguyen, 2018, 'Cloud Computing and National Accounting', DP-2018-19, Economic Statistics Centre of Excellence (ESCoE), London.

Coyle, D., and D. Nguyen, 2019, 'Cloud Computing, Cross-Border Data Flows and New Challenges for Measurement in Economics', *National Institute Economic Review*, 249 (1), R30-R38.

Coyle, Diane, and Marianne Sensier, 2020, 'The Imperial Treasury: Appraisal Methodology and Regional Economic Performance in the UK', *Regional Studies*, 54 (3), 283-295, doi:10.1080/00343404.2019.1606419.

Coyle, D., and A. Weller, 2020, 'What Needs Explaining about AI?' *Science*, 368 (6498), 1433-1434.

Coyle, D., and C. Woolard, 2009, 'Public Value in Practice: Restoring the Ethos of Public Service', BBC Trust, http://downloads.bbc.co.uk/bbctrust/assets/files/pdf/regulatory_framework/pvt/public_value_practice.pdf.

Crémer, J., Y. A. de Montjoye, and H. Schweitzer, 2019, 'Competition Policy for the Digital Era', European Commission, https://ec.europa.eu/competition/publications/reports/kd0419345enn.pdf.

Dasgupta, Partha, 2007, 'Facts and Values in Modern Economics', in H. Kincaid and D. Ross (eds.), Handbook on the Philosophy of Economic Sciences, Oxford: Oxford University Press.

David, P. A., 1990, 'The Dynamo and the Computer: An Historical Perspective on the Modern Productivity Paradox', American Economic Review, 80 (2), 355-361.

De Waal, F., 2006, Primates and Philosophers: How Morality Evolved, Princeton, NJ: Princeton University Press.

Deaton, Angus, 2020, 'Randomization in the Tropics Revisited: A Theme and Eleven Variations', Working Paper No. 27600, National Bureau of Economic Research, Cambridge, MA.

Deringer, W., 2018, Calculated Values: Finance, Politics, and the Quantitative Age, Cambridge, MA: Harvard University Press.

Desrosières, A., 2002, The Politics of Large Numbers: A History of Statistical Reasoning, Cambridge, MA: Harvard University Press.

Dietz, S., and Cameron Hepburn, 2013, 'Benefit-Cost Analysis of Non-Marginal Climate and Energy Projects', Energy Economics, 40 (C), 61-71.

Dinmore, G., 2012, 'Italian Lobbies Apply Brakes to Monti's Reforms', Financial Times, 2 January 2012, http://www.ft.com/cms/s/0/fc36edea-3554-11e1-84b9-00144feabdc0.html#axzz1qbX9bJLS.(2012년 3월 30일 접속)

Drèze, J., and Nicholas Stern, 1987, 'The Theory of Cost-Benefit Analysis', in A. J. Auerbach and M. Feldstein (eds.), Handbook of Public Economics, Vol. 2, Amsterdam: Elsevier, ch. 14, pp. 909-989.

Ductor, Lorenzo, Sanjeev Goyal, and Anja Prummer, 2020, 'Gender and Collaboration', in Shelly Lundberg (ed.), *Women in Economics*, London: VoxEU, 74-79.

Duflo, Esther, 2017, 'The Economist as Plumber', *American Economic Review*, 107 (5), 1-26.

Earle, Joe, Cahal Moran, and Zach Ward-Perkins, 2016, *The Econonocracy*, Manchester, UK: Manchester University Press.

Easterlin, R., 1974, 'Does Economic Growth Improve the Human Lot? Some Empirical Evidence', in Paul David and Melvin Reader (eds.), *Nations and Households in Economic Growth: Essays in Honor of Moses Abramovitz*, Cambridge, MA: Academic Press.

Easterlin, R., Laura Angelescu McVey, Malgorzata Switek, Onnicha Sawangfa, and Jacqueline Smith Zweig, 2010, 'The Happiness-Income Paradox Revisited', PNAS, December, http://www.pnas.org/content/early/2010/12/08/1015962107.

Enterprise Act 2002, Section 58 and Intervention Order under Section 42 of the Act, October 2008, http://www.legislation.gov.uk/ukpga/2002/40/part/3/chapter/2/.

Epstein, Joshua M., 2007, *Generative Social Science Studies in Agent-Based Computational Modeling*, Princeton, NJ: Princeton University Press.

European Commission, Beyond GDP, http://ec.europa.eu/environment/beyond_gdp/index_en.html.

Evans, David S., and Richard Schmalensee, 2016a, *Matchmakers: The New Economics of Multisided Platforms*, Boston, MA: Harvard Business School Press.

Evans, David S., and Richard Schmalensee, 2016b, 'The New Economics of Multi-Sided Platforms: A Guide to the Vocabulary (9 June), SSRN, https://ssrn.com/abstract=2793021 또는 http://dx.doi.org/10.2139/ssrn.2793021.

Fanelli, D., 2010, 'Do Pressures to Publish Increase Scientists' Bias? An Empirical Support from US States Data', *PLoS ONE*, 5 (4), e10271, doi:10.1371/journal.pone.0010271.

Fanelli, Daniele, 2018, 'Is Science Really Facing a Reproducibility Crisis?', *Proceed-*

ings of the National Academy of Sciences, 115 (11), 2628–2631, doi:10.1073/pnas.1708272114.

Farmer, D., and D. Foley, 2009, 'The Economy Needs Agent Based Modelling', Nature, 460 (6), 685–686.

Farmer, Roger, 2010, How the Economy Works: Confidence, Crashes and Self-Fulfilling Prophecies, Oxford: Oxford University Press.

Fingleton, J., J. Evans, and O. Hogan, 1998, 'The Dublin Taxi Market: Re-regulate or Stay Queuing?', Studies in Public Policy, 3, 1–72.

Fitoussi, Jean-Paul, Amartya Sen, and Joseph Stiglitz, 2009, Commission on the Measurement of Economic and Social Progress, 2009, http://ec.europa.eu/eurostat/documents/118025/118123/Fitoussi+Commission+report.

Fourastié, J., 1979, Les Trente Glorieuses, ou la révolution invisible de 1946 à 1975, Paris: Fayard.

Fourcade, Marion, Etienne Ollion, and Yann Algan, 2015, 'The Superiority of Economists', Journal of Economic Perspectives, 29 (1), 89–114.

Frank, Robert H., Thomas Gilovich, and Dennis T. Regan, 1993, 'Does Studying Economics Inhibit Cooperation?', Journal of Economic Perspectives, 7 (2), 159–171.

Frey, C. B., and M. A. Osborne, 2017, 'The Future of Employment: How Susceptible Are Jobs to Computerisation?', Technological Forecasting and Social Change, 114, 254–280.

Friedman, M., 1966, 'The Methodology of Positive Economics', in Essays in Positive Economics, Chicago: University of Chicago Press, 3–16.

Fryer, R., S. Levitt, J. List, and S. Sadoff, 2012, 'Enhancing the Efficacy of Teacher Incentives through Loss Aversion: A Field Experiment', NBER Working Paper 18237, National Bureau of Economic Research, Cambridge, MA.

Furman, Jason et al., 2019, 'Unlocking Digital Competition', https://assets.publishing.service.gov.uk/government/uploads/system/uploads/attachment_data/file/785547/unlocking_digital_competition_furman_review_web.pdf.

Gallegati, M., and A. Kirman, 2012, 'Reconstructing Economics: Agent Based Models and Complexity', *Complexity Economics*, 1 (1), 5–31.

Gamble, A., 1988, *The Free Economy and the Strong State: The Politics of Thatcherism*, London, New York: Macmillan.

Gawer, A., M. Cusumano, and D. B. Yoffie, 2019, *The Business of Platforms: Strategy in the Age of Digital Competition, Innovation, and Power*, New York: Harper Business, 2019.

Gelman, A., 2013, 'The Recursion of Pop-Econ', Statistical Modeling, Causal Inference, and Social Science, 10 May, https://statmodeling.stat.columbia.edu/2013/05/10/the-recursion-of-pop-econ-or-of-trolling/.

Gerlach, P., 2017, 'The Games Economists Play: Why Economics Students Behave More Selfishly than Other Students', *PloS ONE*, 12 (9), e0183814, https://doi.org/10.1371/journal.pone.0183814.

Gigerenzer, Gerd, 2007, *Gut Feelings: The Intelligence of the Unconscious*, London: Penguin Random House.

Gigerenzer, G., P. M. Todd., and ABC Research Group, 1999, *Simple Heuristics That Make Us Smart*, Oxford: Oxford University Press.

Glaeser, E., and J. A. Scheinkman, 2000, 'Non-market Interactions', NBER Working Paper 8053, National Bureau of Economic Research, Cambridge, MA.

Goodhart, C. A. E., 1975, 'Problems of Monetary Management: The U.K. Experience', Papers in Monetary Economics (1).

Gordon, Robert, 2016, *The Rise and Fall of American Growth: The US Standard of Living Since the Civil War*, Princeton, NJ: Princeton University Press.

Gould, S., 2003, *The Hedgehog, the Fox, and the Magister's Pox*, Cambridge, MA: Harvard University Press.

Graaff, J. de V., 1971, *Theoretical Welfare Economics*, Cambridge: Cambridge University Press.(초판은 1957년)

Granovetter, Mark S., 1973, 'The Strength of Weak Ties', *American Journal of Sociology*, 78 (6), 1360–1380.

Griliches, Zvi, 1994, 'Productivity, R&D, and the Data Constraint', *The American Economic Review*, 84 (1), 1–23.

Haldane, A., 2012, 'Towards a Common Financial Language', Bank of England, http://www.bankofengland.co.uk/publications/Pages/speeches/2012/552.aspx. (2012년 3월 16일 접속)

Haldane, A., and R. May, 2011, 'Systemic Risk in Banking Ecosystems', *Nature*, 469, 351–355.

Hall, P. (ed.), 1989, *The Political Power of Economic Ideas*, Princeton, NJ: Princeton University Press.

Hall, P., 1993, 'Policy Paradigms Social Learning, and the State: The Case of Economic Policymaking in Britain', *Comparative Politics*, 25 (3), 275–296, doi:10. 2307/422246.

Hall, P. A., and D. Soskice, 2001, *Varieties of Capitalism: The Institutional Foundations of Comparative Advantage*, Oxford: Oxford University Press.

Hammerstein, Peter, and Ronald Noë, 2016, 'Biological Trade and Markets', *Philosophical Transactions of the Royal Society B*, 371, 20150101; doi:10.1098/rstb.2015.0101.

Hands, David, 2020, *Dark Data*, Princeton, NJ: Princeton University Press.

Harberger, A. C., 1971, 'Three Basic Postulates for Welfare Economics: An Interpretive Essay', *Journal of Economic Literature*, 9 (3), 785–797.

Harris, Robert, 2011, *The Fear Index*, London: Hutchinson.

Haskel, J., and S. Westlake, 2018, *Capitalism without Capital: The Rise of the Intangible Economy*, Princeton, NJ: Princeton University Press.

Hausman, Daniel, and Michael McPherson, 2006, *Economic Analysis, Moral Philosophy and Public Policy*, 2nd ed., Cambridge: Cambridge University Press.

Hausman, Jerry, 2012, 'Contingent Valuation: From Dubious to Hopeless', *Journal of Economic Perspectives*, 26 (4), 43–56.

Hayek, F. A., 1935, 'Socialist Calculation I: The Nature and History of the Problem', reprinted in *Individualism and Economic Order*, 121-147, Chicago: University of Chicago Press, 1948.

Hayek, F., 1944, *The Road to Serfdom*, London: Routledge.

Hayek, F. A., 1945, 'The Use of Knowledge in Society', *The American Economic Review*, 35 (4), 519-530.

Head, M. L., L. Holman, R. Lanfear, A. T. Kahn, and M. D. Jennions, 2015, 'The Extent and Consequences of P-Hacking in Science', *PLoS Biol*, 13 (3), e1002106, https://doi.org/10.1371/journal.pbio.1002106.

Heckman, James J., and Sidharth Moktan, 2020, 'Publishing and Promotion in Economics: The Tyranny of the Top Five', *Journal of Economic Literature*, 58 (2), 419-470.

Hedlund, J., 2000, 'Risky Business: Safety Regulations, Risk Compensation, and Individual Behaviour', *Injury Prevention*, 6, 82-89.

Helpman, E. (ed.), 1998, *General Purpose Technologies and Economic Growth*, Cambridge, MA: MIT Press.

Hengel, Erin, 2020, 'Publishing While Female', in Shelly Lundberg (ed.), *Women in Economics*, London: VoxEU, 80-90.

Herbranson, W., and J. Schroeder, 2010, 'Are Birds Smarter than Mathematicians? Pigeons (*Columba livia*) Perform Optimally on a Version of the Monty Hall Dilemma', *Journal of Comparative Psychology*, 124 (1), 1-13.

Hicks, J., 1937, 'Mr. Keynes and the "Classics"; A Suggested Interpretation', *Econometrica*, 5 (2), 147-159.

Hicks, J. R., 1939, 'The Foundations of Welfare Economics', *The Economic Journal*, 49 (196), 696-712.

Hicks, J., 1942, *The Social Framework*, Oxford: Clarendon Press.

Hidalgo, C. A., 2021, 'Economic Complexity Theory and Applications', *Nature Review Physics*, 3, 92-113, https://doi.org/10.1038/s42254-020-00275-1.

Hirschman, Daniel, 2016, 'Inventing the Economy Or: How We Learned to Stop Worrying and Love the GDP', PhD dissertation, University of Michigan, Ann

Arbor, https://deepblue.lib.umich.edu/handle/2027.42/120713.

HM Treasury, 2003, 'UK Membership of the Single Currency', June 2003, www.hm-treasury.gov.uk/d/EMU03exec126.pdf.

HM Treasury, 2011, The Green Book: Appraisal and Evaluation in Central Government, https://www.gov.uk/government/uploads/system/uploads/attachment_data/file/220541/green_book_complete.pdf.

Hoekstra, Mark, Steven L. Puller, and Jeremy West, 2017, 'Cash for Corollas: When Stimulus Reduces Spending', *American Economic Journal: Applied Economics*, 9 (3), 1–35.

Holmstrom, B., and J. Roberts, 1998, 'The Boundaries of the Firm Revisited', *Journal of Economic Perspectives*, 12 (4), 73–94.

Hume, D., 1752, 'Essay V. of the Balance of Trade', in *Essays, Moral, Political and Literary*, Part II 'Political Discourses'.

Hurley, S., and M. Nudds, 2006, *Rational Animals?*, Oxford: Oxford University Press.

Hutton, W., 2012, 'Argentina's Oil Grab Is Timely Retort to Rampaging Capitalism', *The Guardian*, 22 April, https://www.theguardian.com/commentisfree/2012/apr/22/will-hutton-argentina-oil-grab-justified

IDEI, Toulouse School of Economics, 2011, 'The Invisible Hand Meets the Invisible Gorilla: The Economics and Psychology of Scarce Attention', Summary of a conference held at IDEI, Toulouse School of Economics, September, http://www.idei.fr/doc/conf/psy/2011/summary.pdf.(2012년 5월 4일 접속)

Ioannidis, J. P. A., T. D. Stanley, and H. Doucouliagos, 2017, 'The Power of Bias in Economics Research', *The Economic Journal*, 127, F236–F265, doi:10.1111/ecoj.12461.

Johnson, N., G. Zhao, E. Hunsader, J. Meng, A. Ravindar, S. Carran, and B. Tivnan, 2012, 'Financial Black Swans Driven by Ultrafast Machine Ecology', arXiv preprint arXiv:1202.1448.

Johnston, Christopher D., and Andrew O. Ballard, 2016, 'Economists and Public

Opinion: Expert Consensus and Economic Policy Judgments', *The Journal of Politics*, 78 (2), 443–456.

Kahneman, D., 2011, *Thinking, Fast and Slow*, New York: Allen Lane.

Kaldor, N., 1939, 'Welfare Propositions of Economics and Interpersonal Comparisons of Utility', *The Economic Journal*, 49 (195), 549–552.

Keim, B., 2012, 'Nanosecond Trading Could Make Markets Go Haywire', *Wired*, 16 February, http://www.wired.com/wiredscience/2012/02/high-speed-trading/all/1.(2012년 3월 19일 접속)

Kelman, S., 1981, 'Cost Benefit Analysis: An Ethical Critique', *Regulation*, 7 February, 33–40.

Kelton, S., 2020, *The Deficit Myth*, London: John Murray.

Keynes, J. M., 1931, 'The Future', in *Essays in Persuasion*, London: Macmillan, 315–334.

Keynes, J. M., 1936, *The General Theory of Employment, Interest and Money*, London: Macmillan.

Khan, Lina M. 2017, 'Amazon's Antitrust Paradox', *Yale Law Journal*, 126 (3), 564–907, https://www.yalelawjournal.org/pdf/e.710.Khan.805_zuvfyyeh.pdf.

Khan, M., 2015, 'UK Economy Grew at Fastest Rate for Nine Years in 2014', *The Telegraph*, 31 March, https://www.telegraph.co.uk/finance/economics/11505763/UK-economy-grew-at-fastest-rate-for-nine-years-in-2014.html.

Klinenberg, Eric, 2002, *Heatwave: A Social Autopsy of Disaster in Chicago*, Chicago: University of Chicago Press.

Kominers, Scott Duke, Alexander Teytelboym, and Vincent P. Crawford, 2017, 'An Invitation to Market Design', *Oxford Review of Economic Policy*, 33 (4), 541–571.

Kondratieff, N., 1935, 'The Long Waves in Economic Life', *The Review of Economics and Statistics*, 17 (6), 105–115.

Korzybski, A., 1933, 'A Non-Aristotelian System and Its Necessity for Rigour in Mathematics and Physics', in *Science and Sanity*, Lakeville, CT: International

Non-Aristotelian Library, 747-761.

Krugman, P., 1991, 'Increasing Returns and Economic Geography', *Journal of Political Economy*, 99 (3), 483-499.

Krugman, P., 2006, 'How Did Economists Get It So Wrong?', *New York Times Magazine*, 6 September, http://www.nytimes.com/2009/09/06/magazine/06Economic-t.html?r=1&pagewanted=all.(2012년 4월 30일 접속)

Kuhn, T., 1996, *The Structure of Scientific Revolutions*, Chicago: University of Chicago Press.(초판은 1962년)

Lacey, James, 2011, *Keep from All Thoughtful Men: How US Economists Won World War II*, Annapolis, MD: Naval Institute Press.

Lakoff, G., and M. Johnson, 1980, *Metaphors We Live By*, Chicago: University of Chicago Press.

Lanchester, John, 2010, *Whoops!*, London: Penguin.

Lange, O., 1936, 'On the Economic Theory of Socialism', *Review of Economic Studies*, 4 (1), 53-71.

Lange, O., 1937, 'On the Economic Theory of Socialism, Part Two', *Review of Economic Studies*, 4 (2), 123-142.

Lange, O., 1938, 'On the Economic Theory of Socialism', in B. Lippincott (ed.), *On the Economic Theory of Socialism*, Minneapolis: University of Minnesota Press, 56-143.

Lapuente, V., and S. Van de Walle, 2020, 'The Effects of New Public Management on the Quality of Public Services', *Governance*, 33, 461-475.

Le Grand, J., 1991, 'The Theory of Government Failure', *British Journal of Political Science*, 21 (4), 423-442.

Leamer, E., 1983, 'Let's Take the Con Out of Econometrics', *American Economic Review*, 73 (1), 31-43.

Leamer, E., 2010, 'Tantalus on the Road to Asymptopia', *Journal of Economic Perspectives*, 24 (2), 31-46.

Leibo, Joel Z., Vinicius Zambaldi, Marc Lanctot, Janusz Marecki, and Thore

Graepel, 2017a, 'Multi-Agent Reinforcement Learning in Sequential Social Dilemmas', Cornell University, https://arxiv.org/abs/1702.03037.

Leibo Joel Z., Vinicius Zambaldi, Marc Lanctot, Janusz Marecki, and Thore Graepel, 2017b, 'Multi-Agent Reinforcement Learning in Sequential Social Dilemmas', in S. Das, E. Durfee, K. Larson, M. Winikoff (eds.), Proceedings of the 16th International Conference on Autonomous Agents and Multiagent Systems (AAMAS 2017), Sao Paulo, Brazil, 8-12 May, https://arxiv.org/abs/1702.03037.

Lerner, A., 1938, 'Theory and Practice in Socialist Economics', *Review of Economic Studies*, 6 (1), 71-75.

Little, I. M. D., 1950, *A Critique of Welfare Economics*, Oxford: Clarendon Press.

Lo, A., 2017, *Adaptive Markets: Financial Evolution at the Speed of Thought*, Princeton, NJ: Princeton University Press.

Mackenzie, Donald, 2006, *An Engine, Not a Camera: How Financial Models Shape Markets*, Cambridge, MA: MIT Press.

MacKenzie, D., 2007, 'Option Theory and the Construction of Derivatives Markets', in D. MacKenzie, F. Muniesa, and L. Siu (eds.), *Do Economists Make Markets?*, Princeton, NJ: Princeton University Press, 54-86.

MacKenzie, Donald, 2019, 'Just How Fast?', *London Review of Books*, 41 (5), https://www.lrb.co.uk/the-paper/v41/n05/donald-mackenzie/just-how-fast.

Mance, H., 2016, 'Britain Has Had Enough of Experts, Says Gove', *Financial Times*, 3 June, https://www.ft.com/content/3be49734-29cb-11e6-83e4-abc22d5d108c.(2018년 10월 18일 접속)

Mandel, M., 2012, 'Beyond Goods and Services: The (Unmeasured) Rise of the Data-Driven Economy', Progressive Policy Institute, 10 (October).

Marshall, A., 2013, *Principles of Economics*, London: Palgrave Macmillan.(초판은 1890년)

Maynard Smith, J., 1976, 'Evolution and the Theory of Games', *American Science*, 64, 41-45.

Maynard Smith, J., and G. R. Price 1973, 'The Logic of Animal Conflict', *Nature*, 246 (5427), 15-18, doi:10.1038/246015a0. S2CID 4224989.

Mazzucato, M., 2013, *The Entrepreneurial State*, London: Anthem Press.

McFadden, D., 1974, 'The Measurement of Urban Travel Demand', *Journal of Public Economics*, 3 (4), 303-328.

Medema, S. G., 2020, "Exceptional and Unimportant'? Externalities, Competitive Equilibrium, and the Myth of a Pigovian Tradition', *History of Political Economy*, 52 (1), 135-170.

Medina, E., 2011, *Cybernetic Revolutionaries: Technology and Politics in Allende's Chile*, Cambridge, MA: MIT Press.

Merton, R. K., and R. C. Merton, 1968, *Social Theory and Social Structure*, New York: Free Press.

Modestino, Alicia, Pascaline Dupas, Muriel Niederle, and Justin Wolfers, 2020, 'Gender and the Dynamics of Economics Seminars', presentation at American Economic Association Conference, San Diego, CA, USA, 4 January, https://www.aeaweb.org/conference/2020/preliminary/1872.

Mokyr, J., 2017, *A Culture of Growth: The Origins of the Modern Economy*, Princeton, NJ: Princeton University Press.

Moore, A., 2017, *Critical Elitism: Deliberation, Democracy, and the Politics of Expertise*, Cambridge: Cambridge University Press.

Moretti, E., 2012, *The New Geography of Jobs*, Boston: Houghton Mifflin Harcourt.

Morozov, E. 2019, 'Digital Socialism?', *New Left Review*, 116 (March-June), https://newleftreview.org/issues/II116/articles/evgeny-morozov-digital-socialism.

Morson, Gary S., and Morton Schapiro, 2016, *Cents and Sensibility: What Economics Can Learn from the Humanities*, Princeton, NJ: Princeton University Press.

Nordhaus, W. D., 2015, 'Are We Approaching an Economic Singularity? Information Technology and the Future of Economic Growth', NBER Working Paper 21547, National Bureau of Economic Research, Cambridge, MA.

OECD, 2020, 'Better Life Initiative: Measuring Well Being and Progress', http://

www.oecd.org/statistics/better-life-initiative.htm.

Olson, M., 1982, *The Rise and Decline of Nations*, New Haven, CT: Yale University Press.

Ormerod, P., 1999, *Butterfly Economics: A New General Theory of Economic and Social Behaviour*, London: Faber and Faber.

Ostrom, E., 1990, *Governing the Commons: The Evolution of Institutions for Collective Action*, Cambridge: Cambridge University Press.

Ottaviano, G., and J. F. Thisse, 2004, 'Agglomeration and Economic Geography', in J. Vernon Henderson and Jacques-François Thisse (eds.), *Handbook of Regional and Urban Economics*, vol. 4, London: Elsevier, 2563-2608.

Oxfam, 2013, 'How to Plan When You Don't Know What Is Going to Happen? Redesigning Aid for Complex Systems', Oxfam blogs, 14 May, http://www.oxfamblogs.org/fp2p/?p=14588.

Packard, V., 1957, *The Hidden Persuaders*, London: Pelican.

Page, Scott, 2007, *The Difference*, Princeton, NJ: Princeton University Press.

Palley, T., 1997, 'How to Rewrite Economic History', *The Atlantic*, April, https://www.theatlantic.com/magazine/archive/1997/04/how-to-rewrite-economic-history/376830/.

Pastor, L., and P. Veronesi, 2018, Inequality Aversion, Populism, and the Backlash Against Globalization, NBER Working Paper 24900, National Bureau of Economic Research, Cambridge, MA.

Perez, C., 2002, *Technological Revolutions and Financial Capital: The Dynamics of Bubbles and Golden Ages*, London: Elgar.

Pesendorfer, W., 2006, 'Behavioral Economics Comes of Age: A Review Essay on Advances in Behavioral Economics', *Journal of Economic Literature*, 44 (3), 712-721.

Petty, William, 1672, *Essays in Political Arithmetick*.

Philippon, Thomas, 2019, *The Great Reversal: How America Gave Up on Free Markets*, Cambridge, MA: Harvard University Press.

Pigou, A. C., 1908, *Economic Science in Relation to Practice: An Inaugural Lecture Given at Cambridge 30th October, 1908*, London: Macmillan.

Piketty, T., 2014, *Capital in the 21st Century*, Cambridge, MA: Harvard University Press.

Pinker, S., 2007, *The Stuff of Thought: Language as a Window into Human Nature*, London: Penguin.

Pollock, R., 2009, 'Changing the Numbers: UK Directory Enquiries Deregulation and the Failure of Choice', http://rufuspollock.org/2009/02/10/changing-the-numbers-uk-directory-enquiries-deregulation-and-the-failure-of-choice/.(2012년 4월 5일 접속)

Porter, R., 2000, *Enlightenment: Britain and the Creation of the Modern World*, London: Allen Lane.

Porter, Theodore, 1995, *Trust in Numbers: The Pursuit of Objectivity in Science and Public Life*, Princeton, NJ: Princeton University Press.

Portes, Jonathan, 2012, 'Economists in Government: What Are They Good For?', http://notthetreasuryview.blogspot.co.uk/2012/01/economists-in-government-what-are-they.html.(2012년 4월 30일 접속)

Rawls, J., 1971, *A Theory of Justice*, Cambridge, MA: Harvard University Press.

Reinhart, C., and K. Rogoff, 2009, *This Time Is Different; Eight Centuries of Financial Folly*, Princeton, NJ: Princeton University Press.

Richiardi, M. G., 2016, 'The Future of Agent-Based Modeling', *Eastern Economic Journal*, 43, 271-287, https://doi.org/10.1057/s41302-016-0075-9.

Roberts, K., 1980, 'Price-Independent Welfare Prescriptions', *Journal of Public Economics*, 13 (3), 277-297.

Roberts, R., 2016, 'When Britain Went Bust: The 1976 IMF Crisis', Official Monetary and Financial Institutions Forum (OMFIF), 28 September.

Robbins, L., 1932, *An Essay on the Nature and Significance of Economic Science*, London: Macmillan.

Robinson, M., 2012, 'Culture after the Credit Crunch', *The Guardian*, 16 March, https://www.theguardian.com/books/2012/mar/16/culture-credit-crunch-marilynne-robinson.

Rodrik, D., 2004, 'Industrial Policy for the Twenty-First Century' (November), Discussion Paper No. 4767, Centre for Economic Policy Research, London.

Rodrik, D., 2013, 'What Is Wrong (and Right) in Economics?', Dani Rodrik's web blog, 7 May, https://rodrik.typepad.com/dani_rodriks_weblog/2013/05/what-is-wrong-and-right-in-economics.html.

Rodrik, D., 2018, 'Is Populism Necessarily Bad Economics?', *AEA Papers & Proceedings*, 108, 196-199.

Rogoff, K., 2019, 'Modern Monetary Nonsense', https://www.project-syndicate.org/commentary/federal-reserve-modern-monetary-theory-dangers-by-kenneth-rogoff-2019-03.(2020년 8월 6일 접속)

Romer, P. M., 1986a, 'Increasing Returns and Long-Run Growth', *Journal of Political Economy*, 94 (5), 1002-1037.

Romer, P. M., 1986b, 'Endogenous Technological Change', *Journal of Political Economy*, 98 (5), S71-S102.

Romer, P., 1994, 'The Origins of Endogenous Growth', *Journal of Economic Perspectives*, 8 (1), 3-22.

Romer, Paul M., 2015, 'Mathiness in the Theory of Economic Growth', *American Economic Review*, 105 (5), 89-93.

Rosen, Sherwin, 1981, 'The Economics of Superstars', *American Economic Review*, 71 (5), 845-858.

Rosenthal, C., 2018, *Accounting for Slavery: Masters and Management*, Cambridge, MA: Harvard University Press.

Roth, A. E., 2002, 'The Economist as Engineer: Game Theory, Experimentation, and Computation as Tools for Design Economics', *Econometrica*, 70 (4), 1341-1378.

Roth, A. E., 2007, 'Repugnance as a Constraint on Markets', *Journal of Economic Perspectives*, 21 (3), 37-58.

Roth, A. E., T. Sönmez, and M. U. Ünver, 2004, 'Kidney Exchange', *The Quarterly Journal of Economics*, 119 (2), 457-488.

Rothschild, E., 2001, *Economic Sentiments: Adam Smith, Condorcet, and the Enlightenment*, Cambridge, MA: Harvard University Press.

Rubinstein, A., 2012, *Economic Fables*, Cambridge, UK: Open Book Publishers.

Ruskin, John, 1860, *Unto This Last*, London: George Allen.

Sahm, Claudia, 2020, 'Economics Is a Disgrace', Macromom blog, https://macro momblog.com/2020/07/29/economics-is-a-disgrace/.(2020년 8월 2일 접속)

Saint-Paul, Gilles, 2011, *The Tyranny of Utility: Behavioral Social Science and the Rise of Paternalism*, Princeton, NJ: Princeton University Press.

Samuelson, P. A., 1983, 'Welfare Economics', in *Foundations of Economic Analysis*, Cambridge, MA: Harvard University Press, (초판은 1947년) Chapter 9.

Sandel, M. J., 2012, *What Money Can't Buy: The Moral Limits of Markets*, London: Macmillan.

Santos, M. S., and M. Woodford, 1997, 'Rational Asset Pricing Bubbles', *Econometrica*, 65 (1), 19-57.

Satz, D., and J. Ferejohn, 1994, 'Rational Choice and Social Theory', *The Journal of Philosophy*, 91 (2), 71-87.

Schelling, T. C., 1958, 'Design of the Accounts' in *A Critique of the United States Income and Product Accounts*, Princeton, NJ: Princeton University Press for NBER 1958, pp. 325-333, https://www.nber.org/chapters/c0554.pdf.(2018년 10월 18일 접속)

Schelling, T. C., 1960, *The Strategy of Conflict*, Cambridge, MA: Harvard University Press.

Schelling, Thomas, 2006, *Micromotives and Macrobehaviour*, New York: Norton. (초판은 1978년)

Schmelzer, M., 2016, *The Hegemony of Growth: The OECD and the Making of the Economic Growth Paradigm*, Cambridge: Cambridge University Press.

Schulze, Georg, 2010, *Connectionist Economics*, Bloomington, IN: Trafford Publishing.

Schumpeter, Joseph, 1994, *Capitalism, Socialism and Democracy*, Milton Park, UK: Routledge.(초판은 1942년)

Scitovszky, T. de, 1941, 'A Note on Welfare Propositions in Economics', *The Review of Economic Studies*, 9 (1), 77–88, https://doi.org/10.2307/2967640.

Scott, J. C., 1998, *Seeing Like a State*, New Haven, CT: Yale University Press.

Scott-Morton, F., et al., 2019, Final Report of Stigler Committee on Digital Platforms, September, https://www.chicagobooth.edu/research/stigler/news-and-media/committee-on-digital-platforms-final-report.

Seabright, P., 2010, *The Company of Strangers: A Natural History of Economic Life*, rev. ed., Princeton, NJ: Princeton University Press.

Segal, D., 2012, 'Is Italy Too Italian?', *New York Times*, 31 July, http://www.nytimes.com/2010/08/01/business/global/01italy.html?pagewanted=all.

Sen, A., 1982, *Poverty and Famines: An Essay on Entitlements and Deprivation*, Oxford: Clarendon Press.

Sen, A., 2009, *The Idea of Justice*, London: Allen Lane.

Sen, A., 2017, *Collective Choice and Social Welfare*, London Penguin, expanded edition 2017.

Sen, Amartya, Angus Deaton, and Tim Besley, 2020, 'Economics with a Moral Compass? Welfare Economics: Past, Present, and Future', *Annual Review of Economics*, 12, 1–21.

Sevilla, Almudena, and Sarah Smith, 2020, 'Women in Economics: A UK Perspective', Discussion Paper 15034, Centre for Economic Policy Research, July.

Shapiro, Stuart, 2020, 'OIRA and the Future of Cost-Benefit Analysis', *The Regulatory Review*, https://www.theregreview.org/2020/05/19/shapiro-oira-future-cost-benefit-analysis/.

Shearer, J. C., J. Abelson, B. Kouyaté, J. N. Lavis, and G. Walt, 2016, 'Why Do Policies Change? Institutions, Interests, Ideas and Networks in Three Cases of Policy Reform', *Health Policy and Planning*, 31 (9), 1200–1211.

Shiller, R., 2000, *Irrational Exuberance*, Princeton, NJ: Princeton University Press.

Shiller, R., 2003, *The New Financial Order: Risk in the 21st Century*, Princeton, NJ: Princeton University Press.

Shiller, R., 2013, *Finance and the Good Society*, Princeton, NJ: Princeton University Press.

Shiller, Robert J., 2017, 'Narrative Economics', *American Economic Review*, 107 (4), 967-1004, doi:10.1257/aer.107.4.967.

Shiller, R. J., 2019, *Narrative Economics: How Stories Go Viral and Drive Major Economic Events*, Princeton, NJ: Princeton University Press.

Silver, N., 2012, *The Signal and the Noise: The Art and Science of Prediction*, London: Penguin.

Skidelsky, R., 1992, *John Maynard Keynes: A Biography*, Vol. 2: *The Economist as Saviour*, 1920-1937, London: Macmillan.

Skidelsky, Robert, 2020, *What's Wrong with Economics: A Primer for the Perplexed*, New Haven, CT: Yale University Press.

Slobodian, Quinn, 2018, *Globalists: The End of Empire*, Cambridge, MA: Harvard University Press.

Smith, A., 2000, *The Theory of Moral Sentiments*, New York: Prometheus Books. (초판은 1759년)

Smith, G., 2012, 'Why I Am Leaving Goldman Sachs', *New York Times*, 14 March, http://www.nytimes.com/2012/03/14/opinion/why-i-am-leaving-goldman-sachs.htm?pagewanted=1&r=1.(2012년 3월 14일 접속)

Snider, J., 2011, 'Finance Now Exists for Its Own Exclusive Benefit', Real Clear Markets, http://www.realclearmarkets.com/articles/2011/12/16/finance_now_exists_for_its_own_exclusive_benefit_99422.html.(2012년 4월 24일 접속)

Snow, C. P., 1963. *The Rede Lecture: The Two Cultures*, Cambridge: Cambridge University Press.(초판은 1959년)

Solnit, R., 2014, 'Get Off the Bus', *London Review of Books*, 36 (4), https://www.lrb.co.uk/the-paper/v36/n04/rebecca-solnit/diary.(2020년 8월 10일 접속)

Solow, Robert, 1987, 'We'd Better Watch Out', *New York Times Book Review*, 12 July, 36.

Spufford, F., 2010, *Red Plenty*, London: Faber and Faber.

Spulber, D. F., 2019, 'The Economics of Markets and Platforms', *Journal of Economics & Management Strategy*, 28, 159–172.

Stanovich, K. E., 2005, *The Robot's Rebellion: Finding Meaning in the Age of Darwin*, Chicago: University of Chicago Press.

Stapleford, T. A., 2009, *The Cost of Living in America*, Cambridge: Cambridge University Press.

Stedman Jones, Daniel, 2012, *Masters of the Universe*, Princeton, NJ: Princeton University Press.

Steil, B., 2018, *The Marshall Plan: Dawn of the Cold War*, Oxford: Oxford University Press.

Stern, N., 2007. 'The Economics of Climate Change', https://webarchive.national archives.gov.uk/20070222000000/http://www.hmtreasury.gov.uk/independent_ reviews/stern_review_economics_climate_change/stern_review_report.html. (2020년 8월 10일 접속)

Stevenson, B., and J. Wolfers, 2008, 'Economic Growth and Subjective Well-Being: Reassessing the Easterlin Paradox', Brookings Papers on Economic Activity, Spring.

Stiglitz, Joseph E., with Bruce C. Greenwald, 2014, *Creating a Learning Society: A New Approach to Growth, Development, and Social Progress*, New York: Columbia University Press.

Storper, M., and R. Salais, 1997, *Worlds of Production: The Action Frameworks*, Cambridge, MA: Harvard University Press.

Sugden, R., 2018, *The Community of Interest*, Oxford: Oxford University Press.

Sugden, R., 2020, 'Normative Economics Without Preferences', *International Review of Economics*, online 23 July 2020.

Sundararajan, A., 2016, *The Sharing Economy: The End of Employment and the*

Rise of Crowd-Based Capitalism, Cambridge, MA: MIT Press.

Sunstein, Cass R., 2003, 'Libertarian Paternalism', American Economic Review, 93 (2), 175–179.

Sutton, J., 2000, Marshall's Tendencies: What Can Economists Know?, London: MIT Press and Leuven University Press.

Takagi, S., 2020, 'Literature Survey on the Economic Impact of Digital Platforms', International Journal of Economic Policy Studies, 14, 449–464, https://doi.org/10.1007/s42495-020-00043-0.

Tassey, Gregory, 2014, 'Competing in Advanced Manufacturing: The Need for Improved Growth Models and Policies', Journal of Economic Perspectives, 28 (1), 27–48.

Taylor, P., 2013, 'Sennheiser Fights Fake Electronic Goods', Financial Times, 12 May, https://www.ft.com/content/6454afe8-b9a7-11e2-9a9f-00144feabdc0.

Thoma, M., 2011, 'New Forms of Communication and the Public Mission of Economics: Overcoming the Great Disconnect', November, http://publicsphere.ssrc.org/thoma-new-forms-of-communication-and-the-public-mission-of-economics/.(2012년 3월 27일 접속)

Tirole, J., 1988, Theory of Industrial Organization, Cambridge, MA: MIT Press.

Tirole, Jean, 2016, Economie du bien commun, Paris, France: PUF.

Tooze, Adam, 2001, Statistics and the German State 1900–1945: The Making of Modern Economic Knowledge, Cambridge: Cambridge University Press.

Triennial Central Bank Survey of Foreign Exchange and Derivatives Market Activity in 2010—Final results, 2010, https://www.bis.org/publ/rpfxf10t.htm.

Tucker, Paul, 2019, Unelected Power, Princeton, NJ: Princeton University Press.

Turner, A., 2010, 'After the Crises: Assessing the Costs and Benefits of Financial Liberalisation', Speech by Lord Adair Turner, Chairman, UK Financial Services Authority, at the Fourteenth C. D. Deshmukh Memorial Lecture on 15 February, Mumbai.

Van Doren, P., 2021, 'GameStop, Payments for Order Flow, and High Frequency

Trading', Cato Institute, 1 February, https://www.cato.org/blog/gamestop-payments-order-flow-high-frequency-trading.(2021년 2월 6일 접속)

Van Reenen, J., 2018, 'Increasing Differences Between Firms: Market Power and the Macro-Economy', CEP Discussion Papers 1576, Centre for Economic Performance, London School of Economics.

Vaughan, N., 2020, *The Flash Crash*, New York: Penguin Random House.

Von Mises, L., 1920, 'Die Wirtschaftsrechnung im sozialistischen Gemeinwesen', *Archiv für Sozialwissenschaften*, 47, 186-121; published in English as "Economic Calculation in the Socialist Commonwealth", trans. S. Adler, in F. A. Hayek (ed.), *Collectivist Economic Planning: Critical Studies on the Possibilities of Socialism*, London: Routledge & Kegan Paul Ltd., 1935, ch. 3, 87-130.

Waldrop, M. M., 2001, *The Dream Machine: JCR Licklider and the Revolution That Made Computing Personal*, London: Viking Penguin.

Williams, E., and Coase, R., 1964, 'The Regulated Industries: Discussion', *The American Economic Review*, 54 (3), Papers and Proceedings of the Seventy-sixth Annual Meeting of the American Economic Association (May 1964), 192-197.

Wren-Lewis, S., 2012a, 'Microfoundations and Central Bank Models', Mainly Macro Blog, 26 March, http://mainlymacro.blogspot.co.uk/2012/03/micro foundations-and-central-bank.html.

Wren-Lewis, S., 2012b, 'The Return of Schools of Thought', http://mainlymacro.blogspot.co.uk/2012/01/return-of-schools-of-thought-macro.html.(2012년 4월 24일 접속)

Wu, Alice H., 2018, 'Gendered Language on the Economics Job Market Rumors Forum', *AEA Papers and Proceedings*, 108, 175-179.

Wu, T., 2016, *The Attention Merchants*, New York: Knopf.

YouGov, 2011, 'Wanted: A Better Capitalism', 16 May, http://labs.yougov.co.uk/news/2011/05/16/wanted-better-capitalism/.

Young, A., 2017, 'Consistency without Inference: Instrumental Variables', LSE

Working Paper, London School of Economics, http://personal.lse.ac.uk/
YoungA/CWOI.pdf.(2020년 8월 6일 접속)

Ziliak, S., and D. N. McCloskey, 2008, *The Cult of Statistical Significance: How
the Standard Error Costs Us Jobs, Justice, and Lives*, Ann Arbor: University
of Michigan Press.

찾아보기